Das Buch

Dennis L. Meadows' erstes Buch ›Die Grenzen des Wachstums‹ hat sofort nach Erscheinen 1972 eine leidenschaftliche Debatte über das von Meadows entworfene Weltmodell ausgelöst. Denn etwas von biblischer Prophetie haftet dieser wissenschaftlichen Prognose von dem die unmittelbare Zukunft bedrohenden Weltuntergang sicherlich an. Zweifel an der Richtigkeit des Modells wurden bald laut: Meadows habe allzuviele Imponderabilien – wie etwa das Phänomen des ›sozialen Wandels‹ –, weil nicht quantifizierbar, aus seinem Modell aussparen müssen. Das vorliegende Buch ›Wachstum bis zur Katastrophe?‹ will nun klärend in die anhaltende Kontroverse eingreifen, in dem es in Einzelbeiträgen verschiedener Autoren noch einmal das Pro und Contra der von Meadows entfachten Diskussion zusammenfaßt. In zwei eigenen Beiträgen erläutert Meadows erneut seine Position: Zu viele haben die Steigerung des Konsums zu ihrer Maxime gemacht. Zu viele sind auf Wachstum eingeschworen. Zu vielen – Industriellen, Politikern, Gewerkschaftlern, Wissenschaftlern – droht Gesichtsverlust. Unsere Verwöhnungsgesellschaft hat ein Wachstum in die falsche Richtung forciert. Meadows fordert, unsere Lebensqualität auf ihrem hohen Niveau zu stabilisieren oder sie auf eine »Qualität des Lebens minus x« einzustellen. Er verlangt Einsicht und Vernunft gegenüber einem selbstzufriedenen Optimismus und übertriebenen Ansprüchen auf ewig garantierten Überfluß.

Die Autoren

Hans Ahlhorn, Hans Wolfgang Büttner, Günter Friedrichs, Hermann Höcherl, Donald R. Lesh, Sicco Mansholt, Dennis L. Meadows, Peter Milling, Henrich von Nussbaum, Horst-Erich Richter, Karl Rihaczek, Dieter Senghaas, Karl Heinz Sohn, Erich Zahn.

Dennis L. Meadows, Henrich v. Nussbaum,
Karl Rihaczek, Dieter Senghaas u. a.:
Wachstum bis zur Katastrophe?
Pro und Contra zum Weltmodell

Herausgegeben von Horst E. Richter

Deutscher
Taschenbuch
Verlag

Ungekürzte Ausgabe
Februar 1976
Deutscher Taschenbuch Verlag GmbH & Co. KG,
München
© 1974 Deutsche Verlags-Anstalt GmbH, Stuttgart
ISBN 3-421-02661-0
Umschlaggestaltung: Celestino Piatti
Gesamtherstellung: C. H. Beck'sche Buchdruckerei, Nördlingen
Printed in Germany · ISBN 3-423-01112-2

Inhalt

Horst E. Richter:
Vorwort 7

Dennis L. Meadows:
Die Grenzen des Wachstums und Planung für die Zukunft ... 13

Dieter Senghaas:
Über Struktur und Entwicklungsdynamik der internationalen
Gesellschaft – Zur Problematik von Weltmodellen 35

Henrich von Nussbaum:
Die Zukunft des Untergangs oder Der Untergang der Zukunft
– Aspekte einer Futurologie wider den Status quo 50

Diskussion:
Wachstum bis zur Katastrophe? 127

Dennis L. Meadows:
Kurskorrektur oder Bis zur Kollision 156

Diskussion:
Konsequenzen oder Kapitulation? 167

Karl Rihaczek:
Advent 2000 182

Kurzbiographie der Autoren 190

Horst E. Richter:
Vorwort

>»Nur jetzt nicht den Glauben verlieren!«
Max Frisch: ›Biedermann und die Brandstifter‹

Es geschah am Sonntag, 14. Oktober 1973, am hellichten Vormittag: Während der Bundespräsident samt Gefolge den Festraum der Frankfurter Paulskirche betrat, um mit seiner Präsenz der Zeremonie der Verleihung des Friedenspreises des Deutschen Buchhandels an den Club of Rome allerhöchsten Segen zu verleihen, wurden draußen vor den polizeilichen Absperrungen hektographierte Flugblätter verteilt, von jungen Leuten, die glauben mochten, in ihren oliv-grünen Parkas eine angemessene Maskierung gefunden zu haben, die sie auch noch für den »spitzmäuligsten Intellektuellen« als Vertreter der »Europäischen Arbeiterfraktion« hinreichend ausweisen würde.

Und während der Börsenvereins-Vorsteher seine fremdwortfreie Begrüßungsadresse an das Hohe Haus richtete, mochte mancher der Feiertagsgäste schnell einen Blick auf jenes Pamphlet riskiert haben, das sie so herb aus ihrer hochgestimmten Sonntagslaune herausreißen wollte.

». . . Schrecken nicht einige dieser kleinlichen, zögernden Intellektuellen auf, wenn sie den grenzenlosen Zynismus der ›Friedensgaranten‹ des Club of Rome mit der Realität konfrontieren? Sehen sie nicht, was sich vor ihren Augen entwickelt? Haben sie denn vergessen, was sich Ende der 20er Jahre abgespielt hat?

Die ersten Zerfallssignale sind schon gesetzt: Hungerkatastrophen in Indien und im Sahelgebiet. Typhus in Florida und Choleraepidemie in Italien. In Neapel bricht ein Streik der Bäcker aus, weil der Vorrat an Weizenmehl auf dem Weltmarkt, als Ergebnis der letzten spekulativen Hortungskäufe, zunehmend geringer wird. Nahrungsmittelknappheit, Benzinknappheit und Stromabschaltung, die heute schon in den USA und in der Schweiz sichtbar werden, werden in einigen Monaten den Reproduktionsprozeß der Menschheit drastisch verändern.

Da erscheinen auf einmal die ›Wissenschaftler‹ des Club of Rome und geben in tiefer Trauer das baldige Ende der Menschheit bekannt: Es sei denn, wir fingen an, weniger zu essen, weniger Güter zu produzieren, hörten auf, Kinder zu machen, gäben den Millionen vor dem Hungertod stehenden Indern und Afrikanern den Gnadentod. Das ist doch ›menschlich‹. Die aufrüttelnden Forderungen haben einen Mißklang wie das Beileid des bezahlten Bestatters.

Das, was die ›Wissenschaftler‹ entdeckt haben, ist allerdings das bevorstehende Ende der Menschheit – bei weiterbestehender kapitalistischer Produktionsweise! Diese ›Wissenschaftler‹ entwickeln in den ›Grenzen des Wachstums‹ den Generalstabsplan zur Vernichtung der Menschheit ...«

Eigentliche Ursache dieser wogenden Kontroverse, die sich nicht immer auf derartige Eingeständnisse organisierter Ignoranz versteift hat, war eine wissenschaftliche Studie, die 18 Monate zuvor auf dem internationalen Buchmarkt erschienen war und die mit beängstigender Rasanz die Bestsellerlisten vieler westlicher Länder erstürmte: Dennis Meadows' ›Die Grenzen des Wachstums‹.

Auf Anregung des Club of Rome – einer Vereinigung von Wissenschaftlern, Industriellen und Wirtschaftlern aus 25 Nationen – hatte ein MIT-Team (Massachusetts Institute of Technology, Cambridge, USA) eine Hochrechnung und Projektion der ökonomischen und bevölkerungspolitischen Faktoren unserer Zeit vorgelegt. Ihre Arbeitsergebnisse besagten, daß bis zum Jahr 2100 für das Gros der Menschen wirtschaftlich, technisch und ernährungsmäßig jede Existenzmöglichkeit ausgeschlossen sei, wenn es nicht gelänge, die gegenwärtigen Wachstumstendenzen zu ändern, und zwar im Sinne der Schaffung eines weltweiten Gleichgewichts. Ein nüchternes Statement. Kein Coup de Théâtre publizitätssüchtiger Wissenschaftler, kein elektronisches Hirngespinst, kein heimtückischer Mordplan kapitalistischer Schächer. Freilich auch kein Alibi für unsere unbegrenzbaren Wachstumsideologen, gleichgültig, ob sie die quantitative oder die qualitative Seite dieser Medaille vorspiegeln.

Es wird nötig sein, auf »Unterlast zurückzufahren«, so hat das unlängst der BASF-Chef im Zusammenhang mit der Erdölkrise unwirsch formuliert. Und es ist Meadows' kategorischer Imperativ, daß solche stabilisierenden Maßnahmen nicht nur als Reaktion auf arabische Embargos erfolgen müssen, sondern als dringend nötiger Schritt auf der Suche nach dem verlorenen Gleichgewicht. Daß dieser Appell direkt an die Völker der nördlichen Hemisphäre gerichtet ist, an die Industrienationen, an die Wachstums-Fetischisten in West *und* Ost, hat Meadows ebenfalls hervorgehoben.

Es ist das Prärogativ jeder Demokratie, ein Vorrecht unserer Presse- und Meinungsfreiheit, daß sich jeder zu Wort melden darf. Es sollte auch gestattet bleiben, daß Wahrheiten aus polemischen Gründen spitzfindig überzogen oder leichtsinnig verkürzt werden;

aber es ist gerade dann unstatthaft, den Mund aufzureißen, wenn man sich mit dem Kern einer Aussage und den Gründen für ihr Zustandekommen nicht hinreichend auseinandergesetzt hat. Als Beispiel dafür der Kommentar eines »marxistischen Politologen, der zur ersten Hochschullehrer-Generation [gehört], die nach der Studentenrevolte von 1967/68 in akademische Schlüsselstellungen vorrückte« (aus ›Wirtschaftswoche‹, Nr. 43). Er schreibt:

»Man weiß, wo's brennt, man weiß, wie man's tun muß: im papierenen Computerprint habt Ihr das Leben, könnt Ihr die Rechte, die unvermeidliche Politik – jenseits von Ideologien versteht sich – ableiten.

Wenn diese Simulation [dieses Simulieren in einem umgangssprachlichen Sinn des Wortes] von Wissenschaft und Erkenntnis nicht so viele Gutwillige täuschte, müßte es genügen, einige der kurzgeschlossenen Argumentationen ... zu präsentieren. Wirklichkeit ist evident. Dieses Spiel verbindet die Weltsicht des zeitgemäßen Lieschen Müller ... mit dem technologischen Trick des Übermenschen ›C‹.«

Es wäre ungerecht, diese Meinung eines »vorgerückten« Marxisten mit der weiter oben zitierten Meinung nachrückender Marxisten zu konfrontieren. Wenigstens die wissen doch allem Anschein nach, wo's brennt, wo's entlang geht, und können sich wenigstens am Anfang ihres Elaborats einbilden, zur Sache geredet zu haben.

Meadows weist darauf hin, daß die »wichtigen Schlüsse seiner Studie auch ohne Mitwirkung eines Computers schlüssig und verständlich« wären; daß die Drohungen der Zukunft auch dem gesunden Menschenverstand zugänglich sind. Es sei einsichtig, meint er, daß man ein System nicht stabil nennen könne, wenn es ständig und unkontrolliert weiterwüchse; wenn sich die Bremsmaßnahmen zu spät auswirkten. Selbst wenn man Meadows nur anliest, wird man eine Glorifizierung des Computers kaum wahrnehmen können. Das vorliegende Ergebnis – so Meadows – wäre auch von 1000 Chinesen mit ihren Rechenschiebern zustande gebracht worden, nur mit mehr Zeitaufwand, mit mehr Kopfschmerzen. Soweit einige Aspekte dieses sogenannten wissenschaftlichen Disputs.

Etwas feinsinniger vorgebracht wird die Kritik von Funktionären aus den Gefilden des »Herz-Jesu-Sozialismus«, der Arbeitnehmer-Vertretungen und des politischen Establishments. Hier will man schon zugunsten der Ärmsten dieser Welt zurücktreten. Aber droht nicht ein Verschub bis zum Sankt-Nimmerleins-Tag, wenn das Umverteilen, das Weitergeben und Übertragen erst dann vollzogen werden soll, wenn man sich den Kuchen, den's heute zu verteilen gilt, zunächst selber einverleiben möchte?

Was anders soll es denn heißen, wenn beispielsweise Gewerkschaftsvertreter zwar ihre Erbitterung über das spannungsreiche Nord-Süd-Gefälle ausdrücken, aber dann, zum Offenbarungseid gebeten, zuvorkommend erklären: vor dem entscheidenden Lastenausgleich müsse erst unser wirtschaftliches und soziales Binnengefälle zwischen arm und reich ausgeglichen werden.

Das ist im Klartext von vergleichbarem solidarischem Effekt wie die Londoner Bekundung des Bundeskanzlers, daß man während der Nahost-Krise des Herbstes 1973 in der Sache zwar neutral, im Herzen dagegen auf Seiten Israels gewesen sei.

Eine dritte Gattung Mitmensch entzieht sich der Aufforderung zum Beistand mit dem Hinweis auf die humanen Obligationen des einzelnen. Neuorientierung im vorgeprägten, vordefinierten christlichen Sinn sei die angemessene gesellschaftliche Antwort: Privatinitiative in unserem Land und für die armen Regionen. Der barmherzige Samariter geht um.

Freilich gibt es auch die Optimisten aus Profession, die immerwährende rosige Zeiten für unser »Raumschiff Erde« voraussehen und die an eine kritische Zuspitzung oder an eine Katastrophe nicht glauben mögen. Sie liebäugeln mit der idealistischen Vorstellung, daß die Erschöpfung der natürlichen Rohstoffe durch die unerschöpflichen Ressourcen des menschlichen Geistes substituiert werden könne.

Die Diskussion der Verantwortlichen und Experten – das illustriert auch dieser Band – geht gegenwärtig noch aus wie das Hornberger Schießen: Nur mit einem großen Aber geben sie Meadows, was Meadows ist, lassen sie Gnade vor Recht ergehen, wenn sie den Meadowsschen Prognosen halbherzig zustimmen.

Ein kluger Zeitgenosse, John C. Scafe, der Leiter des Amerikahauses Frankfurt, meinte unlängst: wir schüben die dräuenden Gefahren ebenso beiseite, wie wir die Vorstellungen vom Tod verdrängten. Dieses Gleichnis mag zutreffen: Wir sollten aber nicht ignorieren, daß uns wenigstens im Augenblick noch das Potential und die Fähigkeit überantwortet sind, das scheinbar Unvermeidliche aufzuhalten.

Unsere Politiker, unsere Funktionäre – so Meadows – könnten über den nächsten Wahltermin hinaus nicht entscheiden, könnten sich aus den verankerten Schablonen von fixen Ideen und Ideologien nicht lösen. Statt Flexibilität: Verkrampfung und Krampf. Statt Humanität: Pharisäertum. Statt klarer Worte und Entscheidungen nur elaborierter Wortschatz.

In ›Biedermann und die Brandstifter‹, in diesem »Lehrstück ohne Lehre«, hat Max Frisch einen Biedermann gezeichnet, der weiß, daß die Welt voller Brandstifter ist; er erkennt die Gefahren sogar, unterdrückt aber seine Einsicht, bis es zu spät ist; bis auch das eigene Haus brennt. Biedermann will die Katastrophe nicht sehen, weil er jeden Tag selbst Katastrophen in Gang setzt. »Wenn er auf den guten Willen und den Humor der Brandstifter baut, so aus Trägheit, schlechtem Gewissen, Angst vor der notwendigen eigenen Verwandlung und aus Angst vor der Angst. Er besteht auf dem vermeintlichen Bürgerrecht, ›überhaupt nichts zu denken‹.« (aus: Georg Hensel: ›Theater der Zeitgenossen‹.)

Dieses Buch – ›Wachstum bis zur Katastrophe?‹ –, das in die Kontroversen um ›Die Grenzen des Wachstums‹ eingreifen und klärend wirken will, wird auch die Position von Biedermännern und Jedermännern markieren, wird sich gegenüber der leidenschaftlichen Debatte um Pro und Contra offen zeigen und vor allem Dennis Meadows' Standpunkte noch deutlicher als bisher umreißen.

Meadows sah sich veranlaßt, den elfenbeinernen Turm wissenschaftlicher Neutralität zu verlassen und eindeutige Positionen zu beziehen. Er macht nicht nur klar, daß unsere Verwöhnungsgesellschaft offenbar ein Wachstum in die falsche Richtung forciert hat, sondern daß durch erzieherische Prozesse ein Abbau der übertriebenen Ansprüche erzielt werden muß. Es müsse gelingen, unsere Lebensqualität binnen kurzem auf unserem hohen Niveau zu stabilisieren oder sich gar auf eine »Qualität des Lebens minus x« einzustellen. Weiteres Wachstum jedenfalls würde die Katastrophe unvermeidlich herbeiführen.

Seine konkreten Forderungen, die sich in einigen Punkten direkt an die Bundesrepublik wenden, werden kaum mit eiligem Beifall bedacht werden. Von zu vielen Seiten ist die Steigerung des Konsums zur höchsten Maxime gemacht worden; zu viele sind auf Wachstum eingeschworen; zu vielen – Politikern, Industriellen, Gewerkschaftlern, Wissenschaftlern – droht Gesichts- und Gewichtsverlust. Wie auf einer Rutschbahn, dürfte es schwerfallen, plötzlich diese Fahrt zu bremsen, auf normale Geschwindigkeit zurückzustellen.

Vielleicht bewirkt die gegenwärtige Ölkrise, den allzu selbstzufriedenen Optimismus abzubauen. Vielleicht ist sie ein probates Mittel, unsere Hoffnungen auf ewig garantierten Überfluß einzudämmen; vielleicht erzwingt sie Einsicht und Vernunft. Die Zeichen signalisieren Gefahren, die uns vielleicht noch zu unseren Lebzeiten ärgstens bedrängen werden.

Damit wird freilich noch immer kein Ende der Mißverständnisse eingeleitet sein. Es gibt, bei uns in der Bundesrepublik und anderswo, zu viele Gründe für grenzenlose Auffassungsschwierigkeiten, für dogmatische Besserwisserei, für kleinliche Tüftelversuche, für akademische Überheblichkeit, für optimistische Trägheit.

Aber lassen wir uns wenigstens nicht einreden, daß der Chor der Feuerwehrleute aus ›Biedermann‹ auf ewig recht behalten müsse, wenn er im ergötzlich parodierten antikischen Rhythmus am Ende der Katastrophe sagt:

»Was nämlich jeder voraussieht
Lange genug,
Dennoch geschieht es am End:
Blödsinn,
Der nimmerzulöschende, jetzt
Schicksal genannt.« (Dritte Detonation)

Dennis L. Meadows:
Die Grenzen des Wachstums und
Planung für die Zukunft[1]

Einleitung

Während der letzten zwei Jahre haben wir, eine Gruppe von Wissenschaftlern und Studenten, uns damit befaßt, Ursachen und Folgen des Bevölkerungswachstums und dessen materiellen Niederschlag verstehen zu lernen. Unsere Forschungen legten uns den Schluß nahe, daß die derzeitige Wachstumsgeschwindigkeit nicht einmal für die Lebenszeit unserer heute geborenen Kinder aufrechterhalten werden kann. Falls die Menschheit sich weiterhin darauf verläßt, ihre kurzfristigen Probleme durch Wachstum lösen zu können, glauben wir, daß Bevölkerung und Produktion über die einhaltbaren Grenzen hinauswachsen, die Lebensgrundlagen der Erde erschöpft und ein unkontrollierbarer Rückgang der Bevölkerungszahl und der Wirtschaft eintreten werden. Dies erscheint uns jedoch nicht als unvermeidbar. Die Menschheit könnte statt dessen damit beginnen, die Grenzen des materiellen Wachstums realistisch abzuschätzen. Das Streben der Gesellschaft und ihrer Institutionen sollte dahin gelenkt werden, jetzt das Wachstum einzuschränken, um sich so einem geordneten System im Rahmen unserer begrenzten Welt zu nähern. Wenn solche Änderungen vorgenommen würden, wäre es wohl möglich, die Bevölkerungsdichte im großen und ganzen zu erhalten und für alle Grundbedürfnisse zu sorgen.

Unsere Ansichten über Wachstum und dessen Konsequenzen erarbeiteten wir uns an »World 3«, einem mathematischen Modell der physikalischen, biologischen, psychologischen, geologischen und anderer Gründe, die dem Wachstum zugrunde liegen. Gegen unsere Auffassungen und Resultate wurden viele Einwände erhoben. Hier wollen wir die zeitliche Entwicklung unserer Arbeit beschreiben, die Grundlagen unserer Thesen zusammenfassen und die häufigsten Kritiken an unseren Ergebnissen beantworten.

[1] Dieser Beitrag in der Übersetzung von Karl Rihaczek ist die schriftliche Fassung der ursprünglich vorgesehenen Rede anläßlich der Veranstaltung »CONTROL DATA – 10 Jahre in Deutschland« am 15. Oktober 1973 in Frankfurt am Main.

Historische Zusammenfassung

Mit der Veröffentlichung seines Werkes ›World Dynamics‹ (›Der teuflische Regelkreis‹)[2] forderte Jay W. Forrester die Wissenschaftler und Entscheidungsmacher der Welt heraus, ihren Gesichtskreis zu erweitern und in ganzheitstheoretischer Weise die Ursachen und Folgen des Wachstums der Weltbevölkerung und der Produktion zu untersuchen. Um das globale Problem zu analysieren und es verständlich zu machen, schlug Forrester als Hilfsmittel ein formales Modell der Zusammenhänge von Bevölkerung, Kapital und anderen Faktoren vor, die das Bevölkerungswachstum beeinflussen, wie zum Beispiel Ernährung, Bodenschätze und Umweltverschmutzung. Wohl wissend, daß sein Modell weder perfekt noch vollständig war, betonte Forrester, daß es kein perfektes oder vollständiges Modell gäbe und daß die Modelle, aufgrund derer heutzutage entschieden wird, noch nicht einmal deutlich genug sind, um sie zu diskutieren oder zu verbessern.

»Trotz der Vorläufigkeit des hier beschriebenen Modells können verschiedene Schlüsse gezogen werden. Die Menschheit handelt immer nach den ihr geläufigen Modellen. Vorstellungen sind Modelle. Derzeit benutzen wir solche Vorstellungen als Basis für unser Handeln. Es bleibt zu hoffen, daß diejenigen, die glauben, bereits ein anderes und besseres Modell zu haben, es genauso detailliert und explizit beschreiben, so daß die Annahmen und Folgerungen geprüft und verglichen werden können. Dieses Modell zurückzuweisen und es als unzureichend zu verwerfen, ohne konkrete und plausible Alternativen anzugeben, würde der Forderung gleichkommen, die Zeit anzuhalten.« (›World Dynamics‹, S. IX)

Um die Entwicklung verbesserter langfristiger globaler Modelle zu ermöglichen, hat unsere Gruppe seither drei zusätzliche Arbeiten über die dynamischen Implikationen des materiellen Wachstums im globalen System veröffentlicht. Im ›Teuflischen Regelkreis‹ beschrieb Forrester die hauptsächlichen Ziele der Arbeiten an einem Weltmodell, das vom Club of Rome angeregt worden war, und er zeigte die Struktur eines vorläufigen Modells namens »World 2«. In der Folgezeit erweiterte unser Team dieses Modell und stellte es besser auf empirische Daten ab. Das verbesserte Modell nannten wir »World 3«. (Im folgenden werden wir vereinfacht von den »World«-Modellen sprechen, wenn wir Punkte diskutieren, die sowohl für »World 2« wie für »World 3« zutreffen.)

---

[2] Forrester, J.W., *World Dynamics*. Cambridge, Mass., 1971. Deutsch: *Der teuflische Regelkreis*. Stuttgart 1972.

In ›Die Grenzen des Wachstums‹ beschrieben wir verschiedene Eigenschaften des Bevölkerungs- und Produktionswachstums, Eigenschaften, die dem Weltsystem eine Tendenz zu instabilem Verhalten verleihen.[3] Wir schlugen dort ein materielles Gleichgewicht als eine vertretbare Alternative zu beständigem Wachstum vor, wie es bislang die implizierte Grundlage aller Politik war.

In der technischen Literatur veröffentlichen wir dreizehn kurze Aufsätze über die Geschichte und die Implikationen unseres Projekts mit einer Beschreibung der detaillierten Simulationssubmodelle, die den »World«-Modellen zugrunde liegen. Sie wurden nun in einem dritten Buch zusammengefaßt: ›Das globale Gleichgewicht. Modellstudien zur Wachstumskrise‹.[4]

Unser technischer Bericht ›The Dynamics of Growth in a Finite World‹ ist der vierte und letzte über unsere für den Club of Rome geleistete Arbeit.[5] Dieser technische Bericht führt die Annahmen, Gleichungen und Daten an, die »World 3« zugrundegelegt sind, und analysiert unter Alternativannahmen das Verhalten des Modells.

Grundlagen der Wachstumsbegrenzung

›Die Grenzen des Wachstums‹ (im folgenden ›Grenzen‹) behandeln grundlegende Eigenschaften des Weltsystems wie etwa das exponentielle Wachstum, die endlichen Grenzen und die Verzögerungen im Rückkopplungskreis. Diese Eigenschaften sind die reale Grundlage für unsere Besorgnis über das materielle Wachstum. Sie können unabhängig von den genauen numerischen Annahmen eines Modells verstanden und diskutiert werden. Unsere Absicht war es, nicht so sehr auf die Gleichungen des Modells, sondern auf diese dynamischen Eigenschaften einzugehen, so daß wir diese getrennt von der Beschreibung des technischen Modells für ein nicht-technisches Publikum veröffentlichten. Wir wollen hier die fünf Hauptpunkte aus ›Grenzen‹ zusammenfassen und ihre Kritik diskutieren.

1. *Exponentielles Wachstum ist der Entwicklung der Bevölkerung und des Industriekapitals inhärent, nicht aber der Technologie.*

[3] Meadows, D.H., u.a., *The Limits to Growth*. New York 1972. Deutsch: *Die Grenzen des Wachstums*. Stuttgart 1972.
[4] Meadows, D.L., und D.H. Meadows (Hrsg.), *Toward Global Equilibrium: Collected Papers*. Cambridge, Mass., 1973. Deutsch: *Das globale Gleichgewicht*. Stuttgart 1974.
[5] Meadows, D.L., u.a., *The Dynamics of Growth in a Finite World*. Cambridge, Mass., 1973.

Durch die den reproduktiven und Investitionsprozessen eigene Natur wachsen die Bevölkerung und das Kapital exponentiell. Dies ist nicht eine willkürliche Annahme, es ist eine empirische Tatsache, deren Ursachen verstanden werden können. Menschen können nur von Menschen in die Welt gesetzt werden, und man braucht Maschinen und Fabriken, um weitere Maschinen und Fabriken zu produzieren. Immer wenn die Änderung einer Quantität von dieser Quantität abhängig ist, tendiert diese Änderung zur exponentiellen Form. Der numerische Exponent beziehungsweise die Wachstumsrate variiert, und zwar sowohl in der wirklichen Welt als auch in den »World«-Modellen. Nichtsdestoweniger ist der Wachstumsprozeß von Natur aus exponentiell.

Es mag wahr sein, daß sich das menschliche Wissen ebenfalls exponentiell vermehrt; Wissen kann die Voraussetzung für die Vermehrung von Wissen sein. Daraus kann man jedoch nicht folgern, daß irgendeine technologische Anwendung von Wissen ebenfalls exponentiell wächst. Voraussetzung dafür, daß eine technische Entdeckung in weitem Maß zum Tragen kommt, ist, daß die Existenz eines Problems gesellschaftlich anerkannt ist. Dies mag auch erfordern, daß neue Institutionen begründet werden müssen – oft auf Kosten der alten – und daß für andere Zwecke gedachte Investitionen für die neuen Techniken verwendet werden müssen. Soziale Perzeption und Meinungsbildung, institutionelle Veränderungen und die Ableitung von Kapital für neue Zwecke verhalten sich nicht von Natur aus exponentiell.

Die Entdeckung von Öl wird letzten Endes dadurch nicht einfacher, daß bestimmte Ölvorkommen bereits entdeckt wurden. Das nächste Dekrement in der Umweltverschmutzung wird nicht direkt von dem ihm vorausgehenden Dekrement ermöglicht. Eine Verdopplung der Ackererträge verbessert nicht die Möglichkeiten für eine weitere Verdopplung. Jede Behauptung, daß diese exponentiellen Technologien unvermeidbar sind, beruht auf einem tiefen Unverständnis für die Natur exponentiellen Wachstums. Diese Behauptung bedeutet vielmehr eine grobe Mißachtung der sozialen Grundlagen technologischer Veränderungen, des zweiten thermodynamischen Grundgesetzes und des Gesetzes abnehmender Erträge.

2. *Es gibt physikalische Grenzen für Bevölkerungs- und Kapitalwachstum.* Die »World«-Modelle beruhen auf der Malthusschen Annahme, daß die Erde endlich ist und daß irgendeine Veränderung in den derzeitigen exponentiellen Wachstumsprozessen notwendig sein wird, um die gegenständliche Präsenz und die Aktivitäten der

Menschheit den irdischen Grenzen anzupassen. Mit den Modellen will man die Arten von Veränderungen, die auftreten könnten und sollten, genauer untersuchen. Wir wählten deshalb für unsere Untersuchungen die Malthussche Sicht einer begrenzten Welt, weil unsere eigenen Eindrücke und empirische Daten nahelegen, daß die Welt in einigen wichtigen Aspekten endlich ist. Uns erscheint es nicht nur wirklichkeitsnäher, sondern auch von mehr sozialem Verantwortungsgefühl getragen und zudem nützlicher, die Möglichkeiten einer sozialen Anpassung an die irdischen Grenzen zu untersuchen, statt solche Grenzen einfach nicht anzunehmen.

Die »World«-Modelle berücksichtigen die Idee der irdischen Grenzen mit vier expliziten Annahmen: der Vorrat an ausbeutbaren, nicht erneuerbaren Rohstoffen ist endlich; die Absorptionskapazität der Umwelt für Schadstoffe ist endlich; die Reserven potentiellen Ackerlandes sind endlich; der Ertrag pro Hektar Land ist endlich. Niemand weiß genau, wo diese Grenzen liegen. In der Tat ist es wahrscheinlich unmöglich, irgendeine dieser Grenzen durch eine einzige Zahl anzugeben; denn sie ändern sich mit der Zeit. Wir wissen, daß sie durch die Technologie in einem bestimmten Maß erweitert werden können. Wir wissen aber auch, daß sie durch Mißbrauch reduziert werden können.

Indem wir versuchten, das Wachstum des physikalischen Systems gegen Grenzen und die irdischen Grenzen selbst zu berücksichtigen, erwarteten wir nicht, daß wir irgendeine genaue Information über Wertangaben und die Lage der Grenzen selbst gewinnen würden. Wir versuchten aber zwei andere Absichten zu realisieren. Zunächst suchten wir einen Rahmen, in dem viele Wachstumsprozesse und Grenzen im Zusammenspiel untersucht werden konnten, um zu zeigen, daß Lösungen für irgendein isoliertes Wachstumsproblem sinnlos sind, wenn man nicht gleichzeitig das Gesamtsystem betrachtet. Das übliche Vorgehen von Spezialisten in Teilbereichen, zum Beispiel in der Ressourcenbewirtschaftung, Nahrungsmittelerzeugung oder Umweltverschlechterung illustriert sehr deutlich, wie leicht ein einzelnes Ressourcen-, Nahrungsmittel-, Umweltverschmutzungs- oder Bevölkerungsproblem gedanklich gelöst werden kann, in dem man nur genügend Kapital, Energie, Arbeit, Land, Material und Zeit dafür ansetzt. Weil die »World«-Modelle ganzheitstheoretisch orientiert sind, zwingen sie zu prüfen, ob mehrere dieser Probleme gleichzeitig gelöst werden können. Uns interessiert diese Möglichkeit, weil uns unser Verständnis exponentiellen Wachstums sagt, daß diese Probleme nicht langsam und nicht nur nach und nach auftreten werden.

Ferner waren wir darauf bedacht, nicht nur Kräfte zu berücksichtigen, die die Kapazität der Erde erhöhen, sondern auch Kräfte, die sie verringern. Von unserem Malthusschem Standpunkt aus erscheint uns der Mensch als zu sehr geneigt, sich über bewässertes Neuland, Unterwasser-Ölgewinnung, Grüne Revolutionen und katalytische Konverter zu freuen und dabei die andere Seite zu ignorieren: erodiertes, versalztes oder abgetragenes Land, Abfallhalden verschwendeter Ressourcen, ausgeschöpfte Erzlager, der Vielfalt beraubte Ökosysteme und Enteignung anderer Menschen in anderen Kulturen – alles im Zug des »Fortschritts«. Die »World«-Modelle enthalten Annahmen über Möglichkeiten für beträchtlichen weiteren Fortschritt, aber sie berücksichtigen auch die Schwächen der Menschheit. Sie nehmen an, daß durch menschliche Aktivität die Grenzen in beiden Richtungen verlagert werden können.

Es gibt natürlich auch Grenzen, die wir in den »World«-Modellen nicht berücksichtigt haben. Die auffälligsten sind die Grenzen für eine vertretbare Wiedergewinnungsrate von Ressourcen – zum Beispiel Frischwasser, Holz, Fische und Wild. Wir erkannten auch die Wichtigkeit gesellschaftlicher Grenzen, aber ließen sie in unserer speziellen Analyse aus. Zu diesem Punkt behaupteten wir in ›Grenzen‹, daß gesellschaftliche Einschränkungen (ungerechte Verteilung, Verschwendung, Kriege) die Wachstumsmöglichkeiten, die durch materielle Grenzen gesetzt sind, nur noch weiter einschränken können.

3. *Die materielle Wachstumsrate des Weltsystems wird von langen Verzögerungen im Feedback bestimmt.* Verzögerungen sind die Hauptursachen für die Instabilität des globalen Systems. Wenn ein schnelles Wachstum mit einer großen Verzögerung zwischen Ursache und Wirkung gekoppelt ist, kann sich das Wachstum weit über die erträglichen Grenzen hinaus fortsetzen, bevor die Wirkungen zum Tragen kommen, die es anhalten können. Wir haben nicht angenommen, daß die Menschheit die sich ändernde Situation nicht beachtet. Wir haben nur angenommen, daß gesellschaftliche Institutionen nur diejenigen Situationen beachten, über die sie informiert sind, daß die Information, aufgrund derer sie agieren, oft unvollständig und verspätet ist, und daß die Reaktion der menschlichen Gesellschaft nicht unmittelbar erfolgt, sondern ebenfalls verspätet. Die Verspätung der Reaktion kann durch politische, physikalische und biologische Prozesse verursacht werden. Sie vergrößert sich weiterhin um die Zeit, die gebraucht wird, um neue Technologien zu erfinden, zu entwickeln, zu testen, zu vervollkommnen. Viele Ver-

zögerungen sind unkontrollierbar, wie zum Beispiel die auf der Altersstruktur der Bevölkerung beruhenden oder auf der Ausbreitung nicht-zerfallender Stoffe in der Umwelt.

Die Kombination dreier wichtiger Annahmen verursacht das »Überschwingen« bei den Modellen: die Annahme der Verzögerung in der Rückkopplungsschleife, die Annahme einer Grenze der irdischen Kapazität und die Annahme, daß das System menschlicher Wertvorstellungen so lange materielles und Bevölkerungswachstum fördern wird, bis diesem sehr starke Kräfte ein Ende setzen. Sobald ein Gleichgewicht erreicht ist, nehmen wir eine Änderung an, und zwar, daß sich das menschliche Wertsystem zugunsten von Stabilität und gegen fortgesetztes Bevölkerungs- und Kapitalwachstum ändert. Das Überschwingen könnte ebenfalls vermieden oder verringert werden, unter der Annahme, daß die menschliche Gesellschaft durch detaillierte Langfristplanung die Implikationen von Verzögerungen vermeiden kann. So war es natürlich unser Ziel, durch die Veröffentlichung von ›Grenzen‹ sowohl eine Wertänderung als auch ein Langfristplanen zu fördern.

4. *Es gibt zwei mögliche soziale Reaktionen auf die Grenzen des Wachstums: Schwächen der Wachstumskräfte oder Beseitigung der Symptome auftretender Begrenzungen.* Die Normalreaktion moderner Gesellschaftssysteme auf durch Beschränkungen hervorgerufenen Druck ist die, den Druck zu beseitigen, so daß das Wachstum sich fortsetzen kann. Sind die Straßen verstopft, baut man mehr Straßen. Sind die Kupferreserven erschöpft, wird mehr Kupfer importiert. Reicht die elektrische Energie nicht aus, entwickelt man neue Kernkraftwerke. Hungern die Menschen, kauft man Kunstdünger.

Es ist nur kurze Zeit her und sehr schwach zum Ausdruck gekommen, daß man eine Alternative ernsthaft vorgeschlagen hat: Man schränke den Gebrauch von Automobilen ein, man verbrauche weniger elektrische Energie, man verlängere die Nutzungsdauer materieller Güter, man setze weniger Kinder in die Welt. Diese zweite Art zu reagieren zeigt, daß nicht der Mangel an bestimmten Reserven das Problem darstellt, wie etwa der Mangel an Straßen, Kupfer, Strom oder Nahrungsmitteln. Diese Mängel sind Symptome oder Signale eines grundlegenderen Problems, nämlich des Wachstums von Bevölkerung und materiellen Gütern gegen die Grenzen einer endlichen Reserve von Rohstoffen. Die erste Art von Reaktionen war die, die unangenehmen Symptome des Wachstums vorübergehend zu beseitigen. Wenn diese Reaktionen nicht von solchen der zweiten Art begleitet werden, die sich gegen das das Wachstum verursachende Wertesystem richten, wird ein fortgesetztes Wachstum an anderen Stellen Verknappungen hervorrufen. Diese Verknappungen werden weitere technologische Lösungen zur Symptombeseitigung zur Folge haben. Die eigentliche Gefahr der Reaktionen von der ersten Art, Erträglichmachen der Problemsymptome, ist die, daß sie unternommen werden, um von Reaktionen der zweiten Art abzuhalten, solchen, die das Wachstum selbst kontrollieren. Je erfolgreicher die Signale von Verknappungen auf diese Weise überdeckt und geleugnet werden, um so wahrscheinlicher wird es, daß die Veränderungen im Wertesystem zu spät kommen.

Wie wir in ›Grenzen‹ gesagt haben, wünschen wir nicht einen Stopp des technologischen Fortschritts. Sorgfältig ausgewählte neue Technologien können sogar großartige Möglichkeiten für die menschliche Gesellschaft erschließen. Nur muß man sie mit den nötigen Änderungen im Wertesystem kombinieren, die das materielle Wachstum kontrollieren helfen sollen. Was uns jedoch besorgt, ist der Umstand, daß bislang technologische Erfolge fast immer dafür verwandt wurden, die Intensität der positiven Rückkopplung auf das Wachstum von Bevölkerung und Kapital zu verstärken statt zu schwächen, eben dasjenige Wachstum, das das Weltsystem aufbläht. Wir wenden uns nicht gegen die Technologie. Wir wenden uns gegen den gegenwärtigen Trend eines technologischen »Fortschritts«, der nicht nur durch wenig soziale Weisheit und Zurückhaltung schlecht gelenkt wird, sondern auch als eine Ausrede dafür dient, daß solche Weisheit und Zurückhaltung nicht entwickelt werden.

5. *Wo immer die Grenzen des Wachstums liegen mögen – das Gleichgewicht könnte wünschenswert sein:* Es ist nicht notwendig, daß man an die Dringlichkeit irgendwelcher physikalischer Grenzen glaubt, um an der Natur und dem Potential eines Gleichgewichts Gefallen zu finden. Im Gleichgewicht ist eine Gesellschaft, die ihre Kopfzahl bei einem bestimmten Niveau stabilisiert hat und die ihre materiellen Bedürfnisse mit einem minimalen Durchsatz an nichtwiedergewinnbaren umweltverschmutzenden Rohstoffen befriedigt. ›Grenzen‹ schließt mit einer ziemlich utopischen Beschreibung eines solchen Zustandes. Wir glauben aufrichtig, daß irgendeine Art eines solchen Material- und Bevölkerungsgleichgewichts erreichbar ist, nicht augenblicklich, aber innerhalb von ein bis zwei Generationen. Wir glauben auch, daß die Anwendung von Verstand und

Planung für einen solchen Zustand sowohl interessant als auch nützlich ist, und zwar dahingehend, daß sie die realistischen erreichbaren langfristigen Ziele setzen könnte, die derzeit fast in jedem Bereich der Weltgesellschaft fehlen. Es erscheint uns unmöglich, das materielle Wachstum erfolgreich unter Kontrolle zu bringen, ohne daß es dazu ein gut definiertes Ziel gibt, auf das es hingeleitet werden kann. Man kann nicht die Zusammensetzung des Wachstums beliebig ändern, wenn man nicht eine klare Vision davon hat, wofür das Wachstum gut sein solle. Die Einzelheiten des Ziels werden sich ändern und in dem Maß weiterentwickeln, in dem man laufend mehr über die Welt erfährt. Wir sind der Meinung, daß es nur wichtig ist, ein solches Ziel zu haben und es mit dem jeweiligen Wissen im Einklang zu halten.

Die Idee einer gegenständlich nicht wachsenden Gesellschaft ist einigen Leuten so fremd, daß sie diese Idee mit einigen befremdenden Gedankenmodellen bereichert haben. Sie haben angeführt, daß eine im Gleichgewicht befindliche Gesellschaft intellektuell oder technologisch stagnieren müsse; sie müsse rigid und diktatorisch sein; sie müsse die derzeitige Fehlverteilung von Vorräten und Einkommen beibehalten. Wir haben bereits in ›Grenzen‹ aufgezeigt, daß wir genau das Gegenteil erwarten. Wir würden hoffen, daß phantasiebegabte Menschen sich angesprochen fühlen und sich der Forderung stellen, die Wirtschaft und Soziologie eines gegenständlich stabilisierten Zustandes zu durchdenken.[6] Es ist zu erwarten, daß diese Übung nicht bloß Theorie bleibt und daß sie ebenfalls einige der gegenwärtigen soziologischen Probleme des Wachstums aufhellen wird.

Wir haben weder in ›Grenzen‹ noch anderswo vorgeschlagen, daß das Gleichgewicht unmittelbar erreicht oder daß das materielle Wachstum plötzlich gestoppt werden solle. Im Gegenteil, wir haben lange Verzögerungen im sozialen System und die notwendigerweise graduelle Natur demographischer Änderungen aufgezeigt, und wir haben geschätzt, daß eine ordentliche Verschiebung der gegenwärtigen Wachstumsraten zum Gleichgewicht gut hundert Jahre dauern könnte. Obwohl jedoch die ersten Schritte auf dieses Gleichgewicht zu klein sein sollten, sollten sie bald unternommen werden. Ein guter Anfang könnte durch eine allgemeine Anerkennung des Umstandes gemacht werden, daß materielles Wachstum nicht stets für die Lösung schwieriger gesellschaftlicher Situationen als Substitut dienen solle.

[6] Einige haben bereits begonnen, so: Kenneth Boulding, Ezra Mishan, Herman E. Daly, Nicholas Georgescu-Roegen.

Zusammenfassend glauben wir, daß die grundlegenden Gesichtspunkte unserer Modellbildung, wie sie in ›Grenzen‹ beschrieben werden, Beachtung verdienen, auch wenn keiner von ihnen streng bewiesen werden kann. *Kein* gesellschaftliches Modell kann als streng richtig bewiesen werden. Insgesamt stellen diese Gesichtspunkte eine ganzheitstheoretische Hypothese des Weltsystems dar, die im allgemeinen mit den wirklichen Beobachtungen übereinstimmt. Wir glauben nicht, daß man dies auch von Gedankenmodellen sagen kann, aufgrund derer man gegenwärtig wichtige, langfristig wirkende Entscheidungen fällt.

Preise, Technologie und Werte

Untersuchen wir nun die drei Mechanismen, von denen viele Kritiker von ›Grenzen‹ glauben, daß sie es der Menschheit gestatten werden, die Kontrolle über das materielle Wachstum ohne Änderungen im gegenwärtigen System beizubehalten – Preise, Technologie und der Wandel gesellschaftlicher Werte. Alle drei sind in der Tat in den »World«-Modellen eingebaut, das aber in impliziter und stark vereinfachter Form. Natürlich sind sie allesamt wichtige, komplexe, dynamische Subsysteme für sich. Wir wollen hier sehr kurz schildern, wie man vollständigere Repräsentationen dieser Subsysteme erreichen könnte. Jedoch keines dieser zusätzlichen Details würde etwas an den Grundfolgerungen unserer Arbeit ändern.

Die Preise sind eine Funktion zweier gesellschaftlich determinierter Variablen – des jeweiligen Wertes, den die Gesellschaft einer bestimmten Ware oder Dienstleistung beimißt und der offenkundigen Kosten der Ware oder Dienstleistung. Die Wirtschaftler postulieren, daß die langfristige stabilisierende Rolle der Preise in einem wachsenden System einen Mangel anzeigt. Sie zeigen auf, daß gesellschaftliche Wertvorstellungen und das ökonomische System sich nach solchen Preisänderungen richten, so daß abnehmende Vorräte wirtschaftlicher genutzt werden.

Wenn zunehmender Mangel den Preis irgendeines Materials hochtreibt, kann dies eine Reihe sozialer Reaktionen hervorrufen. Die Suche nach weiteren Naturvorkommen könnte intensiviert werden, oder man könnte die Rückführung des Materials aus nicht mehr benötigten Produkten, die es enthalten, erhöhen. Ein Nahrungsmittelmangel, der zu Preiserhöhungen führt, könnte die Bauern anregen, wirtschaftlichere Produktionsmethoden einzuführen, die Regierungen dazu, mehr Land zu bewässern, oder die Leute dazu, weniger zu essen. Diese dynamischen Effekte des Preismechanismus haben in der Tat einen Einfluß darauf, wie sich ein wachsendes System seinen physikalischen Grenzen nähert.

»World 3« enthält einige kausale Beziehungen zwischen der realen Versorgung mit einer ökonomischen Quantität (wie Nahrungsmittel, nicht zu erneuernde Ressourcen, Industriekapital, Dienstleistungskapital) und der Reaktion des ökonomischen Systems auf Versorgungsmängel (Aufbereitung von mehr Ackerland, zusätzliches Kapital zur Bereitstellung von Ressourcen, erhöhte Investitionsraten). Diese Beziehungen werden am realistischsten durch den Preis als einer Zwischenvariablen dargestellt:

Abnahme in der Versorgung → Wachsen des Preises → soziale Reaktion.

In »World 3« haben wir die wirkliche Dynamik des Preismechanismus dadurch vereinfacht, daß wir die explizite Beziehung zum Preis als einer Zwischenvariablen wegließen: So wurde die Darstellung der kausalen Kette folgendermaßen verkürzt:

Abnahme in der Versorgung → soziale Reaktion.

Der wirksame regulierende Effekt des Preissystems wird auf diese Weise eingeschlossen, aber die Preise erscheinen im Modell nicht explizit.

Der einzige Zweck, den Preismechanismus auf diese Weise zu verstecken, ist der, das Modell einfacher und verständlicher zu machen. Das Weglassen des Preises entspricht der Annahme, daß die vom Preissystem abgegebenen Signale gesellschaftlichen Entscheidungsstellen mit einer Verzögerung zur Verfügung stehen, die gegenüber einem Bezugszeitraum von 200 Jahren unbedeutend ist. Um die Zulässigkeit dieser Vereinfachung zu prüfen, führten wir in verschiedenen unserer Modelle den Preis und seine Wirkung auf den technologischen Fortschritt und die Verfügbarkeit von Ressourcen ein. Das allgemeine langfristige Verhalten dieser Submodelle war dem des Ressourcen-Teils des »World«-Modells ähnlich.

In dem Maß, in dem Preise die Versorgungskosten in der wirklichen Welt nicht unmittelbar spiegeln, wird das System der Preise eine Quelle zusätzlicher Instabilität im Weltsystem sein. Die Instabilität wird sich auch in Fällen erhöhen, bei denen wohl Kosteninformation an Institutionen weitergegeben wird, diese aber ihre Produktions- und Konsumptionsverhaltensweisen nur mit langer Verzögerung den Kosten anpassen. In beiden Fällen wird die Verzögerung zwischen der Verfügbarkeitsminderung und der darauf folgenden sozialen Reaktion die Stabilität verringern, mit der sich ein ökonomisches System irgendwelchen Grenzen anpassen kann. So haben wir also mit der Annahme, daß das System der Preise unmittelbar wirkt, eine Instabilitätsquelle des Systems weggelassen. Unser Modell *unterschätzt* deshalb die Tendenz wirklicher ökonomischer Systeme, über ihre physikalischen Grenzen hinauszuschießen, in dem Maß, in dem die Preise in Wirklichkeit verzögerte Mangelsignale sind.

Wir betrachten die Technologie wie auch die Preise als ein soziales Phänomen – es ist die Anwendung der allgemeinen Weltkenntnisse der Menschen, um erkannte spezifisch menschliche Probleme zu lösen. Wenn wir ein vollständiges dynamisches Modell der Entwicklung einer gegebenen Technologie aufstellen sollten, würden wir folgendes einschließen:

ein Niveau akkumulierten Wissens, bei dem die Akkumulationsrate von den Mitteln abhängt, die für Grundlagenforschung aufgewendet werden;

eine weit gestreute Erkenntnis menschlicher Probleme;

eine Bereitstellung materieller Mittel, menschlicher Anstrengung und Zeit, um eine technische Lösung eines Problems zu finden, mit der Einsicht, daß die Lösung nicht gefunden wird, wenn das Wissensniveau noch nicht hoch genug ist;

eine Verzögerung, die angebracht ist, um die soziale Akzeptanz und Implementation der neuen Technologie abzubilden, wobei die Größe der Verzögerung davon abhängig ist, wie groß die Abwendung von der Gewohnheit ist;

eine Berücksichtigung der Gesamtwirkung der Technologie auf das System, einschließlich sozialer, Energie- und Umweltkosten.

Dieses Modell technologischen Fortschritts kann mit denen verglichen werden, die in unterschiedlichen Schriften von Boyd, Oerlemans und der Sussex-Gruppe vorgeschlagen wurden.[7] Jedes davon nimmt an, daß sich Technologie inhärent exponentiell entwickelt und daß die passenden technischen Möglichkeiten immer sofort zur Verfügung stehen, wenn sie gebraucht werden. Die zitierten Autoren haben angenommen, daß technologischer Fortschritt nichts koste, keine Kapitalinvestition verlange, keine schädlichen Nebenwir-

---

[7] Vgl. hierzu: Boyd, R., *World Dynamics: A Note in Science* vom 11. August 1972; Oerlemans, T.W., u.a., *World Dynamics: Social Feedback may give Hope for the Future in Nature* vom 4. August 1972; und Freeman, C., u.a., *Looking Toward the Future, A Critique of Limits to Growth in Futures.* Februar 1973.

kungen habe und keinen Widerstand von seiten vorhandener Institutionen vorfinde. Es überrascht nicht, daß »World 2« ein Wachstum mit stark verzögertem Zusammenbruch zeigte, nachdem sie ihre Darstellungen der Technologie in »World 2« eingeführt hatten. Wir behaupten, daß ihre Theorien über den technologischen Fortschritt sich so total von der Wirklichkeit unterscheiden, daß ihre Veränderungen von »World 2« überhaupt keine brauchbare Information über die wirklichen Einflüsse materiellen Wachstums in einer endlichen Welt bieten.

Fast jeder Kausalzusammenhang in den »World«-Modellen könnte durch irgendeine neue angenommene Art von Technologie verändert werden. In der Vergangenheit haben verschiedene Technologien, direkt oder indirekt, die Geburtenkontrolle verbessert, die Produktivität des Ackerlandes erhöht und die anhaltende Umweltverschmutzung pro Produktionseinheit vergrößert. Der technologische Fortschritt hat teurere und destruktivere Waffen hervorgebracht, die Lebenserwartung durch den medizinischen Fortschritt erhöht und die Erosionsgeschwindigkeit des Ackerlandes beschleunigt. Es ist keineswegs sicher, daß Technologien weiterhin solche Dinge hervorrufen werden, da die menschlichen Werte und die gesellschaftlichen Einrichtungen, die die technologische Entwicklung bestimmen, stets Veränderungen unterworfen sind.

In anderen Worten: Wir sehen die Technologie als etwas gesellschaftlich Bestimmtes, Diskontinuierliches, unendlich Unterschiedliches und Verzögertes an. Nichtsdestoweniger ist sie eine wichtige Determinante für das Funktionieren des Weltsystems. Wie kann man ein solches Konzept in das Weltsystem einführen? Da so viele Kausalzusammenhänge durch denkbare Entwicklungen der Technologie geändert werden können, mußten wir daran denken, solche Entwicklungsmöglichkeiten in jeder von uns formulierten Beziehung zu berücksichtigen. Wir erreichten dies, indem wir die möglichen Technologien drei Kategorien zuordneten: solche, die bereits ermöglicht und institutionalisiert sind, solche, die möglich, aber noch nicht institutionalisiert sind, und solche, die noch nicht möglich sind.

Einige Kausalzusammenhänge haben sich, historisch gesehen, mit der Technologie geändert und ändern sich auch heute noch regelmäßig. Sie liegen in Gebieten, in den sozialer Konsens über die Wünschbarkeit einer Entwicklung herrscht und wo es bereits Versorgungsquellen und Institutionen gibt, die als integre Teile des Systems die Veränderungen hervorrufen; zum Beispiel die medizinische Technologie zur Verbesserung der Gesundheit; die industrielle Technologie zur Erhöhung der Wirtschaftlichkeit in der Produktion; die landwirtschaftliche Technologie zur Steigerung der Erträge; die Technologie der Geburtenkontrolle zur Planung der Familiengrößen und die Technologie im Bergbau zur Entdeckung und Ausbeutung von weniger hochwertigen nicht erneuerbaren Rohstoffen. Ein bedeutender Teil der Menschheit hat sich diesem Wertesystem verschrieben und wird weiterhin diese Technologien fördern, so lange wie die Kosten tragbar sind. Sie sind effektiv in das sozio-ökonomische Weltsystem integriert. Deshalb sind sie auch in den Beziehungen der »World«-Modelle berücksichtigt, unter der Annahme, daß sie sich ohne Verzögerung so lange weiterentwickeln und verbreiten werden, wie sie wirtschaftlich unterhalten werden können.

Es gibt andere Technologien, die nicht so allgemein akzeptiert sind und die deshalb nicht als funktioneller Teil des Weltsystems betrachtet werden können. Es ist zum Beispiel noch nicht gesichert, daß alle Nationen der Welt gewillt sind, bestimmte Technologien einzuführen und zu bezahlen wie etwa die Kontrolle der Umweltverschmutzung, die Wiedergewinnung von Rohstoffen, die Ausnutzung der direkten Sonnenenergie, die Erhaltung der Bodenfruchtbarkeit, die Alternativen zur Verbrennungskraftmaschine oder die Lebensdauererhöhung von Fertigungsgütern. Jede dieser Technologien ist möglich, und es gibt Anzeichen für einen Wandel im sozialen Wertesystem, der die Voraussetzung für ihre Einführung in das Weltsystem ist. Es ist unmöglich abzusehen, wann und ob überhaupt sie weltweit eingeführt werden. Deshalb haben wir sie nicht im Modell berücksichtigt, aber wir haben viele von ihnen als Wahlfunktionen eingeführt, die der Benutzer des Modells zu gegebenem Zeitpunkt »einschalten« kann. Das Modell kann dazu verwendet werden, die möglichen Auswirkungen einzelner oder aller dieser Technologien zu testen und dazu den Gewinn, der darin liegt, wenn sie früher und nicht später eingesetzt werden.

Eine dritte Gruppe von Technologien ist im Modell überhaupt nicht berücksichtigt. Das sind die Entdeckungen, die wir von unserer Zeitperspektive aus unmöglich voraussehen können. Natürlich kann kein Modell, sei es auch gedanklich oder formal, diese nicht vorstellbaren Technologien und ihr Wirksamwerden berücksichtigen. Dies ist einer der Gründe, warum ein Modell nicht die Zukunft vorhersagen kann. Jedes langfristig angelegte Modell, das für Entscheidungen herangezogen wird, muß deshalb auf dem laufenden gehalten werden; überraschende Entdeckungen müssen so in das Modell eingeführt werden, wie sie fallen, und man muß auch festlegen, wie sie sich auf Entscheidungsoptionen der Menschheit auswirken.

Natürlich ist es möglich, im Modell zu berücksichtigen, daß es für jedes auftretende menschliche Problem rechtzeitig eine solche nicht vorstellbare Entdeckung gibt, die das Problem lösen hilft, einschließlich des Problems der begrenzten irdischen Rohstoffreserven. Viele Modelle beruhen offenbar auf dieser Annahme. Wir als Modellbauer und -benutzer sind geneigt, nach Kenntnissen und besseren Methoden zu forschen, die die Einschränkungen des aktuellen Systems berücksichtigen und sich nicht auf Entwicklungen stützen, die eintreten, aber auch ausbleiben können.

Wir haben bereits aufgezeigt, daß sowohl die Technologie als auch der Preis dynamische Elemente sind, die direkt von gesellschaftlichen Werten, Bedürfnissen und davon abhängen, wie die menschliche Gesellschaft ihre Vorzüge verteilt. Werte sind natürlich auch Grundlage für andere dynamische Elemente, die in einem Modell materiellen Wachstums von Interesse sind. Im Grunde genommen kann das gesamte sozioökonomische System als ein dauerndes Wechselspiel menschlicher Wünsche und Ziele innerhalb der physikalischen und biologischen Grenzen angesehen werden. Obwohl also die »World«-Modelle nicht als Modelle eines Wandels sozialer Werte gedacht sind, müssen sie doch einige Annahmen über die Dynamik menschlicher Werte enthalten, und zwar insofern als diese mit den materiellen Wachstumsprozessen in Wechselwirkung stehen.

Bei dieser schwierigen Aufgabe haben wir uns auf den Versuch beschränkt, nur weltweit geltende Werte zu berücksichtigen. Diese Reihe von Werten beginnt mit den Voraussetzungen für das Überleben, wie etwa Nahrung, und setzt sich fort, indem sie eine Hierarchie weiterer Wünsche einschließt, zum Beispiel nach langem Leben, Kindern, materiellen Gütern und sozialen Leistungen, wie etwa Ausbildung. Einige dieser Werte sind im Modell explizit als Variable enthalten, die einen wichtigen Einfluß auf ökonomische Entscheidungen haben. Beispiele aus »World 3« sind: angestrebte Familiengröße, Präferenzen auf unterschiedlichen Einkommensebenen hinsichtlich Nahrung, materieller Güter und Dienstleistungen. Andere sind implizit enthalten, zum Beispiel in der Bereitstellung von Dienstleistungskapazität für Gesundheit oder in der Verbrauchsmenge/Kopf von nichtwiedergewinnbaren Ressourcen.

Von allen diesen in »World 3« berücksichtigten Werten wird angenommen, daß sie sich auf die aktuellen physikalischen und ökonomischen Zustände des Systems einstellen; sie alle gehen in die

Rückkopplungsschleifen ein. Jedoch die Ablaufmuster von Wertänderungen, die im Modell enthalten sind, beschränken sich auf die für einzelne Länder historisch bekannten, und das für einen Zeitraum von etwa 100 Jahren. Während dieser Zeitspanne war die Industrialisierung die treibende Kraft im Wandel der Wertevorstellungen im Weltsystem, eine Kraft, die immer noch in den meisten Nationen wirkt. Deshalb passen sich die Werte, die die Entwicklung des Modellsystems beeinflussen und von ihr beeinflußt werden, den historischen Ablaufmustern der Industrialisierung an. In dem Maß, in dem sich die Industrialisierung in unserem Modell erhöht (gemessen etwa am Industriekapital/Kopf), verschiebt sich der Akzent der Gesamtbedürfnisse von Nahrung zu materiellen Gütern und schließlich zu Dienstleistungen.

Andere solche Verschiebungen berücksichtigt das Modell im Hinblick auf Präferenzen für Kinder, Erziehung und Gesundheitsvorsorge sowie für die Verteilung unterschiedlicher Güter und Dienstleistungen innerhalb der sich industrialisierenden Bevölkerung.

Wir haben nur solche globalen Verschiebungen in »World 3« eingebaut, die mit einer weiteren Industrialisierung der Welt zu erwarten sind. Auch hier kann das Modell keine Werteänderungen voraussagen, aber es kann als Prüfinstrument dafür dienen, wie sich unter Annahmen zukünftiger Werteentwicklung die Ergebnisse stellen. Wie auch menschliche Technologien können sich menschliche Werte in Richtungen entwickeln, die derzeit nicht einsehbar sind. Deshalb haben wir auch bei verschiedenen Modellbeziehungen Testschalter eingebaut, mit denen man Werteänderungen für ein vom Operateur zu spezifizierendes beliebiges Datum eingeben kann. (Beispiele für solche veränderbaren Werte sind: gewünschte Familiengröße, Anteil des Konsums, die Relation zwischen Bedürfnissen nach Nahrung und nach Dienstleistungen. Alle diese Werte werden geändert, um die »Gleichgewichts«-Durchläufe des Modells zu erreichen.) Wir haben diese Schalter ausführlich gebraucht. Wie wir in ›Grenzen‹ gezeigt haben, kann ein passender Satz von Werteänderungen das Modell in ein stabiles, wünschenswertes Gleichgewicht bringen. Dies ist kein Satz von Änderungen, der jemals in irgendeinem Land bereits als Folge der Industrialisierung aufgetreten wäre. Wir glauben, daß solche Werteänderungen in Zukunft erreichbar sein werden, das aber nur durch konzertierte bewußte Anstrengungen. Die Werteverschiebung, die normalerweise die Industrialisierung begleitet, diejenige, die wir unter dem Motto »Nichts Neues« erwarten könnten, ist es, die eben zu jenem Überschwingen und dem Verfallverhalten führt.

Der Modellbauer und seine Umwelt

Es ist behauptet worden, daß die »World«-Modelle nur deshalb entstanden seien, weil sich in den westlichen Gesellschaften plötzlich ein Umweltbewußtsein breitgemacht hätte. Natürlich muß man auch Computermodelle, wie jedes andere Produkt menschlichen Intellekts, in bezug auf die kulturelle Umgebung werten, in der sie entstanden sind. Dies gilt auch für die Gedankenmodelle der Kritiker von ›Grenzen‹ und für die Modelle, die die derzeitige staatliche Politik bestimmen.

Jedes Modell eines sozialen Systems muß einige Details der realen Welt aussparen. Das Wesen des Modellbauens ist die Vereinfachung. Man baut ein Modell, um die Natur und die Implikationen komplexer Beziehungen der realen Welt zu verstehen. Wäre das Modell mit der realen Welt identisch, wäre es so schwer zu verstehen wie die reale Welt selbst.

»Es ist wirklich ein sehr fundamentales Prinzip, daß man Kenntnisse nur durch geordneten Verlust von Informationen gewinnen kann, nämlich durch Verdichtung, Abstraktion und Indizierung des großen verwirrenden Durcheinanders von Information aus der Umwelt in eine Form, die wir bemerken und begreifen.«[8]

Selbst wenn wir also umfassende und genaue Information über alle wichtigen Aspekte der realen Welt hätten, würden unsere Modelle trotzdem Vereinfachungen der Realität sein. Das menschliche Urteilsvermögen ist untrennbar von der Auswahl von Themen, auf die sich das Modell richtet, und von der Bezeichnung jener »unwichtigen« Details, die man weglassen kann, ohne die Aussagekraft des Modells signifikant zu schwächen. So steht jedes Modell unvermeidbar unter dem Einfluß der vorherrschenden gesellschaftlichen Werte und Ziele. Kurz gesagt: Es gibt kein Modell zum Verständnis aller Themen und keinen »wissenschaftlichen« oder »objektiven« Weg, ein vollkommenes Modell zu errichten.

Der größte Vorteil formaler oder beschriebener Modelle gegenüber Gedankenmodellen ist der, daß ihre bestimmenden Annahmen präzise und explizit und deshalb gründlicher Kritik ausgesetzt sind. Dies garantiert nicht Fehlerfreiheit und Freiheit von nicht belegbaren sozial bedingten Vorlieben, aber es vereinfacht die Entdeckung von Fehlern und Vorlieben. Die meisten Kritiker von ›Grenzen‹ haben weder die Vorlieben definiert, die sie zu ihrer Betrachtungsweise führten, noch haben sie ihre Annahmen so expliziert, daß sie vom Publikum beurteilt werden können.

[8] Boulding, E.E., *Economics as a Science*. New York 1971.

Die Vorwürfe, daß die »World«-Modelle durch die Interessen des vorherrschenden Milieus unstatthaft beeinflußt worden seien, scheinen auszusagen, daß die Modelle sich mit willkürlichen, unwichtigen oder vereinzelten Themen beschäftigen. Die jüngste Welle des Umweltphilosophierens könnte sich tatsächlich als Marotte, als das Produkt von gesteigerten Erwartungen, Langeweile, Sensations-Journalismus oder von all diesem entpuppen. Aber es gibt eine andere Möglichkeit. Das derzeitige Interesse an der Umwelt kann auch die Antwort auf ein richtiges Erfassen einer externen Realität sein. Es könnte die Folge des ersten Dämmerns eines menschlichen Verständnisses für Gesamtsysteme sein und die erste Wahrnehmung eines realen weltweiten negativen Einflusses der menschlichen Aktivitäten auf das Ökosystem. Wenn dies so ist, könnten die »World«-Modelle als kleine Manifestation einer gesunden sozialen Reaktion auf eine Umweltveränderung gedeutet werden; eine Reaktion, die zu neuen Werten, Technologien und ökonomischen Preisen führen wird und damit zu Anpassungen des sozio-ökonomischen Systems an die erkannten Beschränkungen. In diesem Fall stellen die Kritiker, die technologischen Optimisten, die Gestrigen, die behaupten, es gebe weder Beschränkungen noch Gründe, die Wachstumswerte umzuskalieren, genau jene sozialen und institutionellen Verzögerungselemente dar, die zur Instabilität des Systems beitragen und es schließlich über die erträglichen Grenzen überschwingen lassen.

Wachstum und Einkommensverteilung

Einige Kritiker haben die Argumentation für ein ausgesetztes materielles Wachstum als irrelevant zurückgewiesen, verglichen mit den »wirklich wichtigen« Problemen von Einkommenszusammensetzung und -verteilung. Wie bereits gesagt, wir halten es für unmöglich, die materielle Wachstumsrate einerseits und ihre Zusammensetzung und Verteilung andererseits als voneinander unabhängig zu betrachten. Die einzelnen menschlichen Gesellschaften werden nicht eine angemessenere Verteilung des Wohlstandes erreichen, ohne den Prozeß des Wachstums besser verstehen zu lernen. Zumindest historisch betrachtet, waren Wachstum von Bevölkerung und Kapital korreliert mit der Konzentration von Reichtum und mit einer wachsenden Kluft zwischen den absoluten Einkommen von Reichen und Armen. Unserer Meinung nach gibt es mindestens zwei Hauptgründe für diese Trends. Erstens verschlechtert das materielle Wachstum unvermeidlich das Ressourcen/Bevölkerungs-Gleichgewicht. Wenn weniger Ressourcen pro Person zur Verfügung stehen, gibt es auch weniger reale soziale Lösungsmöglichkeiten für Interessenkonflikte. Zweitens sind gesellschaftliche Institutionen in der Lage, die wirklich wichtigen und schwierigen Aufgaben gesellschaftlichen Ausgleichs und der Definition sozialer Ziele hinauszuschieben, indem sie sich auf falsche Wachstumsversprechungen verlassen. Es wird keine reale Einkommensumverteilung geben, solange man nicht diese Aufgaben klar vor Augen hat.

Das Argument für ausgesetztes Wachstum ist ein Aufruf zur Anpassung von Zusammensetzung und Verteilung des ökonomischen Ertrages. Das Argument für fortgesetztes Wachstum bedeutet einen Versuch, diese Anpassung hinauszuschieben, sie künftigen Generationen zu überlassen. Gleichzeitig stellt diese Einstellung sicher, daß künftige Generationen weniger Mittel und deshalb weniger Wahlmöglichkeiten haben werden. Unsere soziopolitischen Besorgnisse sind eigentlich sehr ähnlich den Besorgnissen derjenigen, die behaupten, daß eine Umverteilung zuerst zu kommen habe. Wir unterscheiden uns nur in der Auffassung, wie den Sorgen beizukommen ist. Wir entschieden uns dafür, uns zunächst nach dem Grund für die wachsende Kluft zwischen arm und reich zu fragen – nämlich dem ungeprüften, unkontrollierten materiellen Wachstum.

Das Menschenbild

Dies bringt uns letztlich zu dem Punkt, den wir für die Grundlage aller Diskussionen zwischen Ökologen, Umweltschützern, Malthusianern, Wirtschaftlern, Industriellen, Pessimisten und Optimisten halten. Das Pro und Contra des Wachstums hat zu zwei Fraktionen geführt, die sich um zwei sehr unterschiedliche Menschenbilder versammeln.

Das eine Menschenbild, das von den Befürwortern unbegrenzten Wachstums getragen wird, ist der »homo sapiens«, ein ganz besonderes Geschöpf, dessen einzigartiges Gehirn ihm nicht nur die Fähigkeit, sondern auch das Recht gibt, alle anderen Geschöpfe und alles, was die Welt zu bieten hat, für seine kurzfristigen Zwecke auszubeuten. Dies ist ein uraltes Menschenbild, fest in der jüdisch-christlichen Tradition verankert und erst kürzlich bestärkt durch die großartigen technischen Errungenschaften der letzten wenigen Jahrhunderte.

»Nicht nur Ingenuität, sondern in wachsendem Maß auch Verständnis, nicht Glück, sondern systematische Erforschung geben der Sache der Natur eine Wende und machen sie der Menschheit dienstbar.«[9]

Diesem Glauben zufolge ist der Mensch im Wesen allmächtig. Er kann kostenlos eine Technologie oder eine gesellschaftliche Änderung erwirken, um jedes Hindernis zu überwinden; und solches passiert sofort nach der Wahrnehmung des Hindernisses. Dieser Ansicht liegt auch das Vertrauen darauf zugrunde, daß die sozialen, ökonomischen, politischen und technischen Einrichtungen der Menschheit flexibel und fehlerfrei funktionieren und daß die beste Antwort auf offensichtliche Probleme die ist, diese Einrichtungen zu ermutigen, weiterhin gute Arbeit zu leisten.

Das entgegengesetzte Menschenbild ist ebenfalls uralt, aber es steht den östlichen Religionen näher als den westlichen. Es geht davon aus, daß der Mensch, eine Art unter allen anderen Arten, eingebettet in das Gewebe natürlicher Prozesse ist, das alle Formen des Lebens enthält und in Maßen hält. Es erkennt an, daß der Mensch im Hinblick auf seine Überlebensfähigkeit zu den erfolgreicheren Arten gehört, aber daß gerade sein Erfolg ihn dazu bringt, das tragende Gewebe der Natur, von dem er wenig versteht, zu zerstören. Die Anhänger dieser Ansicht halten die menschlichen Einrichtungen für plump und kurzsichtig, für träge in der Anpassung und allzu bereit, komplexe Sachverhalte mit allzu vereinfachten, egozentrischen Methoden anzugehen. Sie pflegen auch aufzuzeigen, daß vieles an menschlicher Technologie und menschlichem »Fortschritt« nur auf Kosten natürlicher Schönheit, Menschlichkeit und gesellschaftlicher Integrität erreicht werden konnte und daß diejenigen, die die größten Verluste an diesen Gütern erleiden mußten, auch am wenigsten am wirtschaftlichen »Fortschritt« teilhaben. Wer wie wir diesem Menschenbild anhängt, dürfte sich auch fragen, ob Technologie und materielles Wachstum, die offenbar viele Probleme aufgeworfen haben, als die Quelle von künftigen Lösungsmöglichkeiten für eben diese Probleme angesehen werden sollten. Technologische Optimisten bezeichnen unweigerlich eine solche Ansicht über die Fehlbarkeit des Menschen als »pessimistisch«; Malthusianer würden sie einfach »bescheiden« nennen.

Wir sehen keine objektive Möglichkeit, diese Unterschiede in den Menschenbildern und Ansichten über die Rolle des Menschen in der Welt aufzulösen. Es scheint für beide Seiten möglich zu sein, in Betrachtung der gleichen Welt für die jeweils eigene Ansicht Unterstützung zu finden. Die technologischen Optimisten sehen nur wachsende Lebenserwartungen, ein bequemeres Leben, die Ver-

[9] Barnett, H.H., und C. Morse, *Scarcity and Growth*. Baltimore, Maryland, o.J.

mehrung menschlichen Wissens und verbesserte Weizenzucht. Malthusianer sehen nur Bevölkerungswachstum, Landzerstörung, Ausrottung von Arten, Verschlechterung der städtischen Lebensbedingungen und wachsende Klüfte zwischen arm und reich. Sie würden Malthus heute wie damals zu seiner Beobachtung beipflichten, nämlich daß:

»... der Druck der Schwierigkeiten in der Besorgung des Lebensunterhalts nicht als ein entfernter betrachtet werden soll, der erst verspürt wird, wenn die Erde sich weigert, mehr zu produzieren, sondern als einer, der bereits jetzt im größten Teil der Welt existiert.«[10]

Planung für die Zukunft

Die Menschheit ist mit einem brennenden Problem konfrontiert, wenn sie sich in der Rolle des bescheidenen Teils der Biosphäre sieht. Es gibt im Grunde niemanden mit Kenntnissen, um die neuen Institutionen und Werte zu entwerfen, die mit diesem Menschenbild verträglich sind. Zwei Jahrhunderte an Wachstum haben Vorurteile und weiße Flecken auf der Landkarte der Natur- und Sozialwissenschaften übriggelassen. Es gibt heute keine volkswirtschaftliche Theorie einer auf Technologie gründenden Gesellschaft, die dem Sinn nach Null-Zinssätze, keine Nettozuwachsraten des produktiven Gesellschaftskapitals und als Prinzip die Gleichheit statt des Wachstums zuläßt. Es gibt keine Soziologie des Gleichgewichts, die sich mit den sozialen Aspekten einer stabilen Bevölkerung beschäftigte, deren Altersstruktur den älteren Jahrgängen zuneigt. Es gibt keine politischen Wissenschaften des Gleichgewichts, von der wir eine Aufschlüsselung der Möglichkeiten erwarten könnten, wie eine demokratische Wahl ausgeübt werden könnte, wenn ein kurzfristiger materieller Gewinn nicht als Basis für politischen Erfolg gilt. Es gibt keine Technologie des Gleichgewichts, die großen Wert auf die Wiedergewinnung von Material legte, auf die Verwendung der umweltfreundlichen Sonnenenergie, auf die Minimierung von Material- und Energieflüssen. Es gibt keine Psychologie der Beständigkeit, die dem Menschen ein neues Bild von sich selbst geben könnte und dazu das entsprechende Streben in einem System konstanter materieller Produktion, ausgewogen innerhalb der endlichen irdischen Grenzen.

Jede unserer traditionellen Disziplinen könnte sich angesprochen

[10] Malthus, T.R., *A Summary View of the Principle of Population.* 1830.

fühlen, die Details für ein gangbares und ansprechendes gesellschaftliches Gleichgewicht auszuarbeiten. Diese Anstrengung würde eine Reihe von schwierigen technischen und konzeptionellen Problemen stellen, deren Lösung intellektuell befriedigend und von ungeheurem sozialen Wert wäre. Schließlich reden wir nicht bloß von einem entfernten, unerreichbaren utopischen Zustand. Materielles Wachstum von Bevölkerung und Kapital *wird* auf diesem endlichen Planeten aufhören. Die einzigen Unsicherheiten liegen in den Fragen, wann und wie es aufhören wird – durch freie gesellschaftliche Entscheidung und unter vorsichtiger menschlicher Führung oder durch einen rauhen Rückschlag einer zerstörten und ausgebeuteten Umwelt.

Wir können alle zur Ansicht gelangen, daß das Studium einer beständigen Gesellschaft die beste mögliche Vorbereitung für die reale Zukunft ist – einer Zukunft, die wir bereits mit jeder gefällten sozialen und individuellen Entscheidung formen. In dem Maß, in dem wir mit den Möglichkeiten eines gesellschaftlichen Gleichgewichts besser bekannt werden, werden wir sicherlich entdecken, daß wir es lieber hätten, wenn das Ende materiellen Wachstums unter unserer Führung eintreten würde, und das je eher je lieber. Diejenigen unter uns, die schon seit Jahren dabei sind, sich mit dieser Idee einer Gesellschaft mit ausgesetztem materiellen Wachstum zu befreunden, sind sich ohne Ausnahme mit John Stuart Mill einig, der schon vor mehr als hundert Jahren über die Grenzen des Wachstums nachdachte:

»Ich kann deshalb nicht den stationären Zustand des Kapitals und des Wohlstandes mit der ihm von den Volkswirtschaftlern der alten Schule so generell entgegengebrachten nackten Aversion betrachten. Ich bin geneigt zu glauben, daß er im ganzen eine beträchtliche Verbesserung unserer Situation bedeuten würde. Ich muß gestehen: diejenige Idee des Lebens gefällt mir nicht, wie sie von denjenigen getragen wird, die meinen, der normale Zustand eines menschlichen Wesens sei der Kampf um das Vorankommen; daß das Trampeln, Schlagen, die Ellenbogenarbeit, das Einander-auf-die-Füße-Treten, wie sie die derzeitige Art sozialen Lebens formen, das wünschenswerteste Los der Menschheit sei ... Es ist kaum nötig zu bemerken, daß ein stationärer Zustand von Kapital und Bevölkerung nicht auch einen stationären Zustand menschlicher Verbesserungen bedeutet. Es bliebe nach wie vor so viel Raum wie eh und je für alle Arten geistiger Kultur und für moralischen und sozialen Fortschritt, so viel Raum für die Verbesserung der Lebenskunst und viel mehr Wahrscheinlichkeit, sie zu verbessern.«[11]

[11] Mill, J.S., *Principles of Political Economy*. 1848.

Dieter Senghaas:
Über Struktur und Entwicklungsdynamik
der internationalen Gesellschaft
Zur Problematik von Weltmodellen

In den vergangenen Jahren wurden in wachsendem Maße globale Probleme diskutiert, von denen unterstellt wurde, sie verkörperten Menschheitsprobleme schlechthin und seien nicht nur an spezifische Nationen, Gesellschaftsordnungen, Klassen oder Schichten gebunden. Beispielhaft ist hier die sogenannte Ökologie-Problematik zu nennen, die in ihrer gegenwärtigen Gestalt scheinbar weder an nationalen Grenzen haltmacht, noch Klassen ausspart und überdies ungeachtet spezifischer Gesellschaftsordnungen (Kapitalismus/Sozialismus) sich fühlbar macht.

Je mehr in solchen Zusammenhängen von Menschheitsproblemen gesprochen wird, um so dringlicher wird eine wirklichkeitsnahe Analyse der Struktur und Entwicklung internationaler Gesellschaft. Eine solche Analyse ist auch um so mehr erforderlich, je publikumswirksamer sogenannte Weltmodelle sind, die nur wenig von jenen Informationen und Theoremen geprägt sind, die sich in heute schon vorliegenden Untersuchungen über die Struktur der internationalen Gesellschaft finden.

Im folgenden sollen einige der zentralen Charakteristika der internationalen Gesellschaft dargestellt werden. Dies wird in sehr gedrängter Form geschehen, wodurch natürlicherweise notwendige Differenzierungen und ins einzelne gehende Konkretionen unberücksichtigt bleiben. Die Absicht der nachfolgenden Überlegungen besteht demgegenüber in der Vermittlung wesentlicher analytischer Perspektiven und Sachverhalte, deren Kenntnis eine Voraussetzung für realitätsangemessene Beurteilungen aktueller Entwicklungstendenzen der internationalen Gesellschaft und der sie konstituierenden Kräfte ist.

Ich versuche, die mir wesentlich erscheinenden Charakteristika und Entwicklungstrends in Form von Thesen darzulegen. Ich beginne mit einigen deskriptiven Überlegungen mit dem Ziel, diese später in eher explikativen Aussagen aufzuheben.

These 1

Die internationale Gesellschaft, so wie sie sich heute darstellt, ist das vorläufige Produkt einer drei bis fünf Jahrhunderte dauernden Entwicklung und weltweiten Verbreitung des westlichen Kapitalismus sowie das Produkt antikapitalistischer Gegentendenzen vor allem dieses Jahrhunderts.

Unbestritten dürfte die Tatsache sein, daß erst über Kolonialismus, Imperialismus und Neokolonialismus Schritt für Schritt die vielzitierte »Interdependenz« von Nationen, Gesellschaften und Völkern rund um den Erdball geschaffen worden ist – eine Erscheinung, die wir heute als selbstverständliche Gegebenheit wahrnehmen. In einer drei bis fünf Jahrhunderte währenden Entwicklung des westlichen Kapitalismus sind nicht nur in Westeuropa und Nordamerika der Aufstieg und Fall jeweils auf Zeit führender Metropolen, also Prozesse der Metropolisierung und der Peripherisierung ehemaliger Metropolen zu beobachten (Spanien/Portugal; Holland; England sowie Kontinentaleuropa; USA; EWG-Japan), sondern auch eine sich verstärkende und sich erweiternde Durchdringung der Kontinente der dritten Welt, entsprechend der metropolitanen Bedürfnislage (Edelmetalle, Gewürze, Rohstoffe, Nahrungsmittel, Arbeitskräfte unter anderem) von seiten der jeweils dynamischsten Pole des Kapitalismus. So bildete sich seit den frühen Tagen des Raubkolonialismus sukzessive ein *kapitalistisch dominiertes Weltwirtschaftssystem* heraus, dessen gegenwärtige vielfältig abgestufte Struktur, die noch im einzelnen zu kennzeichnen ist, das Resultat jahrhundertelanger kapitalistischer Entwicklungsprozesse darstellt.

Antikapitalistische sozialistische Gegentendenzen haben die Globalisierung internationaler Politik und die Interdependenz der die internationale Gesellschaft konstituierenden Gruppierungen und Kräfte maßgeblich gefördert. Mit der Etablierung der Sowjetunion als erstem sozialistischem Staat (1917) und dem Ausbruch Chinas (1949) aus dem kapitalistisch dominierten Weltwirtschaftssystem wurde ein *ordnungspolitischer Antagonismus* in der internationalen Gesellschaft, der seit den Anfängen kapitalistischer Entwicklung immer latent und gelegentlich manifest vorhanden war, weltweit institutionalisiert. Dies hat schon in der langen Vorgeschichte der Entkolonisierungsprozesse, aber noch mehr während der nach 1955 erfolgenden politischen Entkolonisierung der dritten Welt die Herausbildung nicht nur weltweiter internationaler Beziehungen, sondern der höchst widerspruchsvollen Struktur einer *internationalen*

Gesellschaft maßgeblich gefördert. Die Beobachtung, daß trotz dieser relativ erfolgreichen antikapitalistischen Bewegungen im Weltmaßstab (Sowjetunion/China *und* Entkolonisierung) das gegenwärtige Weltwirtschaftssystem in wesentlichen Dimensionen immer noch von den kapitalistischen Metropolen dominiert und geprägt wird, wird noch im einzelnen darzulegen sein.

Aus der ersten These folgt, daß ohne eine Reflexion auf die historische Entwicklung weder der *abgestufte,* noch der *antagonistische Charakter der gegenwärtigen internationalen Gesellschaft* zureichend erfaßt werden kann.

These 2

2.1 Das augenfälligste Merkmal der gegenwärtigen internationalen Gesellschaft besteht in ihrer unvergleichlich ausgeprägten Schichtung (Stratifikation). Diese hat sich in den vergangenen zwei bis drei Jahrhunderten erheblich akzentuiert.

Untersuchungen haben gezeigt, daß bis zum Ende des 17. Jahrhunderts keine merklichen Unterschiede hinsichtlich Lebensniveau, Ökonomie und Technologie zwischen der damals sich zur führenden Metropole heranbildenden englischen Gesellschaft und den übrigen inner- und außereuropäischen Gesellschaften bestanden. Die Kluft zwischen Metropolen und sogenannten Peripherien (im wesentlichen außereuropäische, vom Kapitalismus bestimmte Gesellschaften) hat sich nach 1700 erheblich zugespitzt, um heute (wenn man Bruttosozialprodukt/pro-Kopf-Daten zugrunde legt) eine durchschnittliche Größenordnung in Extremfällen von 80 : 1, unter Zugrundelegung von (aggregativen) durchschnittlichen Daten über Industrie- und Entwicklungsländergesellschaften von 15 : 1 anzunehmen, wobei sich sehr viele Fälle um die Größenordnung 30 : 1 gruppieren. Da BSP/pro-Kopf-Daten bekanntlich keine Aussagen über die ihnen zugrunde liegenden Verteilungsmuster machen und reale Verteilungsmuster innerhalb von Nationen große Ungleichheiten aufweisen, kommen die genannten Größenordnungen eher einer Unterzeichnung als Überzeichnung der wirklichen Verhältnisse gleich, da die Kluft zwischen den realen Höchstwerten in den Metropolen und den realen Niedrigstwerten in den Peripherien noch krasser ist, als es in Durchschnittsdaten zum Ausdruck kommt.

2.2 Die internationale Gesellschaft ist hierarchisch strukturiert. Es lassen sich relativ eindeutige und verfestigte Rangfolgen zwischen den sie konstituierenden Gesellschaften beobachten. Diese haben sich trotz des ungleichen Entwicklungstempos einzelner Gesellschaften in den vergangenen Jahrzehnten wenig geändert.

Die hierarchische Strukturierung der internationalen Gesellschaft mit einem eindeutigen Oben und Unten und relativ klar umrissenen Mittelpositionen dokumentiert sich gleichermaßen in allen wesentlichen politischen, ökonomischen, militärischen, wissenschaftlichen und technologischen Dimensionen, legt man gebräuchliche Rangindikatoren einer deskriptiv-statischen Analyse zugrunde.

Überdies besteht in Einzelfällen eine sehr hohe Übereinstimmung der Rangpositionen, die einzelne Gesellschaften in verschiedenen Dimensionen einnehmen (Konkordanz der Rangpositionen). Das heißt, eine Gesellschaft, die nach einem bestimmten Indikator – etwa Energieverbrauch pro Kopf – eine bestimmte Position in einer Rangfolge einnimmt, hat in anderen Dimensionen vergleichbare Positionen. Dies gilt insbesondere hinsichtlich der Gesellschaften, die die Spitze der Hierarchie ausmachen, und ebenfalls hinsichtlich jener zahlreichen Gesellschaften, die am Bodenende der Hierarchie angesiedelt sind.

Trotz des ungleichen Entwicklungstempos einzelner Gesellschaften hat sich deren *relative* Position in der Hierarchie internationaler Gesellschaft – über Zeit betrachtet – als einigermaßen konstant erwiesen, wobei, wie in 2.1 formuliert, die Kluft zwischen einzelnen Gesellschaften größer geworden ist.

2.3 Die Struktur der Interaktion zwischen jenen Gesellschaften, aus denen sich die internationale Gesellschaft aufbaut, zeichnet sich durch sogenannte »feudale Beziehungsmuster« aus.

Empirische Untersuchungen zeigen, daß die Interaktionsdichte zwischen den führenden westlichen Industrienationen – gemessen an durchschnittlichen Interaktionsdichten in zwischenstaatlichen und zwischengesellschaftlichen Beziehungen – unvergleichlich groß ist und daß diese Interaktionen (bei Berücksichtigung von Ausnahmen) weitgehend symmetrisch strukturiert sind, während die weniger entwickelten und schwächeren Gesellschaften (wie die Länder der dritten Welt) in die internationale Gesellschaft, beziehungsweise in das kapitalistisch dominierte Weltwirtschaftssystem durch vertikale, asymmetrisch strukturierte Abhängigkeitsbeziehungen eingegliedert sind (was spezifische, später noch darzustellende herrschaftssoziologische und ökonomische Implikationen hat).

Diese Interaktionsmuster lassen sich in allen relevanten Dimensionen von Interaktion wie im Waren-, Kapital- und Technologieverkehr, in Informationsströmen und Kommunikationsprozessen sowie in der Lokalisierung, im Aufbau und der Besetzung von internationalen gouvernementalen und nicht-gouvernementalen Organisationen beobachten. Da die Interaktionsstruktur einzelner solcher Subsysteme (etwa Kapitalverkehr und Flugverkehr) im großen und ganzen deckungsgleich ist, erweist sich die internationale Gesellschaft neben den schon erwähnten Gründen (ausgeprägte Hierarchie und Konkordanz von Rängen) auch aus diesem Grund als besonders strukturiert.

Wir folgern: Ungeachtet des chaotischen Eindrucks, den die internationale Gesellschaft vermittelt, erweist sie sich als ganz besonders starr durchstrukturiert.

These 3

Im wesentlichen wird die internationale Gesellschaft heute von fünf grundlegenden Konfliktsituationen geprägt, welche ihrerseits einander zugeordnet sind. Diese Konfliktformationen weisen jeweils spezifische Strukturmerkmale auf.

a) Die erste Konfliktformation besteht zwischen den führenden kapitalistischen Metropolen des Westens: USA, Mitglieder der EG und Japan. Nach gängigen machttheoretischen Indikatoren (wie BSP, Technologie- und Militärpotential und dergleichen beurteilt) besteht innerhalb dieser ersten Konfliktformation eine klare Stufenfolge, wobei an der Spitze, trotz politisch-atmosphärischer Veränderungen, immer noch die USA als führende Supermacht sich befindet.

Die Beziehungen zwischen diesen kapitalistischen Metropolen zeichnen sich durch vier miteinander verklammerte Merkmale aus: erstens durch eine hohe Interaktionsdichte in realen Austauschprozessen (Waren, Kapital, Technologie, Information, Kommunikation); zweitens durch einigermaßen symmetrisch strukturierte Transaktionen, wobei es wichtige Ausnahmen vor allen im Technologiebereich gibt; drittens durch eine hohe organisatorische Verflechtung dieser Gesellschaften, vermittelt über gemeinsame supranationale und internationale Interessenorganisationen wie der OECD, der EG und der NATO; viertens durch Formen institutionalisierter Konfliktregulierung, welche die in dieser Konfliktformation vorfindbaren Interessenwidersprüche derart entschärft, daß gewaltsame Auseinandersetzungen, vor allem die noch vor wenigen Jahrzehnten beobachtbaren inner-imperialistischen Kriege, heute relativ unwahrscheinlich geworden sind. Dies besagt nicht, daß dieser Konfliktformation nicht sehr gewichtige Interessengegensätze zugrunde liegen (man denke nur an die Auseinandersetzung um die Restrukturierung der US-EG-Beziehungen oder an die Konflikte über eine Neustrukturierung des bisher von den USA dominierten Weltwährungssystems); verglichen mit der Form der Konfliktaustragung zwischen kapitalistischen Metropolen in den vergangenen einhundert Jahren bis zum Ausbruch des Zweiten Weltkrieges, stellen sich diese kapitalistischen Metropolen des Westens heute als selbstbewußte Interessengemeinschaft dar, in der es weiterhin Auseinandersetzungen um partikulare Interessen, allerdings bei Wahrung gesamtkapitalistischer Interessen geht.

Organisatorischer Unterbau (reale Transaktionen) und institutioneller Überbau (gemeinsame Interessenorganisationen) sowie eine, bei allen Unterschieden, synchronisierte Interessenorientierung machen die westlich-kapitalistischen Metropolen wie ehedem zu einem tonangebenden dynamischen Pol der internationalen Gesellschaft insgesamt, wenn auch dieser Tatbestand heute angesichts eines staatlich organisierten Sozialismus (mit einem Drittel der Weltbevölkerung und einem Viertel des Weltbruttosozialprodukts) und angesichts von Emanzipationsbewegungen in der dritten Welt umstrittener als früher ist.

b) Die zweite Konfliktformation besteht zwischen den führenden kapitalistischen Metropolen des Westens und den »Antimetropolen« des staatlich organisierten Sozialismus. Wir sprechen hier bewußt nicht vom »Ost-West-Konflikt«, sondern von einer *West-Ost-Konfliktsituation*, weil trotz der Tatsache, daß die Sowjetunion eine Supermacht und die sozialistischen Gesellschaften eine reale Gegenkraft zu den kapitalistischen Metropolen darstellen, der wirkliche ökonomische und technologische Entwicklungsunterschied zwischen West und Ost derart ist, daß man von einem *abgestuften Gefälle* zwischen kapitalistischen und sozialistischen Metropolen auszugehen hat. Überdies kommt, in historischer Perspektive betrachtet, die Etablierung der Sowjetunion 1917 und Chinas 1949 als sozialistische Staaten einem Ausbruch aus dem kapitalistisch dominierten Weltwirtschaftssystem gleich; sie ist identisch mit dem Versuch, den nachteiligen Folgen einer asymmetrischen Penetration von seiten kapitalistischer Metropolen sich zu entziehen und einen autonomen Wirtschaftsaufbau sowie korrespondierende soziale Entwicklungen eigenständig (wenn auch mit wesentlich unterschiedlichen Akzenten in der Sowjetunion und in China) voranzutreiben (autozentrierte Entwicklung). In diesem Sinn ist die These, daß der sogenannte Ost-West-Konflikt in Wirklichkeit *strukturell* einem Nord-Süd-Konflikt gleiche, historisch betrachtet korrekt, wenn auch die gegenwärtige Struktur erhebliche Unterschiede aufweist, wie im folgenden (3 c) zu zeigen sein wird.

Das ökonomische und technologische Gefälle zwischen kapitalistischen Metropolen und insbesondere der Sowjetunion wurde angesichts der Tatsache, daß die Sowjetunion eine militärische Großmacht darstellt, vielfach übersehen. Die Rede von der Bipolarität zwischen Ost und West hat ebenfalls den Eindruck von Symmetrie verstärkt. Doch diese Symmetrie bestand zwanzig Jahre lang nicht einmal im Bereich des militärischen Rüstungswettlaufs, obgleich hier noch am ehesten die Sowjetunion gleichgezogen hat. Heute ist unbestritten, daß die USA seit dem Ende des Zweiten Weltkrieges der technologische Schrittmacher des Rüstungswettlaufes waren und daß auch in den USA die durchschlagenden Innovationen in Eventualplanung und strategischer Doktrinenbildung (von *counterinsurgency* bis zu den Doktrinen über variable nukleare Kriege) erfolgten.

Diese Ost-West-Konfliktformation hat in den vergangenen Jahren einen graduellen Wandel dergestalt erfahren, daß zwar weiterhin der ordnungspolitische Gegensatz (»System-Antagonismus«) vorherrscht und der Rüstungswettlauf unverändert anhält, doch eine »friedliche Koexistenz« von Entspannungspolitik beziehungsweise Kooperationsbemühungen und herkömmlicher Sicherheitsbeziehungsweise Rüstungspolitik zu beobachten ist. Diese Entspannungspolitik kommt einer Bereinigung zwischenstaatlicher Konfliktpotentiale gleich (Grenzfragen, Berlin-Problematik unter anderem), während die Kooperationsbemühungen im Westen im Interesse und in der Absicht bestimmter technologie- und exportintensiver Kapitalfraktionen liegen, einen neuen verläßlichen Absatzmarkt für Güter, Dienstleistungen und technologisches Know-how zu finden, was wiederum auf dem gegenwärtigen Entwicklungsniveau sozialistischer Gesellschaften (bei beschleunigtem Übergang von extensivem zu intensivem Wirtschaften) deren eigenen Interessen maßgeblich entgegenkommt.

c) Die dritte Konfliktformation besteht in der Beziehung zwischen kapitalistischen Metropolen (siehe 3 a) und den Gesellschaften der dritten Welt. Während die kapitalistischen Metropolen heute selbst ein Interessenverbundsystem darstellen und die West-Ost-Konfliktformation durch eine kompakte Konfrontation (vermittelt etwa über Militärallianzen und Wirtschaftsblöcke) gekennzeichnet ist, sind die Gesellschaften der dritten Welt weiterhin (und heute tiefgreifender als vor Jahrzehnten und Jahrhunderten) durch asymmetrisch strukturierte Interaktionsprozesse im Rahmen des kapitalistisch dominierten Weltwirtschaftssystems mit kapitalistischen Metropolen verklammert. Diese asymmetrisch strukturierte Verklammerung zwischen den kapitalistischen Metropolen und den sogenannten Peripherien in den drei Kontinenten der dritten Welt ist das Resultat historisch während vieler Jahrzehnte und Jahrhunderte gewachsener Abhängigkeitsbeziehungen, durch die die Metropolen systematisch bereichert und die Peripherien systematisch pauperisiert wurden. Hier kann nur in Kürze auf einige einschlägige Tatbestände aufmerksam gemacht werden:

Die zwangsweise Eingliederung der Gesellschaften der dritten Welt in ein sich herausbildendes kapitalistisches Weltwirtschaftssystem erfolgte im Rahmen der auf die Bedürfnisse der Metropolen abgestellten *internationalen Arbeitsteilung,* derzufolge die Metropolen als die Zentren der Produktion von Fertigwaren und die Peripherien als die Produktionsstätten von landwirtschaftlichen und mineralischen Rohmaterialien sowie von Nahrungsmitteln, Gewürzen, Südfrüchten und dergleichen zu operieren hatten. Es ist theoretisch und praktisch unschwer nachweisbar, daß solche Arbeitsteilung die Produzenten von Fertigwaren gegenüber den Produzenten von Rohstoffen (insbesondere, wenn es sich um sogenannte Enklavenwirtschaft handelt) systematisch bevorzugt, da die Voraussetzungen und Folgen solcher Produktion und die daraus resultierende *kumulative* Entwicklungsdynamik in beiden Teilen strukturell ungleich ist. Diese ökonomische Arbeitsteilung wurde unterstützt durch ein herrschaftssoziologisches Rückgrat, eine *divide-et-impera-Struktur.* Ihre Existenz und die Tatsache, daß die Eliten der dritten Welt – bei aller Variabilität – als lokale Brückenköpfe der kapitalistischen Metropolen fungieren, sind Gründe, weshalb sich eine derartig politisch, ökonomisch, technologisch und militärisch asymmetrische Struktur, wie sie die *Nord-Süd-Konfliktformation* darstellt, über viele Jahrzehnte bei aller graduellen Veränderung, was jeweils erreichte Entwicklungsniveaus angeht, aufrechterhalten konnte.

Der Bestand dieser Struktur ist jedoch weniger erstaunlich, wenn man bedenkt, daß die viel zitierte Kluft zwischen Nord und Süd nicht im strikten Sinn zwischen Industrienationen und Entwicklungsländern als kollektiven Größen besteht, sondern zwischen einem internationalisierten Kernbereich des kapitalistischen Weltwirtschaftssystems (bestehend aus den herrschenden Klassen in den Metropolen, der metropolitanen Arbeiteraristokratie *und* den herrschenden Klassen in den Peripherien einschließlich kleiner Segmente von Arbeiteraristokratien) einerseits *und* den proletarisierten Massen im primären, sekundären und tertiären Sektor, einschließlich Millionen von Marginalisierten und Arbeitslosen, vor allem in der dritten Welt, andererseits. Wir formulieren hier bewußt »vor allem in der dritten Welt«, weil ähnliche Erscheinungen von sozialen Disparitäten und Marginalisierung auch in hochindustrialisierten Gesellschaften zu beobachten sind (Bretagne, Mezzogiorno unter anderen).

Weiterhin läßt sich argumentieren, daß die Unterentwicklung der Peripherien nicht einen gewissermaßen natürlichen sozialen Tatbestand ausdrückt, wie gängige Modernisierungstheorien behaupten, sondern selbst das Produkt ihrer abhängigen Eingliederung in das kapitalistisch dominierte Weltwirtschaftssystem darstellen. Entwicklung und Unterentwicklung sind komplementäre Prozesse, die über dieses Weltwirtschaftssystem miteinander vermittelt sind.

Die Struktur der Nord-Süd-Konfliktformation ist also prinzipiell verschieden von jener der ersten beiden hier dargestellten (a und b). In ihr drückt sich deutlicher als in anderen Segmenten der internationalen Gesellschaft der Klassen- und Herrschaftscharakter des internationalen Systems aus, der mit eindeutigen Ausbeutungsprozessen gekoppelt ist.

d) Die vierte Konfliktformation besteht innerhalb sozialistischer Gesellschaften und hier insbesondere zwischen der Sowjetunion und China. Dieser Konflikt ist – bei allen ordnungspolitischen Unterschieden zur West-Ost-Konfliktformation – strukturell letzterer ähnlich. In Konfrontation stehen zwei Gesellschaften, die alternativen ordnungspolitischen Vorstellungen über Sozialismus anhängen und entsprechend alternative politische Strategien im Aufbau des Sozialismus verfolgen. Zwischen ihnen besteht ein deutliches ökonomisches und technologisches Gefälle. Und inzwischen haben beide (ganz ähnlich wie die USA und die Sowjetunion nach 1950) reale Transaktionen fast vollständig abgebaut und Kommunikation durch Invektive ersetzt. Und wiederum ähnlich dem früheren Fall erfolgt eine beiderseits propagandistisch bewußt inszenierte Militarisierung der Auseinandersetzung (Rüstungswettlauf), weshalb die Konfliktformation so viele Merkmale »autistischer«, das heißt sich selbst abkapselnder Konflikte aufweist.

e) Die fünfte Konfliktformation besteht in den vielfältigen Konfliktpotentialen innerhalb der dritten Welt, die fast durchgängig aus

Folgeerscheinungen kolonialistischer, imperialistischer und neokolonialistischer Praktiken von seiten der kapitalistischen Metropolen resultieren. Da viele dieser Konfliktpotentiale strukturell der Nord-Süd-Konfliktformation gleichen und also Ausdruck *struktureller Gewaltverhältnisse* sind (etwa Ostpakistan/Bangla-Desh; Südsudan und viele andere), bedarf es in diesem Zusammenhang keiner weiteren Erläuterungen.

These 4

4.1 Die internationale Gesellschaft ist hinsichtlich der in ihr vorherrschenden Produktionsweisen sowohl durch homogene Gesellschaftsformationen als auch durch strukturell heterogene gekennzeichnet. Letztere sind das Resultat ungleicher, doch zusammenhängender Entwicklungen im Rahmen des kapitalistischen Weltwirtschaftssystems.

Als *homogenisierte Gesellschaftsformationen* können jene Gesellschaften bezeichnet werden, in denen die kapitalistische Produktionsweise tendenziell eine exklusive Bedeutung angenommen hat (wie im Fall der kapitalistischen Metropolen USA, EG und Japan), weiterhin jene, in denen die sozialistische Produktionsweise wenigstens tendenziell exklusiv geworden ist (Sowjetunion, Osteuropa und China). Wir sprechen ausdrücklich von *tendenziellen* Entwicklungen, da keine Gesellschaftsformation jemals einen gänzlich homogenen Charakter besitzt. Von ausgeprägter *struktureller Heterogenität* sind demgegenüber vor allem die sozialen Formationen der von den kapitalistischen Metropolen abhängigen Gesellschaften der dritten Welt (Peripherie-Kapitalismus). In ihnen verklammern sich die von außen über asymmetrische Penetrationsvorgänge vermittelte kapitalistische Produktionsweise, die in den jeweils dynamischsten Sektoren der Peripherie-Gesellschaft (Enklavenwirtschaft, Importsubstitutionswirtschaft, multinationale Firmen) dominant ist, mit nichtkapitalistischen Produktionsweisen in Sektoren, welche symbiotisch auf die kapitalistischen Sektoren zugeordnet und deshalb von deren Reproduktionsdynamik abhängig sind. Die Nichtexistenz einheitlicher Produktivitätsniveaus, Arbeitsintensitäten, der Mangel an angeglichenen Profitraten und Lohnniveaus zwischen einzelnen Sektoren und die Existenz von regionalen Disparitäten, die allenthalben in Peripherie-Gesellschaften beobachtbar sind, stellen den empirischen (sozialen und ökonomischen) Ausdruck strukturell heterogener Gesellschaftsformationen dar. Während vorherrschende Entwicklungstheorien postulieren, derartige Unterschiede würden im Prozeß der Modernisierung »traditionaler Gesellschaften« überwunden, muß mit Nachdruck betont werden, daß gerade die unter den Vorzeichen von Modernisierungskonzeptionen eingeleiteten ökonomischen Wachstumsprozesse nachweisbare Disparitäten verstärken. Auch hat das Eindringen moderner Wirtschaftsorganisationen wie multinationaler Firmen die strukturelle Heterogenität peripherer Gesellschaftsformationen akzentuiert.

4. 2 Die internationale Gesellschaft wird durch die Gleichzeitigkeit ungleicher Entwicklungsprozesse geprägt.

Diese Beobachtung gilt nicht nur hinsichtlich der gleichzeitigen Entwicklung von kapitalistischen und sozialistischen Gesellschaftsformationen; sie gilt insbesondere und gerade auch innerhalb einzelner Gesellschaftsformationen. So sind empirische Fälle zu beobachten, in denen sich heute erst ein Typ von Enklavenwirtschaft herausbildet (zum Beispiel Mauretanien), dessen wesentliche Merkmale und Folgen Erscheinungen des 19. Jahrhunderts sind, während gleichzeitig ehedem von Enklavenwirtschaft extrem geprägte Peripherien wie Brasilien subimperialistische Strategien verfolgen. Während in manchen Subzentren (wie den südostasiatischen Stadtstaaten) sich die industrielle Reservearmee erschöpft, wächst diese in anderen Peripherien unvermindert an, und so fort.

These 5

5. 1 Die fortschreitende Internationalisierung von Kapital und Arbeit führt zur Herausbildung einer kapitalistischen Weltwirtschaft als eines Systems von Produktionsverhältnissen und entsprechenden Austauschverhältnissen im internationalen Ausmaß.

Dieser Prozeß wird immer mehr ermöglicht durch die Existenz weltweiter Kommunikations- und Transportsysteme und international operierender Institutionen sowohl im politischen (IGO's und INGO's) als auch im wirtschaftlichen Bereich (multinationale Firmen). Dem Wachstum international operierender Firmen, die das organisatorische Rückgrat der Internationalisierung von Kapital darstellen, liegen erhebliche Konzentrations- und Zentralisationsprozesse zugrunde. Der Internationalisierung des Kapitals korrespondiert eine Internationalisierung von Arbeitskraft, die ihren deutlichsten Ausdruck in drei Prozessen findet: a) ihrer teilweisen Eingliederung innerhalb der Peripherien in *international* operierende Produktionsunternehmen; b) dem Entstehen einer industriellen Reservearmee im Weltmaßstab; c) den Wanderungsbewegungen von Arbeitskraft zu den Produktionszentren (Gastarbeiterproblematik).

5. 2 Die fortschreitende Internationalisierung von Produktion führt im Rahmen des kapitalistisch dominierten Weltwirtschaftssystems zu neuen Ausprägungen internationaler Arbeitsteilung und beschleunigt die Herausbildung von Subzentren.

Während die internationale Arbeitsteilung unter Zugrundelegung komparativer Kostenkalküle zu einem einigermaßen symmetrisch strukturierten Tauschsystem zwischen schon entwickelten Metropolen führte, bestand herkömmlicherweise die Arbeitsteilung zwischen Metropolen und Peripherien in dem asymmetrischen Austausch von Fertigwaren gegen agrarische und mineralische Rohstoffe sowie Nahrungsmittel. Diese Feststellung bedarf heute der Ergänzung, die auf eine weitere Ausdifferenzierung des kapitalistisch dominierten Weltwirtschaftssystems hinweist.

Weiterhin werden im großen und ganzen zwischen Metropolen und Peripherien Fertigwaren gegen Rohstoffe und Nahrungsmittel ausgetauscht. Doch in der Folge vielfältiger Versuche von seiten der Gesellschaften der dritten Welt, eine eigene Konsumgüterindustrie aufzubauen (»Importsubstitutionsstrategie«), ist seit den dreißiger Jahren und spätestens nach 1950 an die Stelle des Exports und zum Teil zusätzlich zum Export von Konsum- und Luxusgütern aus den Metropolen in die dritte Welt der Export von Erzeugnissen der Produktionsgüterindustrie und der Export von Technologie (Patente, Lizenzen) getreten. Im Export der wenigen Peripherie-Länder, die auf diesem Hintergrund (Importsubstitution im Bereich der Konsumgüter) einen anfänglichen, in manchen Fällen zeitweise rapiden Prozeß wirtschaftlichen Wachstums durchliefen, findet sich heute zusätzlich zu den herkömmlichen Bestandteilen (Rohstoffe/Nahrungsmittel) ein geringer Prozentsatz an Fertigwaren niedrigen Verarbeitungsgrades (wie etwa Textilien), die zum Teil in benachbarte Peripheriegesellschaften, zu einem (aufgrund restriktiver Zoll- und Kontingentierungsregelungen) noch beschränkten Teil in die Metropolen fließen. Oft handelt es sich hierbei jedoch nicht um einen genuinen Export der Entwicklungsländer, sondern um konzerninternen Handel multinationaler Firmen.

Neue Aspekte internationaler Arbeitsteilung ergeben sich auch aus der Auslagerung arbeits- und lohnintensiver Produktionsprozesse aus den Metropolen in wenige Peripherien, wobei Rentabilitätsgesichtspunkte und die Grenzen der weiteren Aufnahme von

Gastarbeitern in die Metropolen eine zentrale Rolle spielen. Schreitet dieser Prozeß voran, so könnte sich eine Struktur von Arbeitsteilung ergeben, in der die Peripherien zum Produzenten der Güter der ersten industriellen Revolution werden, während die Forschung und die Produktion von Technologie in den Metropolen sich konzentrierten. Die in multinationalen Firmen beobachtbare Rollen-, Funktions- und Arbeitsteilung zwischen Topmanagement und Submanagements, zwischen der Lokalisierung von Forschungs- und Entwicklungsprozessen sowie der Produktion von Technologie in den Metropolen einerseits und der nach Gesichtspunkten von Rentabilität und Zweckdienlichkeit erfolgenden tendenziellen Verlagerung der eigentlichen Produktion von Gebrauchsgütern in die Peripherien deutet auf einen grundlegenden Trend zur Herausbildung von internationaler Arbeitsteilung auf einer höheren Entwicklungsebene als der bisher bekannten hin.

Deutlich zeichnet sich ab, daß sich dieser Prozeß vorläufig auf wenige Peripherien konzentrieren wird (wie Brasilien, Südafrika, Iran, Taiwan, Philippinen, Südkorea und südostasiatische Stadtstaaten). Diese gewinnen innerhalb der dritten Welt qua *Subzentren* eine »privilegierte« Position. Dadurch kommt es zu Ausdifferenzierungen von weiteren *Abstufungen* innerhalb der vorherrschenden Abhängigkeitsstrukturen zwischen Metropolen und Peripherien; überdies verstärkt sich das Entwicklungsgefälle innerhalb der dritten Welt. Da es sich um relativ neuere Erscheinungen handelt, ist begreiflich, warum erst seit kurzem (wie insbesondere in der Theorie des Subimperialismus) die Rolle und Funktion dieser Subzentren erkannt wurden. Manche von ihnen (wie Brasilien, Südafrika und der Iran) übernehmen in wachsendem Maß stellvertretend für die Metropolen nicht nur innergesellschaftliche, sondern auf Nachbarstaaten und die jeweilige Region bezogene Ordnungsfunktionen, was sich spektakulär in ihrer nach innen und außen gerichteten Militarisierung dokumentiert.

Durch die Herausbildung derartiger Subzentren kompliziert sich die Abhängigkeitsstruktur des kapitalistisch dominierten Weltwirtschaftssystems. Einerseits lockert sich zum Teil die direkte Abhängigkeit zwischen den Metropolen und einzelnen wenigen Peripherien, zum andern verstärkt sie sich durch die Übernahme derartiger Ordnungsfunktionen an Ort und Stelle von seiten privilegierter Brückenköpfe *und durch eine immer tiefergreifende strukturelle Verklammerung von Peripherien und Metropolen.*

Letztere Beobachtung bedarf der Erläuterung, da die These einer wachsenden Emanzipation der Peripherien von den Metropolen weit verbreitet ist. Militärische Besetzungen (etwa als Resultat von Kolonialkriegen) führen zu einer relativ lockeren und nicht notwendigerweise in die sozialen und ökonomischen Strukturen der abhängigen Gesellschaften eingreifenden Penetration. Enklavenwirtschaft bedeutet eine schon viel tiefergreifende Durchdringung abhängiger Gesellschaft. Abhängige Reproduktion auf der Grundlage metropolitaner Technologie und Investitionsgüter, orientiert an metropolitanen Konsummustern, mit dem Resultat deformierter Wirtschafts- und Sozialstrukturen, kommt einer noch tiefergreifenden *Penetration* gleich: und dies ungeachtet der Tatsache, daß in den privilegierten Subzentren nunmehr zum Teil der Eigenbedarf an Konsumgütern an Ort und Stelle produziert und weniger derartige Güter eingeführt werden; daß Führungspositionen von einer lokalen politischen, wirtschaftlichen und militärischen Elite übernommen werden (»Afrikanisierung«). Der in Lateinamerika angesichts relativ fortgeschrittener Entwicklung geprägte Begriff der *dependencia estructural* (strukturelle Abhängigkeit) hat genau auf diesen elementaren empirisch belegbaren Sachverhalt aufmerksam gemacht. Die Erfahrung Chiles während der Allende-Regierung, mit deformierten Wirtschaftsstrukturen operieren zu müssen und einem Boykott der Metropolen und ihrer Agenturen wie Weltbank hilflos ausgesetzt zu sein, hat diesen Sachverhalt überdies scharf verdeutlicht.

Schlußfolgerung

Angesichts der hier aufgezeigten Sachverhalte über Struktur und Entwicklungsdynamik der internationalen Gesellschaft sind sogenannte Weltmodelle, die die genannten Differenzierungen nicht berücksichtigen, realitätsfremd. In der Tat verfälschen sie eher das Bild internationaler Gesellschaft, als daß sie dieses transparent zu machen vermögen. Dies gilt insbesondere hinsichtlich der jüngst sehr populär gewordenen ökologischen Weltmodelle (von der Art der Studie ›Die Grenzen des Wachstums‹), in denen gegen grundlegende Regeln sozialwissenschaftlicher Argumentation verstoßen worden ist. Ein derartiger *fundamentaler* Verstoß liegt in der Addition der in *verschiedenen* gesellschaftlichen Formationen der internationalen Gesellschaft vorfindbaren verschiedenartigen ökologischen, ökonomischen und demographischen Tatbestände vor. Wenn man die demographischen Wachstumsraten der dritten Welt mit den ökologischen Folgen und den ökonomischen Wachstumsprozessen der Industrienationen zu einem *undifferenzierten* systemdynamischen Weltmodell zusammenfaßt, begeht man die in jedem Lehrbuch sozialwissenschaftlicher Methodik diskutierten sogenannten *ecological fallacies*. Man gewinnt ebensowenig ein realitätsangemessenes Bild der internationalen Gesellschaft, wenn man derartige statistische Trugschlüsse durch eine sogenannte *Regionalisierung* von Weltmodellen zu umgehen versucht, da, wie aufzuzeigen versucht worden ist, die drei Kontinente der dritten Welt und ihre Subregionen zwar eigenständige *geographische* Tatbestände darstellen, keineswegs jedoch eigenständige politische, soziale, ökonomische und in gewisser Hinsicht kulturelle Bereiche konstituieren. Die genannten Punkte hängen damit zusammen, *daß bis heute in den sogenannten systemdynamischen Weltmodellen die in der internationalen Gesellschaft real vorfindbaren Schichtungsverhältnisse, Transaktionsmuster, Konfliktformationen und Penetrationsprozesse keinen Niederschlag gefunden haben.* Aufgrund dieser Realität eher verzeichnenden Aussagen solcher Modelle werden sie sich auch nicht als Hilfsinstrumente für praktische Politik eignen. Nicht einmal für technokratische Strategien sind sie brauchbar. Ihre eigentliche Wirkung wird darin bestehen, daß sie – wie bisher schon beobachtbar – eine Fülle von Folgeliteratur provozieren.

Henrich von Nussbaum:
Die Zukunft des Untergangs oder
Der Untergang der Zukunft
Aspekte einer Futurologie wider den Status quo[1]

> »Was heißt: keine guten Aussichten für die
> Menschheit? Seht Euch doch um: Wir stecken
> mittendrin im Schlamassel!«
> Enrico Del Noce, ›Riflessioni Inedite‹.
> Venezia 1683

> »Unglück stammt von mangelhaften Berechnungen.«
> Bertolt Brecht, ›Leben des Galilei‹

1 Methodisch-stilistische Vorbemerkung

Keine Frage: Aufklärung ist schön. Und da sie auch Achtung und Ehren einbringt, versucht sich halt jeder daran. Dagegen richtet keine Entlarvung etwas aus, auch Hohn nicht. So verklärt sich in aufklärungsbedürftiger Zeit Aufklärung unablässig in ihr Gegenteil: sie vergegenständlicht zum Fetisch, versteinert zum Dogma, ver-

[1] Diese für die Taschenbuchausgabe erheblich erweiterte Entgegnung widme ich allen Feinden und Freunden, die mich zu dieser Überarbeitung nötigten; vor allem aber S. K. und A. D., L. K. und M. K., A. v. D. und I. B., die – jeder auf seine Weise – der spielerischen Gestaltung einer naturhaften Zukunft nachgehen und mich in meinem Widerspruch immer wieder nachdrücklich ermutigten.

Die Kritik an den Regionalisierungen des zweiten Weltberichts, nunmehr *an* den »Club of Rome«, in diese Erwiderung einzubeziehen, erschien nicht angebracht. Nicht bloß der historischen Treue und der methodischen Klarheit wegen: Die hier versuchte Einordnung und Bewertung hätte durch diesen Zusatz nichts gewonnen, wäre aber erheblich kompliziert worden. – Soviel aber sei klargestellt: Pestels Selbsteinschätzung als Praeceptor mundi, der Jung-Meadows' törichte Kurzschlüssigkeiten wieder auf den soliden Boden wissenschaftlich gesicherter Tatsachen und politischer Vernunft gestellt habe, vermag ich nicht zu teilen. Im Gegenteil: Wo Meadows seinen Bericht ausdrücklich auf ein Gedankenspiel eingrenzt, dessen Realitätsbezug sich darin erschöpft, die Unhaltbarkeit unseres Wirtschaftens im bisherigen Expansionsstil nachzuweisen und Abhilfe zu suchen, erhebt Pestel für sein erkenntnistheoretisch und methodisch erheblich schwachbrüstigeres Weltmodell unbekümmert den Anspruch, wenn schon kein vollständiges Wirklichkeitsabbild, so doch ein schlüssiges und zureichendes Planungsinstrument zu bieten. Damit vollzieht er selbst erst jenen Trugschluß, dessen er Meadows nachträglich so rüde zeiht. (Die Belege finden sich in: v. Nussbaum, Henrich, *Der „Club of Rome" am Wendepunkt.* In: Umwelt. Hrsg. vom Verband deutscher Ingenieure (vdi), Düsseldorf, Heft 6, Dezember 1974, S. 14f.)

kommt gar zum Werbetrick. Unvermeidlich verfällt man aufs Parodieren bei diesem Thema: »Wir sind aufgeklärt, wir sind aufgeklärt – wir wissen, wo alles hingehört, Osterhase, Klapperstorch und Weihnachtsmann schwatzt keiner uns mehr auf.« Dafür schwören wir auf die Rechtschaffenheit der freien Marktordnung und des aus ihr hervorgegangenen Weltwirtschaftsgefüges, auf Rationalität und Effektivität als Leitprinzipien von Arbeit und Leben.

Will sagen: allenthalben haben wir entrümpelt, entmythologisiert, rationalisiert. Nur – Wissen und Erkenntnis werden ihrerseits Aberglaube, wo ihre Voraussetzungen nicht mitbedacht, aufgedeckt und einbezogen, nicht immer wieder nachgeprüft und den Umständen anverwandelt werden: den jeweiligen gesellschaftlichen Verhältnissen, den Produktions- und Umweltbedingungen einer immer schneller sich wandelnden Welt. Jede Erklärung trifft schließlich nur in einem bestimmten Bezugsrahmen und für einen bestimmten Blickwinkel zu. Kausalitätsermittlungen spüren nicht Wahrheit auf – sie verschütten sie eher.

Kausalität ist das funktionsgerechte Erklärungsprinzip lediglich unseres diskursiv sezierenden Bewußtseins,[2] das von dem mechanistischen Verständnis der Welt als Wirklichkeit[3] geprägt ist: sie führt das Besondere des Einzelfalls jeweils auf ein allgemein Anerkanntes zurück; sie weist dem Neuentdeckten seinen Platz im Altbekannten zu und erweist es damit nicht etwa als unumstößlich wahr, wohl aber als realitätskonform, und somit akzeptabel. Das heißt: Kausalitätsketten unterwerfen einen Tatbestand – wie sonstige Erklärungen auch – der Herrschaft herrschender Ansichten und Werturteile. Nicht mehr! Die möglicherweise umstürzlerische Wahrheit des neu in den Blickkreis Geratenen wird vorsorglich im Netz der altvertrauten Wirklichkeit vertäut. Sicher ist sicher. Ob es beispielsweise aber richtiger, angemessener, also fortschrittlicher ist, den Klapperstorch, den Beischlaf, Gott oder die herbeigeträumten »Geister des Ungeborenen«, die »ngargalulla«[4] für den Nachwuchs verantwort-

[2] Versuche zu einer Distanzierung: Illich, Ivan, *Selbstbegrenzung. Eine politische Kritik der Technik*. Reinbek 1975. (Original: *Tools for Conviviality*, New York 1973.) – Roszak, Theodor, *Gegenkultur. Gedanken über die technokratische Gesellschaft und die Opposition der Jugend*. List Taschenbuch 390, München 1973. (Original: *The Making of a Counter Culture*, New York 1969.)

[3] Aufschlußreiche Reflexionen des Nobelpreisträgers Erwin Schrödinger, *Was ist ein Naturgesetz? Beiträge zum naturwissenschaftlichen Weltbild*. 2. Aufl. München 1967. Darin u. a. Schrödingers Aufsatz: ›Besonderheit des Weltbilds der Naturwissenschaft‹ (1947), S. 27–85.

[4] Goldsmith, Edward, und Robert Allen, *Planspiel zum Überleben. Ein Aktionsprogramm*. Stuttgart 1972, S. 87. (Original: *A Blueprint of Survival*. In: The Ecologist, London, January 1972.)

lich zu machen – das hängt ab von dem der Begriffsbildung zugrundegelegten Erfahrungshorizont und dem Wertsystem,[5] vor allem aber von der mit diesem Begreifen verbundenen individuellen oder kollektiven Absicht. Die Koolarrabulloo-Stämme Australiens ziehen vielfach zwar nichtleibliche Kinder als ihre eigenen auf, wenn die Beobachtungen Daisy Bates zutreffen;[6] dafür erspart ihnen die Idee der Traumgeburt immerhin Keuschheitsgürtel, Vaterschaftsklagen und Eifersuchtsneurosen und manche andere unserer zivilisatorischen Errungenschaften.

»Ursachen sind dynamisch ... Wenn die dynamische Qualität abgezogen wird, ist der Begriff der Ursache nicht nur entstellt, sondern völlig zerstört.«[7]

Auf diese Einsicht gründete R. M. MacIver (Columbia University, New York) das Unterfangen, die Sozialwissenschaften »auf eine höhere Ebene zu heben« – vor fast genau 30 Jahren, als »nebenan« bei Boston, im Elite-Technikum MIT (Massachusetts Institute of Technology, Cambridge, USA), eine neue Methode ausgetüftelt wurde, das Verhalten komplexer Systeme zu erfassen.[8] »System Dynamics« taufte man das Verfahren später, als es zur Durchleuchtung von Industriebetrieben (»industrial dynamics«, 1968), Stadtentwicklung (»urban dynamics«, 1969), medizinischen Kreisläufen (1970) usw. Verwendung fand. Jay W. Forrester, Professor of Management an der Alfred P. Sloan School des MIT, gab ihm den letzten Schliff. Er vertiefte den schmalen Ansatz des »operational research« ins Grundsätzliche (»Principles of Systems«, 1968) und erweiterte das Feld der Beobachtung bis ins Globale (»World Dynamics«, 1971).[9]

Die Einsicht in die Funktionsgebundenheit und damit die Wandelhaftigkeit des als »Ur-sache« Angenommenen hat sich in diesem Fortgang weiter vertieft. Doch wird sie immer wieder durch emphatische Selbstbeweihräucherung der Ideologen überdeckt, die uns

[5] Zur Veranschaulichung: Castaneda, Carlos, *Die Lehren des Don Juan.* Fischer Taschenbuch 1457, Frankfurt 1974; sowie ders., *Eine andere Wirklichkeit. Neue Gespräche mit Don Juan.* Fischer Taschenbuch 1616, Frankfurt 1975; weitere werden folgen.

[6] Bates, Daisy, *The Passing of the Aborigines.* London 1966.

[7] MacIver, Robert M., *Social Causation.* Boston 1942, S. 28.

[8] Meadows, Dennis, u. a., *Die Grenzen des Wachstums. Bericht des Club of Rome zur Lage der Menschheit.* Stuttgart 1972, S. 23. (Original: *The Limits to Growth,* New York 1972). – Von nun an zitiert als »Meadows« mit Seitenverweis auf diese deutsche Erstausgabe, die vom US-Original an einzelnen Stellen merklich abweicht; inzwischen unverändert als Taschenbuch (rororo 6825, Reinbek 1973).

[9] Forrester, Jay W., *Der teuflische Regelkreis. Das Globalmodell der Menschheitskrise.* Stuttgart 1972. (Original: *World Dynamics,* New York 1971.)

weismachen wollen, jeder Wandel im Bewußtsein von Ursächlichkeit bedeute unweigerlich einen weiteren Fortschritt auf dem Weg zum »Endsieg« – die Enthüllung aller Geheimnisse der Natur, die Selbsterhebung des Menschen zur Allwissenheit, also Gottesgleichheit. Dabei ist nicht einmal das Ziel neu.

Sogar die sprichwörtlichen Unerschütterlichkeiten der Mathematik – eins plus eins gleich zwei; Parallelen laufen im immer gleichen Abstand nebeneinander her –, auch das sind Setzungen, auch sie gelten bekanntlich nur bedingt: im Unendlichen berühren die Parallelen sich, erfährt man noch in der Schule. »Angesichts von Hindernissen mag die kürzeste Linie zwischen zwei Punkten die krumme sein«, weiht Brechts Galilei uns in die pragmatische Logik ein. Wer also auszieht, den Lauf der Geschichte zu wenden, um den Fortbestand der Menschheit zu gewährleisten, der sollte sich zuvor darüber klar werden, in welchem Rahmen er sich bewegt, welche Waffen und Hilfsmittel ihm zur Verfügung stehen, die Aufgabe zu meistern. Und: in welcher Rang- und Reihenfolge er sich dieser Instrumente bedienen will. Sonst gerät die »Schlacht um die Zukunft« zur Donquichotterie. Als romantischer Ästhet mag man auch daran Gefallen finden, nur ist diese Art von geschmäcklerischem Voyeurismus kaum jene Aufmerksamkeit, die der »Club of Rome« sich für den Rapport der Meadows wünscht.

In Wahrheit gilt es also nicht bloß, den »Stand unserer gegenwärtigen Kenntnisse von den verschiedenen Kausalbeziehungen in der Welt ... bis zur äußersten Genauigkeit« zu vervollkommnen, wie Meadows es kurzschlüssig anstrebt (vgl. Meadows, S. 92), sondern gerade die Bedingtheit, die Einseitigkeit und prinzipielle Unzulänglichkeit dieses Kausaldenkens zu erkennen. Kausalitätskalküle waren und sind der Motor des nunmehr beklagten technischen Fortschritts in den Weltuntergang.[10] Sie ziehen nur immer tiefer ins Schlamassel. Die Entfaltung der modernen Technik gleicht dem Ritt ins Moor. Einen Ausweg böte allein ein neues Weltverhältnis, ein von Grund auf verändertes menschliches Selbstverständnis, in dem der Schaffende des Industriezeitalters sich als natürliches Lebewesen wiederentdeckt, das auf Vielfalt angelegt und angewiesen ist (so einfältig das manchem auch klingen mag!). Dazu bedarf es einer neuen »religio«, das heißt der Bindung an eine unbedingtere, umfassende Sinninstanz als an die eigene kurzatmige Zwecksetzung. Einer Einstellung gegenüber Mitmensch, Kreatur und Umwelt, die Kom-

---

[10] Closets, François de, *Vorsicht! Fortschritt. Über die Zukunft der Industriegesellschaft.* Frankfurt 1971; Fischer Taschenbuch 6219, Frankfurt 1973.

munikation und Kooperation, Ökumene und Symbiose höher stellt als Durchsetzungsvermögen, Selbstbehauptung und Eigenmacht – die Meditation und Versenkung anstelle von Absondern und Umgestalten rückt. In den Hochkulturen Asiens weht ein solcher Geist seit Jahrtausenden. Doch läßt er sich verpflanzen, anders einnehmen denn als Droge zur Selbstverleugnung?

Ich nehme die Meadows' ernst, weil ich die »mißliche Lage der Menschheit« (»The Predicament of Mankind«), die zu ergründen beide sich zusammentaten, für äußerst ernst halte. Ich nehme auch den »Club of Rome« ernst – trotz seines befremdlichen Gebarens und seiner oft bizarren Auftritte –, einfach, weil ich rechnen kann und mittlerweile seine Macht und seinen Marktwert abzuschätzen vermag: Unsere Welt hat Jahrtausende lang gelernt, auf Rom zu hören. Soweit man Worten trauen darf: Im Anliegen sind wir uns einig. Das allerdings ist fast schon die einzige Übereinstimmung. Sie fordert mich immerhin heraus, aus der Eingleisigkeit des emphatischen Pro und Contra von Jubel und Verdammung auszubrechen und vor aller politischen Stellungnahme zu der vorgeschlagenen Abhilfe-Strategie schlicht die Stimmigkeit der Studie zu untersuchen, so wie die klassische Erkenntnistheorie und die leider ebenfalls schon klassische Kritische Theorie es mich gelehrt haben. Wer beide nicht mag, wer Logik und Überprüfung durch Nach-Denken schlechthin für perfide hält, der möge sich diese Ausführungen besser ersparen und seine (Vor)urteile weiterhin als Ansichts- oder Glaubenssache ausgeben, gegen die sich nicht streiten läßt. Über Geschmack mag ich nicht rechten.

Persönlich halte ich solchen Rückzug ins Willkürlich-Private für unredlich, Hoffart und Blasphemie zugleich, und dafür habe ich wiederum gute, das heißt bewährte Gründe.[11] Daran hänge ich. Ich bin konservativ-radikal,[12] auf Bewahrung und Ergründung versessen. Dem »Club of Rome« tut solches Denkverbot jedenfalls keinen Gefallen: Er wollte mit seinem Bericht gerade heraus aus diesem Bauchgrimmen des Weltanschauungsgefasels, dem Schummerlicht

---

[11] Vgl. etwa: Adorno, Theodor W., u. a., *Der Autoritäre Charakter*. Amsterdam 1968. (Original: *Studies in Prejudice*. 2 Bde., New York 1950); und Horkheimer, Max, *Kritische Theorie*. 2 Bde., Frankfurt 1968; Teilnachdruck in: Horkheimer, Max, *Traditionelle und kritische Theorie*. Fischer Taschenbuch 6015, Frankfurt 1970. – Wegweisend Horkheimer, Max, und Theodor W. Adorno, *Dialektik der Aufklärung*. Fischer Taschenbuch 6144, Frankfurt 1971. (Erstausgabe: Amsterdam 1947.)

[12] Durch Epplers Unterscheidung zwischen »Struktur-« und »Wertkonservatismus« ist dieser Selbstcharakteristik hoffentlich das Anrüchige genommen. S. dazu: Eppler, Erhard, *Ende oder Wende? Von der Machbarkeit des Notwendigen*. Stuttgart 1975, hier S. 28 ff.

der Glaubensoffenbarung. Der suchte exaktes Wissen in präziser Form als Entscheidungsinstrument (vgl. Meadows, S. 15 f.). Diese Zielsetzung und das daraus sich ergebende Selbstverständnis sollte achten, wer sich auf Meadows' Bericht beruft. Wer vorrechnet, provoziert, daß nachgerechnet wird. Er besteht sogar darauf; darin liegt seine Rechenschaft (vgl. Meadows, S. 16 f.). Ich gehe weiter: Ich versuche, den Irrtümern nachzudenken und eigene Vorschläge daraus herzuleiten.

So viel zum Ansatz und zur Methode dieser Erwiderung. Ihre Voreingenommenheit ist ihr Engagement, ihre hartnäckige Sachbezogenheit. Ich suche mich zum Grund durchzufragen. Bosheit? Ganz und gar nicht: Das Fragen ist die Frömmigkeit des Denkens, raunt der große Philosoph vom Todtnauberg herab.

2 Meadows' Bericht an den »Club of Rome«
2.1 *Die Zielsetzung*

Der Bericht des »Club of Rome«, um den es hier geht, enthält mehr als die Mitteilung eines sich zuspitzenden Engpasses, den jedermann je nach gesellschaftlicher und persönlicher Lage schon heute, in der Krise um Energiepreisgestaltung (Erdöl, Erdgas) und Energiesicherung (Kernkraftwerke, Uran) probeweise erfährt. Er stellt Zusammenhänge fest – vielmehr auf, findet Folgen heraus, schätzt Zeitspannen ab. Er behauptet, den Ablauf, das Ausmaß und die Ursache der sich abzeichnenden Weltkatastrophe ermittelt zu haben. Seine »Botschaft« – so macht er uns weis – besage, wie und wodurch der Katastrophe zu entkommen sei (Meadows, Nachwort, S. 170 f.).

»Zukunft« wird dabei vorgeführt als absehbares Ergebnis von gemessenen (quantifizierten) Verläufen materieller Bestandsveränderungen, nicht als Ereignis eigener Art. Keine Utopie also, nicht Vision, Weissagung oder Voraussage,[13] auch nicht Offenbarung von Unabänderlichem bietet der Bericht, sondern Prognose aus Projektion (vgl. Meadows, S. 34 ff., 74, 79, 109, 128). Die Systemanalyse, die Zusammen- und Vorschau (Szenario) wie die Hochrechnung (Computer-Simulation) der Gegenwart und ihrer Vorvergangenheit erschließen Zukunft als abwendbare Folge von Unheil, als Verstoß gegen das Fortdauern des Status quo bei Herstellung, Verfügung und Verbrauch materieller Güter. Vorausschauen heißt hier folge-

[13] Für diese Unterscheidungen vgl. Jouvenel, Bertrand de, *Die Kunst der Vorausschau.* Neuwied 1967. = Politica. Abhandlungen und Texte zur politischen Wissenschaft 34. (Original: *L'Art de la Conjecture.* Monaco 1964.)

richtig: Vorhersehen, wohin bestimmte gegenwärtige Maßnahmen oder Verhaltensweisen – natürlich auch Unterlassungen – führen; unweigerlich, aber nicht unvermeidlich. Im Gegenteil: der Jüngste Tag wird nur vor- und festgestellt, um ihn abzuwenden. Der im Schreckbild ausgemalte Endzustand der Kettenreaktion dient einer Strategie des Überlebens als Richtschnur und Berechtigungsnachweis: »Unserer Ansicht nach genügt das vorliegende Modell bereits als Grundlage für Entscheidungen. Außerdem scheinen die grundsätzlichen Verhaltensweisen, die sich aus dem Modell ergaben, so wesentlich zu sein, daß nicht zu erwarten ist, sie könnten sich bei weiteren Untersuchungen noch entscheidend ändern« (Meadows, S. 16, und Nachwort des Exekutivkomitees, S. 170–176).

Der Schock soll nicht lähmen, er soll Einsichten vermitteln und Gegenkräfte aufrütteln. Festgestellt – und das verkannten viele Kritiker – ist nicht der schließliche Ausgang der Verwicklung, nur ihr Anfang und ihre Abfolge, also die Kette der Verursachung und der Rhythmus des Ablaufs. Für die Systemanalyse ist die Welt ein eindeutig strukturiertes Kräfteparallelogramm: »Wir sind heute imstande, wirklichkeitsgetreue Modelle sozialer Realität aufzustellen ... Das Computermodell stellt die Theorie einer Systemstruktur dar und enthält Annahmen über dieses System.«[14]

Der Anspruch ist unmißverständlich. Das MIT-Team glaubt, die für unser Weltsystem charakteristischen Verhaltensweisen ermittelt und ausgemessen zu haben (Meadows, S. 79). Zwar nicht, wann unser Raumschiff Erde wegen Überlastung absinkt oder durch Unterversorgung ausfällt, beziehungsweise zerbirst oder umkippt, ist vorausgesagt, aber daß und warum dies mit Sicherheit geschieht (Meadows, S. 35, 79, 128), wenn es weiterläuft wie bisher, wenn nicht sofort folgende Kurskorrekturen vorgenommen werden:

»Es erscheint möglich, die Wachstumstendenzen zu ändern und einen ökologischen und wirtschaftlichen Gleichgewichtszustand herbeizuführen, der auch in weiterer Zukunft aufrechterhalten werden kann. Er könnte so erreicht werden, daß die materiellen Lebensgrundlagen für jeden Menschen auf der Erde sichergestellt sind und noch immer Spielraum bleibt, individuelle menschliche Fähigkeiten zu nutzen und persönliche Ziele zu erreichen.

... Je eher die Menschheit sich entschließt, diesen Gleichgewichtszustand herzustellen, und je rascher sie damit beginnt, um so größer sind die Chancen, daß sie ihn auch erreicht.

Diese knappen Schlußfolgerungen sind derart weitreichend und

---

[14] Forrester, Jay W., a. a. O., S. 30.

werfen so viele Fragen... auf, daß auch wir selbst uns von der Größe dieser gigantischen Aufgabe... nahezu überfordert fühlen.« (Meadows, S. 17)

Weder um Spökenkiekerei noch um wissenschaftliche Experimente geht es den Meadows' also, sondern um eine Politik der Zukunftssicherung – so einschneidend und folgenschwer, daß sie, einmal eingeschlagen, kaum wieder abzuändern sein wird. Denn das stabile System, der gesuchte »Gleichgewichtszustand«, soll auf folgendem »nicht unrealistischen« Weg erreicht werden – ab 1975:

»1. Durch die Gleichsetzung der Geburten- mit der Sterberate ab 1975 wird die Bevölkerungszahl konstant gehalten. Das Kapital darf noch sich selbst regelnd bis 1990 anwachsen und wird dann durch die Gleichsetzung von Investitions- mit Kapitalabnutzungsraten stabilisiert.

2. Der Verbrauch der natürlichen Rohstoffe pro Einheit der industriellen Erzeugung wird ab 1975 auf ein Viertel des Wertes von 1970 reduziert, um Mangelerscheinungen an nicht regenerierbaren Rohstoffen zu verhindern.

3. Um den Verbrauch an Rohstoffen und die Schadstoff-Freisetzung weiter zu senken, sind Maßnahmen ergriffen, um die Wertmaßstäbe der Gesellschaft stärker in Richtung von Dienstleistungen wie Erziehung und Gesundheitswesen zu verschieben und von den Gebrauchsgütern abzulenken.

4. Die Umweltverschmutzung pro Einheit der Industrieproduktion und der landwirtschaftlichen Erzeugnisse wird auf ein Viertel des Wertes von 1970 beschränkt.

5. Da diese Maßnahmen allein einen relativ niedrigen Stand der Nahrungsmittel pro Kopf zur Folge haben, wären noch immer viele Menschen unterernährt, wenn die traditionellen Ungleichheiten bei der Verteilung weiterbestehen. Deshalb wird außerordentlicher Wert auf die Nahrungserzeugung für alle gelegt. Kapital wird entsprechend der Nahrungsmittelproduktion zugeführt, selbst wenn dies unwirtschaftlich erscheint.

6. Die Ausstattung der Landwirtschaft mit hohen Kapitalsummen, die zur Erzeugung genügender Nahrungsmittel erforderlich sind, würde zu einer raschen Erschöpfung und Erosion des Bodens führen. Deshalb wird die Nutzung des Kapitals in der Landwirtschaft so verändert, daß Verbesserungen des Kulturlandes und Maßnahmen zu seiner Erhaltung Vorrang erhalten. Zum Beispiel wird Kapital eingesetzt, um städtischen Müll zu kompostieren und ihn dem Kulturland zuzuführen; dadurch wird gleichzeitig auch die Umweltverschmutzung reduziert.

7. Der Abfluß von Kapital in den Dienstleistungsbereich und in die Nahrungsmittelproduktion und der Kapitalbedarf für die Wiederverwendung von Abfallstoffen und zur Verhinderung von Umweltverschmutzung würden unter den Bedingungen 1 bis 6 der Industrie nur noch eine sehr niedrige Kapitalausstattung belassen. Als Gegenmaßnahme wird die Nutzungsdauer von Investitionsgütern erhöht, durch bessere Konstruktionen, die auf Haltbarkeit, Reparaturfähigkeit und nicht mehr auf Verschrottung abgestellt sind. Dieses Verhalten verringert ebenfalls den Rohstoffverbrauch und die Umweltverschmutzung.

Die Weltbevölkerung erreicht dann eine Höhe, die geringfügig über der heutigen liegt. Es gibt doppelt soviel Nahrungsmittel pro Kopf wie 1970; die Lebenserwartung beträgt fast 70 Jahre. Die Industrieproduktion pro Kopf liegt über dem heutigen Stand, und die Dienstleistungen pro Kopf sind dreimal so hoch wie heute. Das durchschnittliche Jahreseinkommen beträgt etwa 1800 Dollar; dies entspricht etwa dem durchschnittlichen heutigen Einkommen in Europa und liegt dreimal höher als das durchschnittliche heutige Einkommen der Weltbevölkerung. Noch immer nehmen die Rohstoffvorräte ab, wie das bei realistischen Annahmen gar nicht anders sein kann, aber die Abnahmerate ist so gering, daß Zeit bleibt, Technik und Industrie an neue Rohstofflagen anzupassen.« (Meadows, S. 147–150)

Fazit: Der »Club of Rome« verfolgt mit seiner öffentlichen Tätigkeit eingestandenermaßen »die Absicht, die politischen Entscheidungsträger in aller Welt zur Reflexion über die globale Problematik der Menschheit anzuregen.« (Meadows, Vorwort Pestel, S. 9) Mit Meadows' Bericht versucht er, den politischen Machern beizubringen, »wie unsere Welt in Zukunft aussehen sollte.« (Meadows, Nachwort des Exekutivkomitees, S. 166)

In wessen Auftrag? Dem aller Menschen guten Willens und klaren Kopfes. In wessen Namen und Interesse? Im eigenen, selbstverständlich, doch auf unsere Kosten! (Vgl. Meadows, Nachwort, S. 169)

Die vorgegebene gute Absicht, meine ich, zählt da nicht viel. Hier geht es einzig um die Frage: Muß das – oder: soll das sein? Wer ist diese ominöse Menschheit eigentlich? Worin besteht ihre »globale Problematik«? Wünschen oder billigen wir mitvereinnahmten Leser und Schreiber wenigstens nachträglich diese angemaßte Geschäftsführung in unserem Auftrag und auf unsere Rechnung? Ist das Vorgeschlagene unausweichlich, zwingend, wenigstens plausibel? Vor allem aber: wem nützt es? Etwa allen annähernd 4 000 000 000 betroffenen Weltbürgern gleichermaßen? Das wäre verblüffend. Bescheidener also: verheißen die autoritär verkündeten Rettungsmaßnahmen wenigstens der Mehrheit der Menschheit eine bessere Zukunft? Stimmen die Computerberechnungen? Paßt die angewandte Methode? Genügt die angestellte (System)Analyse? Trifft das danach entworfene Szenario zu? Überzeugt die daraus gefolgerte politische Therapie?

2.2 Das System der Systemanalyse: materialistischer Determinismus

Versuchen wir es mit Argumentation, auch wenn das nicht so spannend ist wie die Polemik ringsum: Die Szenenfolge aus dem Computer stimmt, wenn das in der wissenschaftlichen Analyse ermittelte, für den Computer modellierte System die Welt als Ganzes ausreichend und sinnvoll wiedergibt, das heißt in ihren Grundzügen erfaßt und der Berechnung zugänglich macht. Wer der Welt mit einem »Modell, das wirklich weltweite Bedeutung hat« (Meadows, S. 15), eine Weltenwende nahelegt, muß sich von aller Welt, vor aller Welt Rückfragen gefallen lassen (Meadows, S. 17): Ist es wirklich unsere Welt (Meadows, S. 16), von der dieser Entwurf handelt? Sind es unsere Sorgen, auf die seine Vorsorge sich richtet? Erscheinen die aufgezeigten Gefahren uns einleuchtend – und unerträglich? Wendet sein Lösungsvorschlag unsere Not ab? Nicht zu vergessen: Machen unsere »Mißlichkeiten« die Not der Menschheit aus?

Weltberichte und Weltprogramme gab es schon viele: Den Bericht der »Pearson-Kommission« im Auftrag der Weltbank etwa, enthaltend ›Bestandsaufnahme und Vorschläge zur Entwicklungspolitik‹ (1970)[15] (eine äußerst skeptische »Columbia-Declaration«[16] und zahllose höchst optimistische und widersprüchliche »internationale Entwicklungsstrategien«[17] gingen daraus hervor); etliche Prebisch-Entwürfe zur Öffnung der Weltmärkte für die Nachzügler

---

[15] *Der Pearson-Bericht. Bestandsaufnahme und Vorschläge zur Entwicklungspolitik.* Wien u. a. 1969. (Original: *Partners in Development.* New York 1969.) – Auf die feiernde, vor allem aber auf die wirkungslose kritische Folgeliteratur kann hier nicht eingegangen werden.

[16] Sie ist auffälligerweise auf deutsch niemals veröffentlicht worden und auch in Spezialarchiven nicht greifbar. (Vgl. die Bemerkungen Jan Tinbergens in: v. Nussbaum, Henrich (Hrsg.), *Die Zukunft des Wachstums. Kritische Antworten zum »Bericht des Club of Rome«.* Düsseldorf 1973, S. 81.)

[17] Etwa: *Die entwicklungspolitische Konzeption der Bundesrepublik Deutschland.* Hrsg. vom Bundesministerium für wirtschaftliche Zusammenarbeit (BMZ), Bonn 1971; sowie: *Die Internationale Strategie für die Zweite Entwicklungsdekade.* Mehrere Ausgaben a. a. O., Bonn 1971.

der Industrialisierung (UNCTAD I–III)[18]; den »Tinbergen-Plan« für eine angemessenere Arbeitsteilung zwischen hochindustrialisierten Staaten und den entwicklungsbehinderten jungen Nationalstaaten der einstigen Kolonialimperien;[19] das Weltbeschäftigungsprogramm der Internationalen Arbeitsbehörde (ILO) in Genf (1969); die verschiedenen Weltgesundheitsprogramme der Weltgesundheitsbehörde (WHO) in Genf; den fortwährend revidierten Welternährungsleitplan[20] der Ernährungs- und Landwirtschaftsorganisation der Vereinten Nationen (FAO) in Rom, samt speziellen Strategien zur Behebung der Eiweißlücke;[21] schließlich einen »Peterson-Report« zur Reorganisation der Entwicklungsprogramme der Vereinigten Staaten (1971) für die siebziger Jahre.[22] Und neuerdings die breitgefächerten Vorschläge zur Neuordnung der Weltwirtschaft[23]

[18] Prebisch, Raúl, *Towards a Global Strategy of Development. Report of the Secretary General of the UNCTAD.* New York 1968; – s.a. ders., *Für eine bessere Zukunft der Entwicklungsländer. Ausgewählte ökonomische Studien.* Hrsg. von J.L. Schmidt und K.H. Domdey. Berlin (DDR) 1968; sowie die bisherigen UNCTAD-Beschlüsse – allesamt zu schön, um je verwirklicht zu werden.

Ein recht anschauliches Spektrum über die Konferenz-Vorlagen der letzten UNCTAD III in Santiago de Chile und ihren Hintergrund bieten die vom Bundesministerium für wirtschaftliche Zusammenarbeit (BMZ), Bonn, Referat »Öffentlichkeitsarbeit«, herausgegeben ›Entwicklungspolitik Materialien‹, Nr. 26, Febr. 1972; Nr. 27, März 1972; Nr. 29, April 1972; Nr. 31, Mai 1972; Nr. 32, Juni 1972; Nr. 34, Juni 1972; Nr. 35, Aug. 1972. Eine Vorschau auf UNCTAD IV gibt: epd – Entwicklungspolitik 8/9, Frankfurt 1975: *Weltwirtschaft auf dem Prüfstand.*

[19] Beginnend etwa mit Tinbergen, Jan, *International Economic Integration.* Amsterdam u. a. 1965. – Inzwischen: (Edit.) Committee for Development Planning (Chairman J.T.), *Report on the Forth and Fifth Session.* March 1969, 17–21 and May 1969, 7–16 (sog. *Tinbergen-Report*).

Economic and Social Council Records: Fortyseventh Session United Nations, New York 1969 (E/4682).

Vgl. auch seine Ausführungen in: v. Nussbaum, Henrich, *Die Zukunft des Wachstums,* a. a. O., S. 77–87: ›Entwicklungspolitik und Umweltschutz‹.

[20] Der Welternährungsplan sowie das Aktionsprogramm. Deutsch in: Entwicklungspolitik Materialien. Hrsg. vom Referat »Öffentlichkeitsarbeit« des Bundesministeriums für wirtschaftliche Zusammenarbeit (BMZ), Bonn, Nr. 47, Dez. 1974. – Zur Vorgeschichte: Matzke, Otto, *Der Hunger wartet nicht. Deutsche Welthungerhilfe.* Bonn 1974. – Zum Ablauf: v. Nussbaum, Henrich, *Nicht um Brot allein.* In: Entwicklung und Zusammenarbeit. Hrsg. von der Deutschen Stiftung für internationale Zusammenarbeit (DSE), Bonn, Jan. 1975.

[21] Siehe etwa: *Strategy statement on action to avert the protein crisis in the developing countries. Report of the Panel of Experts.* (UN 3–7, May 1971). (Edit.) Department of Economic and Social Affairs, UN, New York 1971 (E/5018/Rev. 1).

[22] *The Force Report on Aid* – vom damaligen US-Präsidenten Nixon als nationale Ergänzung zum *Pearson-Report* im Januar 1971 dem Kongreß unterbreitet.

[23] Dazu die knappe, aber überaus materialreiche Analyse des derzeitigen Energieministers der Labourregierung, Lord Thomas Balogh: *Internationale Wirtschaftsbeziehungen. Doktrin und Wirklichkeit.* Fischer Athenäum Taschenbuch 5017, Frankfurt 1975. (Original: *Fact and Fancy in International Economic Relations.* Oxford 1973.)

aus der sogenannten »Gruppe der 77«, die inzwischen auf über hundert Entwicklungsländer angewachsen ist; schließlich zumindest nationale und regionale Energieprogramme und zahllose Reformvorlagen zum Weltwährungssystem, wie es vor rund dreißig Jahren in Bretton Woods dollargerecht festgelegt wurde und in Indochinakrieg und Ölkrise zusammenbrach;[24] und einen Weltbevölkerungsleitplan.[25]

Diese Auswahl muß hier genügen.[26] Sie zeigt immerhin: an Weltordnungsvorschlägen, die sich auf wissenschaftliche Analysen, Berechnungen und Prognosen stützen, ist kein Mangel. Eine kostspielige und kopfstarke internationale Bürokratie, zentralisiert in New York, Washington, Genf, Paris, Rom, Wien, London, Bangkok, Nairobi usw. lebt von solchen Erzeugnissen der Besorgnis,[27] und zwar recht komfortabel. Sie ist dazu beauftragt von Instanzen, die das Wohl und Wehe der zerrissenen Welt verwalten. Im Interesse der Wohlhabenden oder Habenichtse, der Mächtigen oder der Unterdrückten, der Besitzenden oder der Begehrlichen, der Verelendeten oder der von diesem Elend Profitierenden. Je nachdem sind diese Berichte, Pläne oder Programme zur Heilung der Welt entweder Kampfansagen an ihre derzeitigen Herren oder Abwiegelungserklärungen, welche die Rebellen wider das bestehende Unheil beschwichtigen oder auseinanderdividieren sollen.[28] Im Klartext:

[24] Die wesentlichen Erklärungen und Schlußdokumente sind enthalten in: Entwicklungspolitik Materialien. Nr. 45, Mai 1974.

[25] Konzentriert unter dem Thema *Weltbevölkerungskonferenz*. In: Entwicklungspolitik Materialien, Nr. 46, Sept. 1974. – Zum Hintergrund: *Weltbevölkerungsjahr 1974*. In: ›der überblick‹, Stuttgart, 3/September 1974; *Weltbevölkerungsjahr 1974*, eine Sonder-Nr. von ›ceres‹, FAO-Zeitschrift für Entwicklung, Rom u. Bonn 1974. – Zur Konfusität der Theorie, Planung und Politik: v. Loesch, Heinrich, *Stehplatz für Milliarden? Das Problem Übervölkerung*. Hrsg. von Henrich v. Nussbaum. Stuttgart 1974; und v. Nussbaum, Henrich, *Das große Zahlenspiel. Wider die Demagogie der Demographie*. München 1976.

[26] Für Wortgläubige und Resolutionsbegierige empfiehlt sich: Lefringhausen, Klaus (Hrsg.), *Entwicklungspolitische Dokumente 1–3*. Wuppertal 1970–1972.

Als empirische Datensammlung und Analyse dagegen, wie vorläufig immer: Fröbel, Folker (Hrsg.), *Die Armut des Volkes. Verelendung in den unterentwickelten Ländern*. rororo-aktuell 480, Reinbek 1974. Eine kompakte, allerdings wenig aufbereitete Materialauswahl aus UN-Dokumenten und Statistiken.

[27] Conor Cruise O'Brien, Kongo-Beauftragter der UNO als Stellvertreter des damaligen Generalsekretärs Dag Hammerskjöld, spricht bissig-anschaulich vom »Ritual der brennenden Welt, einem fiktiven Schein des Friedens«, in: O'Brien, C. C., *Die UNO. Ritual der brennenden Welt*. rororo 1434, Reinbek 1971. (Original: *The United Nations: Sacred Drama*. New York 1968). – Bestätigend die knappe Analyse: Senghaas-Knobloch, Eva, *Der Beitrag der internationalen Organisationen zur Friedenssicherung*. In: Senghaas, Dieter (Hrsg.), *Friedensforschung und Gesellschaftskritik*. Fischer Taschenbuch 6190, Frankfurt 1973.

[28] Vgl. außerdem: Pawelka, Peter, *Vereinte Nationen und strukturelle Gewalt*. Mün-

Ordnungsvorschläge und Verordnungen zur Neuordnung der Welt gehören zur bestehenden Unordnung wie die Vanillesoße zum Plumpudding. Sie verschleiern das Chaos mit Vertröstungen auf sein baldiges Ende und verlängern es damit maßgerecht in die Zukunft. Die Entstehung solcher Weltprogramme, ihre Funktionen und Folgen und die dabei auftretenden Widersprüche und Widerstände im einzelnen zu untersuchen – eine solche Arbeit trüge vermutlich mehr zur Heilung der Welt bei als noch ein weiterer Entwurf zu ihrer Neugestaltung. Zu derart kritischer Durchleuchtung scheint auch mir Meadows' Instrumentarium bestens geeignet.

Systematisch formuliert: Die vorsorgliche Diagnose des Berichts des »Club of Rome« stimmt,

a) wenn die Daten und Prämissen der Systemanalyse zutreffen, aus denen die fünf ausschlaggebenden Trends zum Untergang abgeleitet worden sind – Rohstoffverbrauch, Umweltvernichtung (Pollution), Bevölkerungsvermehrung, Kapitalinvestitionen, Nahrungsmittelerzeugung;

b) wenn die Summe dieser fünf Hauptvariablen das Weltgeschehen insgesamt hinreichend umschreibt;

c) wenn die im Systemmodell angenommenen Strukturen, Entwicklungen und Zusammenhänge (in der Realität) gelten und (in der Theorie) begründen, daß aus den im bisherigen Weltverlauf festgestellten Beziehungen, Abhängigkeiten und Einflüssen gar keine anderen Wirkungen hervorgehen konnten und können als die im Modell berücksichtigten.[29]

Das verlangt unverkennbar, daß die Welt sich in ihrem Fortlauf kontinuierlich, ja konstant verhält und brav den einmal gesetzten Rahmen und die eingeschlagene Richtung einhält (Meadows, S. 15); daß Zukunft eben das nicht ist, was zu sein der Begriff behauptet: etwas auf uns Zukommendes, sondern lediglich Fortgang des Gewesenen. Ohne Sprünge, Schübe oder Schwünge, ohne Brüche; bloß ein fortwährendes Auswachsen des Gewesenen und Vorhandenen.

Ausgerechnet der »Dogmatiker« Lenin urteilte über solche Geschichtsklitterung bissig: »Man muß eine wahrhaft schülerhafte

---

chen 1974. = Piper Sozialwissenschaft 21. Dennoch steht eine fundamentale Analyse der Politik und Funktion dieser und anderer Weltorganisationen noch aus.

[29] Materialreiche Übersicht und Strukturanalyse: Junne, Gerd, und Salua Nour, *Internationale Abhängigkeiten. Fremdbestimmung und Ausbeutung als Regelfall internationaler Beziehungen.* Fischer Athenäum Taschenbuch 4039, Frankfurt 1974. S. a. das bereits genannte Buch von Thomas Balogh, *Internationale Wirtschaftsbeziehungen;* sowie: Brun, Ellen, und Jacques Hersh, *Der Kapitalismus im Weltsystem. Ein Lehrbuch über Industrie- und Entwicklungsländer.* Fischer Taschenbuch 6530, Frankfurt 1975. (Original: Kopenhagen 1972.)

Auffassung von der Geschichte haben, um sich die Sache ohne ›Sprünge‹ vorzustellen als eine allmähliche und gleichmäßig aufsteigende gerade Linie«.[30]

Das verlangt weiterhin, daß die entscheidenden Triebkräfte, die diese unsere Welt im Innersten zusammenhalten und verwandeln, quantitativ – das heißt in Zahlen – ausdrückbar sind, daß die ausschlaggebenden Kräfte und Wirkungen, Spannungen und Beziehungen sich in Zahlenverhältnissen niederschlagen. Nur wenn jedwede individuelle Eigenschaft sich auf eine bestimmte Menge zurückführen läßt und umgekehrt Qualitätswechsel aus Quantitätsveränderungen nicht nur abzuleiten, sondern zuverlässig vorherzusagen ist, nur dann bietet ein solcher Modellauf eine Wahrscheinlichkeit, sich der zukünftigen Wirklichkeit wenigstens anzunähern. (Musterfälle: Die chemische Molekularformel, homologe Reihen von Kohlenstoff- oder Alkoholkettenverbindungen; optische oder akustische Töne als Schwingungszahlen des Lichts).[31] Andernfalls führen die Berechnungen lediglich zur Posse der Wettervorhersagen.

d) Die oben wiedergegebene politische Schlußfolgerung des Berichts trifft auch dann jedoch selbstverständlich nur zu, wenn die in der Systemanalyse dermaßen zureichend ermittelten Abhängigkeiten und Wirkkräfte angemessen und zutreffend in das Rechenprogramm übertragen wurden, wenn die Ergebnisse der Computer-Simulation dann richtig gedeutet und die daraus abgeleiteten Rettungsmaßnahmen zielgenau, durchführbar und erfolgversprechend sind.

Mag sein, daß noch weitere Bedingungen zu erfüllen sind. Mir bereiten die aufgeführten vier bereits Kopfzerbrechen genug.

[30] Lenin, Wladimir Iljitsch, *Werke*. Bd. 8, Berlin (DDR), S. 292. Wem Lenin anrüchig erscheint als Kronzeuge, dem sei gesagt: Diese Einsicht läßt sich über Carl Jacob Burckhardt bis zu Polybios zurückverfolgen, dessen Geschichtsauffassung Karl Löwith folgendermaßen charakterisiert: »Das oberste Gesetz der politischen Geschichte ist die Veränderung: der plötzliche Umschlag von einem Extrem in sein Gegenteil. Nachdem Polybios den Untergang der mazedonischen Herrschaft miterlebt hatte, hielt er es deshalb für angebracht, die prophetischen Worte des Demetrius ins Gedächtnis zu rufen, der in einer Abhandlung über das Schicksal vorausgesagt hatte, was 150 Jahre nach Alexanders Eroberung des Persischen Reiches eintraf: ›Ich frage Dich, hältst Du es für möglich, daß vor 50 Jahren entweder die Perser oder der persische König oder die Mazedonier oder [ihr] König ..., wenn ein Gott ihnen die Zukunft vorausgesagt hätte, jeweils geglaubt hätten, daß zu der Zeit, in der wir leben, sogar der Name der Perser gänzlich ausgelöscht sein würde – der Perser, die Herrscher nahezu über die ganze Welt waren ...?‹« (Karl Löwith, *Weltgeschichte und Heilsgeschehen. Die theologischen Voraussetzungen der Geschichtsphilosophie*. Urban Taschenbuch 2, Stuttgart 1953, S. 17.)

[31] Vgl. die höchst anschaulichen Erläuterungen in: Engels, Friedrich, *Herrn Eugen Dührings Umwälzung der Wissenschaft*. (»Anti-Dühring«.) Berlin (DDR) 1948, S. 145 ff., bes. S. 155 f.

Schon die eher technischen Vorbedingungen von Punkt a) erklären namhafte Statistiker und Systemtheoretiker für nicht erfüllt. Nehmen wir nur die Datenlage: Das Meadows-Team gibt selbst zu, daß Daten – etwa über die Reserven von Rohstoffen, über Umweltzerstörung, über die Höchstbelastbarkeit von Mensch, Tier und Pflanze – nicht feststehen und in absehbarer Zeit auch nicht mit ausreichender Sicherheit feststellbar sind (Meadows, S. 68–74). Das MIT-Team behauptet jedoch, diese Ungenauigkeiten durch angenommene Mindest- und Höchstwerte hinlänglich eingegrenzt zu haben. Die dementsprechend durchgespielten Variationen von Mengen und Zeitspannen erbrachten im Durchlauf des Großrechners jeweils nur unerhebliche Abweichungen, Beschleunigungen oder Verzögerungen, Zeitgewinne von nicht einmal einer Menschengeneration.

Die Studie gibt das listig als einen zusätzlichen Beweis für die Unumstößlichkeit ihrer Berechnung sogar bei erheblich abweichenden Daten aus (Meadows, S. 108f.) Das ist Augenwischerei. Vielmehr beweist diese Konstanz des Resultats, daß die outputs des Computers von den inputs in dieser Hinsicht relativ unabhängig *gemacht* wurden. Mit anderen Worten: Die Empfänglichkeit des Modells für diese Variationen erweist sich als ungerechtfertigt geschwächt. Auf andere Eingabeveränderungen dagegen reagiert es überempfindlich.

Beides wurde von den Teammitgliedern um Meadows entschieden abgestritten. Tatsächlich aber haben mehrere Wissenschaftlergruppen, unabhängig voneinander, bei der Nachprüfung erheblich abweichende Resultate erzielt; als sie die vorgegebenen Wechselbeziehungen der fünf Hauptfaktoren nur unerheblich änderten, blieb der Kollaps völlig aus.[32] Der vielberufene Stand der Wissenschaft erlaubt es keineswegs, diese geringfügig veränderten Annahmen als weniger realistisch abzuwerten. Im Gegenteil: Einiges spricht dafür, daß die »Berichtsprüfer« ihre Vor- und Eingaben sorgfältiger auswählten – zugegeben, mit der Besserwisserei von Epigonen.

Demnach folgt aus der vermeintlichen Bestätigung des Endergebnisses bei Durchläufen mit wechselnden Daten und Steigerungs-

---

[32] Vgl. etwa die weitgehend »immanente«, vornehmlich technokratische Kritik von Freeman, Christopher, Marie Jahoda u. a., *Die Zukunft aus dem Computer? Eine Antwort auf ›Die Grenzen des Wachstums‹*. Neuwied 1973. (Original: *Thinking about the Future ...*, Science Policy Research Unit, Sussex 1965) – aber auch Tinbergens Einwände: ›Entwicklungspolitik und Umweltschutz‹. In: v. Nussbaum, Henrich (Hrsg.), *Die Zukunft des Wachstums*. A. a. O., S. 77–87.

raten in Wirklichkeit ein schlagender Gegenbeweis zur Methode: So viel Gleichklang bei so viel Ungleichheiten deckt einmal mehr die Fragwürdigkeit des ganzen Arrangements auf. Ein Experiment liefert, aller Logik zufolge, nur da die gewünschte Probe aufs Exempel, wo seine Anordnung die Beunwahrheitung (Falsifizierung) der in Frage stehenden Annahme zumindest ebenso wahrscheinlich macht wie ihre Bestätigung. Einen schlüssigen Beweis liefert nur das wiederkehrende Eintreffen des Unvermuteten.

Für den Krimikenner mag es einleuchtender sein, diesen Lehrsatz am Beispiel der polizeilichen Gegenüberstellung zu veranschaulichen: Wenn nur ein Kandidat als möglicher Täter vorgezeigt wird oder von mehreren vorgezeigten Kandidaten nur einer der im Steckbrief vorliegenden Beschreibung ungefähr entspricht, dann bedeutet eine »Wiedererkennung« durch Tatzeugen vorerst nicht mehr, als daß die erinnerten Merkmale auf diesen Kandidaten zutreffen; doch längst nicht, daß der so herausgefundene auch der gesuchte ist. Der ist mit ausreichender Sicherheit nur aus einer Gruppe weitgehend ähnlicher Typen zu ermitteln.

Eben diese Auswahl unter oberflächlich gleich plausibelen Annahmen bietet die Modellsimulation nicht. Ihr Resultat ist vorprogrammiert. Der Schuldige an der Katastrophe steht von Anfang an fest: unaufhörliches exponentielles Wachstum. »Der Verlauf fast aller menschlichen Aktivitäten von der Nutzung von Kunstdünger bis zur Ausbreitung von Städten über das Land kann mit exponentiellen Wachstumskurven beschrieben werden«, behauptet Meadows (S. 18), ohne irgendeinen Beweis für diese erstaunliche These anzutreten. Sie widerspricht schließlich jedweder Marketing- und Planungserfahrung. Im wirtschaftlichen Konkurrenzkampf ginge er an diesem Aberglauben schlicht bankrott.

Auch die Anklagepunkte sind derart vorbestimmt. Nur das Strafmaß und den Tathergang hat das Rechenprogramm noch auszumachen: Ist es Nahrungsmangel, der das System zum Zusammenbruch bringt, oder Kapitalmangel? Oder Bodenknappheit? Oder unwiderrufliche Umweltzerstörung? Oder Rohstoff- oder Energieengpässe? Oder was sonst? Im Computer stellt sich heraus: Die Bevölkerungsexplosion ist an allem schuld. Je nach Verlaufsdauer sprengt ihr Ausgang schließlich jeden gesetzten Rahmen. Und: Die Beseitigung eines dieser Engpässe macht den nächsten nur um so bedrohlicher. Sie sind »rückgekoppelt«.

Logisch. Wenn niemand stirbt – oder zu wenige –, platzt irgendwann alles aus den Nähten. Wenn der Verbrauch nicht eingeschränkt wird, sind irgendwann alle Güter aufgezehrt. Je mehr

Menschen, desto weniger Spielraum. Käme ein Krimi mit solchem Scharfsinn daher, man würde ihm das als tolpatschige Entgleisung übelnehmen. Bei einem technisch-wissenschaftlich ermittelten politischen Weltkonzept jedoch garantiert gerade diese Banalität den weltweiten Erfolg. Den Publizitätserfolg wohlgemerkt. Richten wird sich niemand danach. Denn schließlich werden all die massiven »guten« Gründe, die uns in die ökologisch-ökonomische Mißwirtschaft gestürzt haben, ja doch nicht dadurch ausgelöscht, daß einer sie zum x-ten Mal in vereinfachter Systematik und mit tolldreistem Mut zur Lücke herzählt.

2.3 Die Weltlage – eine »Ansichtssache« besonderer Art

Doch der Reihe nach, nochmals zu Punkt b), die Weltsumme aus der Vogelperspektive: Die Zukunftslage der Menschheit, selbst wenn man diese Menschheit hämisch als einen nicht-autarken, materieller Ergänzung bedürftigen Ameisenhaufen ansieht – ist sie wirklich durch diese fünf Trendgrößen (Rohstoffverbrauch, Nahrungsmittelerzeugung, Umweltbelastung, Bevölkerungsvermehrung, Kapitalinvestition) und ihre Beziehung zueinander hinreichend erfaßt?

Die Meadows' entgegnen auf diesen Zweifel, daß es sich hierbei um die »Maximalgrenze für das Wachstum von Bevölkerung und Wirtschaft aus materiellen Gegebenheiten« handelt. »Das Ergebnis garantiert jedoch nicht, daß das Wachstum tatsächlich soweit gehen wird.« (Meadows, S. 37) Ihre Studie antworte auf die Frage: Wieviel Wachstum vermag das physische System allenfalls zu ertragen? Ich frage erstaunt zurück: Gilt ihnen denn der physische Rahmen bereits als »Welt«, gar als Weltgesellschaft?

Ich frage: Warum gilt eine Analyse als »dynamisch«, die lediglich eine Fortschreibung einiger ausgesuchter Statistiken der letzten 70 Jahre vornimmt und dabei – seltsam genug – unaufhörliches exponentielles Wachstum (das heißt immer gleichbleibende Steigerungsraten) als globales Natur- und Gesellschaftsgesetz unterstellt, ohne Überlegungen an die Voraussetzungen und Zusammensetzungen dieses Wachstums, seine Nutznießung und Verteilung zu wenden? Wo und wann gab es das denn, ein ununterbrochenes Fortwachsen über 70 Jahre hinweg?

Ich frage: Warum nur nennt man ein System »komplex«, das aus technischen und praktischen Gründen auf diese Auswahl von fünf hochaggregierten Pegelwerten beschränkt ist (wenngleich im »Flußdiagramm« über 99 Varianten gefiltert; Meadows, S. 88–91)?

Nicht einmal heute ließe sich mit solcher Systematik die mißliche Lage der Vielen und die alles andere als mißliche Lage der Wenigen ausmachen. Mit aller Phantasie nicht. Denn: Knappheit und Engpässe gab es, solange die Menschheitsgeschichte niedergelegt ist. Schon in der üppigen Überfülle des Urwalds. Nicht aus ökologischen, nicht einmal aus ökonomischen Begrenzungen, sondern durch die unzulängliche Ausstattung des Menschen bedingt. Der Mensch ist ein Mangelwesen. Mangel gebietet ihm Gesellung, die gesellschaftliche Organisation seiner Lebensbedingungen. Wo man Mangel leidet oder fürchtet, verleihen Besitz und Verfügungsgewalt Prestige und Macht. Die soziale Welt ist grundsätzlich asozial: »Quod licet Iovi non licet bovi«, formulierten die Römer als Weltgesetz. Der Berliner Gossenmaler Heinrich Zille übersetzt nach 2000 Jahren plastisch: »Kind, geh weg von die Blume, spiel mit'm Mülleimer!«

An der Frage nach der Herkunft dieser sozialen Ungleichheit läßt sich eine (Geistes-)Geschichte der abendländischen Gesellschaftslehre auffädeln. Wie es sich gehört, beginnt sie in der Antike, bei Aristoteles. Seit der Wendung der Aufklärung gegen das Naturrecht – nach den französischen »philosophes« vor und nach Rousseau, den schottischen Moralisten und Politökonomen sowie den deutschen Dichtern und Denkern der zweiten Hälfte des 18. Jahrhunderts also – hielt man Ungleichheit für ein historisches Phänomen – und daher für überwindbar. Die moderne Soziologie und Anthropologie dagegen erklärt gesellschaftliche Ungleichheit zu einem Urelement, das »für den Bestand« jedweder sozialen Struktur »unentbehrlich« ist. »Der Ursprung der Ungleichheit unter den Menschen liegt ... in der Existenz von mit Sanktionen versehenen Normen des Verhaltens in allen menschlichen Gesellschaften.«[33] So hätte denn jede realistische Vorausschau in die Zukunft der Menschheit zuallererst nach der Verteilungsstruktur der Lebensgüter und ihrer Stabilität zu fragen, nach dem Schwellenwert, an dem Unterdrückung, Aussperrung und Benachteiligung der einen durch die anderen zu Skandal und Aufruhr führen.[34] Der statistische Durchschnittswert vermittelt nicht nur ein unzutreffendes Bild der Lage – er verwischt auch die Hinter-

---

[33] Dahrendorf, Ralf, *Pfade aus Utopia. Arbeiten zur Theorie und Methode der Soziologie.* München 1967, S. 370. Vgl. das Kapitel ›Über den Ursprung der Ungleichheit unter den Menschen‹, S. 352 ff.

[34] »Wo es eine Handvoll Privilegierter und ein Millionenheer von verzweifelten Armen gibt, ... ist es nur eine Frage der Zeit, wann eine Entscheidung zwischen den politischen Kosten einer Reform und dem politischen Risiko einer Rebellion getroffen werden muß«, warnt uns der erfahrene Generalstäbler Robert S. McNamara, vormals Pentagonchef, heute Weltbankpräsident.

gründe und Zusammenhänge des bilanzierten Zustands. Er unterschlägt gerade die Komplexität und Dynamik der Momentaufnahme, »die Tiefe im Antlitz der Welt«, wie ein tiefsinniger Grübler es anschaulich genannt hat.

Und auch die Ursachen und Symptome der Krankheit gehen über solcher Querschnitts- und Durchschnittsberechnung, hochtrabend Aggregierung genannt, völlig verloren: Ist es nicht etwa diese Einzwängung in ungleiche und als ungerecht empfundene Wirtschafts- und Gesellschaftsstrukturen, die Menschen wie Völker fruchtbar und furchtbar, gierig und süchtig, egoistisch und agressiv macht? Was sonst brach das menschliche Wirtschaften aus den selbstregulierenden organischen Regelkreisläufen der Natur heraus? Was sonst macht den Industriebürger fortschrittswütig statt beharrungsgläubig, wenn nicht höchst konkrete Mangelempfindungen und die Hoffnung, sie durch Umordnung zu überwinden?

Darüber sagt Meadows' Bericht uns nichts. Auch sein Lehrer Forrester schwieg sich dazu bisher aus. Und dem Club of Rome liegt wohl nichts daran, derartige »Untergründe« ans Tageslicht zu bringen. Wenn diese Ursachen endlich aufgedeckt und ernsthaft beseitigt, wenigstens gemildert würden, dann ginge der ganze exponentielle Spuk voraussichtlich schneller zu Ende, als Meadows' optimistischste Annahme zu hoffen wagte. Dann würde der Bürger seine Bestätigung nämlich nicht mehr in der Entfesselung der Produktivkräfte, sondern in spielerisch-künstlerischer Kreativität suchen; seine Befriedigung nicht im Erwerb und Umgang mit Sachgütern, sondern im geistigen Austausch und in kreatürlicher Begegnung finden; der Mensch würde weniger raffgierig auf Eigentum ausgehen, sondern auf Aneignung durch Hingabe und Versenkung.

Die Berauschung an der Dingwelt und ihrer scheinhaften Fülle wurzelt, wenn nicht alles täuscht, in der notgedrungenen Verdrängung des ursprünglichen sozialen Triebs. Von den Sachen wird Ersatz und Entschädigung für die geopferte unmittelbare Befriedigung in den schwerelosen Wolkenschlössern der Phantasie und die unbeschwerte Enthemmung im Spiel erwartet. Die Spielpläne der Freizeit- und Kulturindustrie bieten schließlich nur einen äußerst dürftigen Ersatz für jenes Ausleben in freier Selbstgestaltung und Selbstverfügung, von dem jedermann eine Ahnung in sich trägt. Auch die verstümmelten Manager des Fortschritts in den Untergang. Wo endlich Selbstbestimmung in der Gemeinschaft, und zwar auf allen Stufen der sozialen Gesellung, um sich griffe,[35] da könnten

---

[35] Ansätze hierzu: Gronemeyer, Reimer, *Integration durch Partizipation? Arbeitsplatz, Wohnbereich: Fallstudien.* Fischer Taschenbuch 6517, Frankfurt 1973.

Träume schließlich wahr werden und sogar Wunder sich ereignen. Dann würden für die Realität andere Rahmenbedingungen und damit andere Bezüge und Aussichten gelten. Dann endlich – und wohl nur dann – wäre eine andere Verhaltenslogik zu schaffen und einzuüben, die den Mechanismus »mehr Mensch gleich mehr Güterbedarf also mehr Wirtschaftswachstum« außer Kraft setzen könnte.

Auch jetzt wirkt er ja nur sehr bedingt: Wir Reichen verbrauchen Jahr für Jahr etwa um so viel Materialien mehr, wie die Selbsterhaltung aller armen Völker zusammen erfordert.[36] Die Revolution der Ansprüche und Erwartungen läuft der Bevölkerungsexplosion weit voraus. So besehen ist der selbstbewußte Leitsatz des asketischen chinesischen Chefdelegierten Huang Tschu-tse auf der Weltbevölkerungskonferenz der Vereinten Nationen in Bukarest 1974 mehr als eine demagogische Phrase: »Wenn die Menschen dereinst ihr Schicksal selber in die Hand bekommen, dann werden sie fähig sein, Wunder zu vollbringen. Die Aussichten der Menschheit sind nach wie vor rosig...«

Warum sieht Meadows da so schwarz? Warum schließt der puritanische Idealist, der auszog, die Menschheit erst das Fürchten und dann das heilsame Nullwachstum zu lehren, die Umkehr zum Besseren –, was »Re-volution« seit Kopernikus eigentlich meint –, die völlige und endgültige Abkehr von der hochindustriellen Wachstumsgesellschaft und ihren Verhaltensmechanismen so selbstverständlich aus? Nicht einmal anzusprechen wagt er sie! Dabei dauert die Epoche der Industrie kaum anderthalb Jahrhundert; die Vorgeschichte ist durchaus noch nicht aus der Erinnerung getilgt... Warum hält er es für leichter, vereinzelte Auswüchse abzubauen – was die Spannungen und Gegensätze ins Unerträgliche steigern müßte –, als die zugrundeliegende Konstellation zu beseitigen?[37] Dieser Kleinmut treibt die Welt allenfalls in die indische Wirrnis eines unaufhörlichen Krisenmanagements statt zur großen Flurbe-

---

[36] Etwa 60 Prozent der Weltbevölkerung erhalten ganze 10 Prozent vom Welteinkommen. Auf Weltmaßstab projiziert, ergibt sich daraus: Wenn alle Völker der Welt so viel und so schnell Naturschätze verbrauchten wie die US-Amerikaner, dann wären in sechs Jahren alle bekannten Ölvorräte aufgebraucht und der jährliche Bedarf an Eisen, Kupfer, Schwefel, Nutzholz und Wasser würde die derzeit verfügbaren Reserven überschreiten; nicht zu reden von den lebenswichtigen Proteinen. Von 100 für ihre Industrie unentbehrlichen Materialien besitzen die USA auf eigenem Territorium ganze 12 in ausreichender Menge. Von der Weltenergie verbraucht das industrialisierte Drittel der Weltbevölkerung 80 Prozent usw., usf.

[37] Zu den ideologischen Hintergründen und praktischen Folgen s. demnächst: v. Nussbaum, Henrich, *Das große Zahlenspiel. Wider die Demagogie der Demographie.* – Zur Konzeptionslosigkeit der bisherigen Hochrechnungen und Planungen: v. Loesch, Heinrich *Stehplatz für Milliarden? Das Problem Übervölkerung. A. a. O.*

reinigung des chinesischen »Sprung nach vorn«, der sich mittlerweile doch gerade unter Antikommunisten größter Beliebtheit erfreut.

Die harmloseste Erklärung für diese Entgleisung lautet: Hier vergriffen sich verspätete Naturwissenschaftler und gutwillige Dilettanten im Thema. Beseelt von Zielen, die sie ehren, aber überfordern, gingen sie die Welt als bewußtlos bewirtschaftetes, bio-kybernetisches Naturgewächs an. Mangels geeigneter Methoden griffen sie zurück auf biologisch-mechanische Analogien, wie sie in mittelalterlichen Kosmogonien und der Kulturmorphologie des 19. Jahrhunderts gängig waren, da man noch nicht eigentlich soziologisch dachte und die fortwährend zerstörte Natur durch sprachliche Manipulation und Gottvertrauen retten zu können glaubte – oder zu glauben vorgab. Eine böswilligere Vermutung wäre, daß hier Wissenschaftler sich mutwillig dumm stellen, weil das Resultat ihren Auftraggebern so schön in den Kram paßt und Soziologie auch vom breiten Publikum, an das man sich wenden will, weithin ignoriert, ja verfemt wird. Die Logik: Der Bote trägt die Schuld an der Hiobsbotschaft, die er überbringt – findet immer wieder Anhänger.

Bereits Freimut Duve, findiger Journalist und Weltenbummler, hat durch Kopfrechnen 1971 die schwierige Aufgabe gelöst, für die Meadows' Mannen mehrjährige aufwendige Analysen und Rechenprogramme aufbieten zu müssen meinten:

»In einem Keller sind 100 Menschen eingeschlossen. Draußen weiß man, unten sind Vorräte, von denen die 100 Menschen 100 Tage leben können. Nach den 100 Tagen dringt man zu den Eingeschlossenen vor: 25 erfreuen sich bester Gesundheit, 50 sind total entkräftet und 25 sind tot...

Denn unter den hundert befand sich eine kleine Gruppe gut organisierter Bewaffneter, die alle Nahrungsmittel in Beschlag nahmen: Das meiste aßen sie selber auf. Den Rest verkauften sie an alle jene, die Geld oder Wertgegenstände bei sich hatten oder zu Dienstleistungen bereit waren. Die 25 Toten hatten nichts bei sich und wurden nicht gebraucht.

Die Statistiker wundern sich, ›es hätte eigentlich reichen müssen‹. Berechnungen aber, wieviel Menschen die Erde ernähren kann, sind absurd; sie setzen voraus, was nicht durchführbar ist: eine gleichmäßige Minimalversorgung aller unter Ausschaltung des Marktes und der Macht.«[38]

Lassen wir offen, wie stimmig dieses Szenario ist; das Ergebnis jedenfalls ist wirklichkeitsnah. Wetten, daß die Menschheit derge-

---

[38] Duve, Freimut, *Der Rassenkrieg findet nicht statt. Entwicklungspolitik zwischen Angst und Armut.* Düsseldorf 1971, S. 53.

stalt auch das von Meadows als hochkritisch ermittelte Jahrfünfzig von 2020 bis 2070 überleben wird, nicht mörderischer oder selbstmörderischer sich gebärdend, als sie es jetzt bereits tut?

»Tatsächlich zeigen sich solche Symptome schon in vielen Teilen der Welt. Obwohl nur die Hälfte der ... als bebaubares Land berücksichtigten Fläche tatsächlich genutzt wird, müssen zehn bis zwanzig Millionen Menschen jährlich verhungern oder sterben an Folgen von Unterernährung. Ohne jede Frage sind diese Todesfälle durch Unterernährung ... eher Folgen sozialer Begrenzungen innerhalb der Menschheit als physischer Grenzwerte« (Meadows, S. 42 f.). Ja, Meadows konstatiert sogar, »daß die gegenwärtige Art des Wirtschaftswachstums die klaffende Lücke zwischen den reichen und den armen Nationen unaufhaltsam weiter aufreißt«! (Meadows, S. 34)

Von seinem Freunde Paul Ehrlich, dem Scharfmacher gegen die Bevölkerungsbombe, hätte Meadows sogar lernen können, daß selbst in der kritischen Welternährungslage anfangs der siebziger Jahre der durchschnittliche Kalorienbedarf von 2354 cal pro Kopf und Tag durchaus weltweit zu decken gewesen wäre, wenn nur innerhalb und zwischen den Ländern gleichmäßig verteilt werden würde und nicht 10 Prozent Verlust zwischen Erzeugung und Verbrauch aufträten.[39]

Mit Verlaub: Welche Art »schwerer sozialer Spannungen« erwartet der Herr Systemmathematiker noch, um die Wahrscheinlichkeit von Aufruhr und Umwälzungen in sein Kalkül einzubeziehen, wie er es auf Seite 34 seines Berichts immerhin abstrakt ins Auge faßt? Legt nicht jeder Wirtschaftler und Politiker seinem Handeln unablässig Annahmen über solche Schwellenwerte zugrunde?[40]

Daß er sich ein »Auswachsen« des dargestellten Mißstands der Welt mit all seinen mörderischen Ungleichheiten, Ungereimtheiten und Ungerechtigkeiten[41] überhaupt vorstellen kann, dieser Gedankengang stempelt den protestantischen Puritaner Meadows – wider Willen – zum Zyniker. Für den Unvoreingenommenen, der sich seinen lutherischen Zorn bewahrt hat und es ernst meint mit den Menschenrechten und der Weltgemeinschaft, folgt aus der bestür-

---

[39] Unkonventioneller Versuch dazu: Schmundt, Wilhelm, *Revolution und Evolution. Auf dem Weg zu einer Elementarlehre des sozialen Organismus.* Achberg 1973.

[40] Brandt, Heinz, *Nostalgie als Schwellenangst.* In: Technologie und Politik. rororo-Aktuell-Magazin 1, Reinbek, Februar 1975.

[41] Ehrlich, Anne H., und Paul R. Ehrlich, *Bevölkerungswachstum und Umweltkrise.* Frankfurt 1972, S. 19. – Auf diesem gutgemeinten und fleißig zusammengetragenen Reißer, der durchweg Ökonomie und Ökologie verwechselt und von Soziologie überhaupt nichts weiß, fußt Meadows leider weitgehend.

zenden Bestandsaufnahme des Berichts mit Sicherheit nicht Nullwachstum als Handlungsmaxime, sondern Ausgleich und Umverteilung der Nutznießung der Erdschätze.[42] Hierbei markieren die vom MIT-Team errechneten Grenzen, trotz aller Ungewißheit, allerdings sehr ernst zu nehmende Beschränkungen. Ihrer Überwindung oder Abschwächung hätte sich eine Wissenschaft zu verschreiben, die sich nicht als elitäre Weltnabelbeschau, sondern als konstruktive, emanzipierende und antizipierende Gesellschaftsorientierung begreift. Mit allen Mitteln und Möglichkeiten. Die von Meadows aufgezeigte Aufgabe lautet nicht, die kausalen Beziehungen in der Welt vollständiger auszuloten; nicht, die Datenlisten zu vervollständigen oder die Steigerungsraten abstrakt und exakt immer weiter zu variieren. Zu ermitteln ist vielmehr, unter welchen gesellschaftlichen und wirtschaftlichen Organisationsformen reichen die festgestellten Höchst- oder Mindestmengen von Grund- und Rohstoffen bei welcher technologischen Verarbeitung und welcher Art von Nutznießung voraussichtlich aus, um alle Menschen genügend zu versorgen – und zwar ohne auf Kosten künftiger Generationen zu schmarotzen.

Dies ist die Fragestellung, die man von einem Bericht erwarten muß, der die mißliche Lage der Menschheit und ihre Zukunftsaussichten auszumachen unternimmt. Dies ist die Antwort, die Meadows schuldig bleibt. Und die das ehrenwerte Kollegium des »Club of Rome« sich vermutlich nicht einmal eingehender untersucht wünscht. Das ginge den Humanisten denn wohl doch zu weit. Diese Ermittlung liefe auf Umstellungen hinaus, die sie keinesfalls wünschen.

2.4 Zur Weltanschauung des Krisenmanagements

Doch zu Punkt c), der Struktur des Systemmodells. Seine drei Bedingungen setzen nicht weniger voraus, als daß der Chronologie einer (realen) Entwicklung gradlinige Kausalität innewohnt, was Meadows selbst auf Seite 92 seines Buches als die Ausnahme hinstellt. Mutation, Eingriff und Zufall müßten ausgeschlossen sein. Stimmig ist die ganze »Spielerei« nur, wenn der Weltzustand, so wie er ist und entstand, mit eherner Notwendigkeit entstand und gleichsam naturgesetzlich immer und immer wieder aus gleicher Ursache über gleiche Stufen ein gleiches Ergebnis hervorginge. Wahrlich:

---

[42] Überlegungen zu einer Realisierung: Gallis, Marion, *Trade for Justice: Myth or Mandate?* World Council of Churches, Geneva 1972.

Eine extrem deterministische und materialistische Auffassung. Die Welt als Manufakturbetrieb, in dem die Menschheit als Vorarbeiter und Feuerwehr verdingt ist – ganz das Gegenteil von Dynamik und Komplexheit.

Bei aller eingestandenen und zugebilligten Beschränkung auf das für wesentlich Gehaltene setzen diese Strukturannahmen und Schlußfolgerungen eine sichere Kenntnis des Weltganzen und seines Verlaufes voraus. Nichts darf übersehen, nichts ausgelassen sein, was einmal Bedeutung hatte oder haben könnte oder hätte haben können. Was der in die Zukunft projizierte Rückblick übersieht, was der Rückschluß unterschlägt, darf keinesfalls erhebliche Abweichungen, gar Umkehrungen der Entwicklung verursachen können. Wozu dann aber noch der Aufwand der Systemmodellierung, der Szenarios und der Computer-Simulation? Die entscheidenden Aussagen des Resultats stecken bereits in den vorprogrammierten Eingaben. Außerdem: Spricht nicht alle Erkenntnis, die Natur-, Gesellschafts- und Geschichtswissenschaft uns in jüngster Zeit dazugewannen, entschieden gegen diese selbstherrliche Anmaßung eines totalen, enzyklopädisch vollständigen Überblicks über die Weltgeschichte als Menschheitsgeschichte? Widerspricht nicht sogar das Unterfangen der Autoren, der Welt durch Einsicht und Vorsorge ersparen zu wollen, was sie als düsteres Menetekel an die Wand projizieren, dieser deterministischen Grundauffassung ihres Weltentwurfs?

Und andererseits: Bedarf es der Kassandrarufe eines Meadows, um Eingriffe in diesen Ablauf zu bewirken? Eingedenk der Logik der Allmende (s. S. 111) folgert daraus sofort die Frage: Lassen sich diese Einwirkungen hinreichend zentralisieren und koordinieren? Und schließlich: Ist die Auswirkung solcher Eingriffe genauer zu berechnen als die Entwicklung etwa der Wirtschaftskonjunktur? Wenn nicht, wer garantiert uns, daß nicht erst die Planung das Chaos anrichtet, vor dem sie uns zu bewahren vorgibt? Solche Befürchtung ist durchaus nicht aus der Luft gegriffen. Planungsruinen stehen ringsum.

Punkt c) verlangt insgesamt, daß die Welt und die Weltgesellschaft geradezu einen astronomischen Kosmos bilden, in nahezu naturgesetzlicher Stabilität oder Kontinuität befindlich (Meadows, S. 34), in dem keine ungebundenen »Kometen« herumschwirren, kein Vakuum je entsteht, keine Kraftballung dauert, keine Akkumulation stattfindet. Kurz: Die Welt müßte ein geschlossenes System im Gleichgewicht darstellen, und zwar ein rationell-ökonomisches. Alle Gefälle müßten ausgeglichen sein oder umgehend ausgeglichen werden. Kann das auch nur eine sinnvolle, gar eine »wirklichkeitsgetreue« Annahme genannt werden, angesichts des uns umgebenden »Hungers im Überfluß«, des Gefälles von Nord nach Süd, des Gegensatzes zwischen Ost und West – trotz der neuerdings deklarierten friedlichen Koexistenz, ja Kooperation, trotz der wortreich verkündeten Gleichberechtigung und ungeachtet der verheißenen Gleichbehandlung von Nationen und Regionen, Religionen, Schichten und Geschlechtern, Rassen und Klassen?

Hier spukt der Wahrscheinlichkeitssatz der Entropie: Ein geschlossenes System vorausgesetzt, geht danach aus einem Zustand gleichmäßiger Mischung niemals wieder ein Zustand geringerer Mischung, also mit mehr Kontrast oder Polarisierung, hervor:

»Schüttelt man einen Behälter mit vielen weißen und schwarzen Kugeln regellos, so ist die Wahrscheinlichkeit dafür, daß sich alle weißen Kugeln unten und alle schwarzen oben sammeln, verschwindend klein: der wahrscheinlichste Zustand ist die völlige Unordnung (Mischung).«[43]

Das also ist des Pudels Kern: »World Dynamics« und seine Grenzerkundigungen sind der Einschätzung seiner eigenen Mitarbeiter nach ein – Glasperlenspiel. Einverstanden. Ganz ohne Spott: Ein bißchen mehr Fröhlichkeit, mehr Menschlichkeit täte unserer Wissenschaft gewiß gut. Sicherlich würde solche Rückbesinnung auf einstige Leitwerte auch manches Unheil abwenden helfen. Nur sollte man für derart gutgemeinte Exerzitien nicht gleich einen Weltuntergang beschwören; das nimmt einem den Spaß an der Freud. Surrealismus befreit heute nicht mehr, das hat das Theater des Absurden gelehrt: zu unkenntlich mischen sich allenthalben Dichtung, Parodie und Wahrheit; zu vieles von diesen Alpträumen, Wahngebilden und Übersteigerungen wurde wahr. Wir haben de Sades Perversionen nicht nur auf der Bühne vorgeführt bekommen, sondern auch von Stalin und Hitler, auch in Algerien, Kuba, San Domingo, Indochina, Indonesien, Chile, Brasilien, Kongo-Katanga und Nigeria-Biafra, im Sudan, in Äthiopien, Eritrea, Griechenland, Portugal, Angola, Mozambique, Rhodesien, Südafrika – Entschuldigung, wo eigentlich nicht? Amnesty International zählt im Jahresbericht 1975 über 40 Staaten auf, in denen regelmäßig und systematisch gefoltert wird. Solange aber das »Irre« der Pataphysik eines Alfred Jarry[44] sich auch dem Phantasielosen als Pathologie unserer

---

[43] Artikel *Entropie.* In: dtv-Lexikon, München 1966 ff., Bd. 5, S. 134.
[44] Nach Jarry, Alfred, *Heldentaten und Lehren des Dr. Faustroll »Pataphysiker«.* Neowissenschaftlicher Roman. Hrsg. von Klaus Völker, Berlin 1968. (Original: *Gestes et opinions du docteur Faustroll, »pataphysicien«.* Paris 1911.)

Gesellschaft enthüllt, solange Ionesco und Kafka, Arrabal und Muehl lediglich als die Psychoanalytiker unserer Epoche erscheinen, keineswegs als wahnwitzige Amokläufer oder Absurditätenkonstrukteure, solange verschlagen derlei Visionen dem Publikum vollends Atem und Spontanität. Die abschreckende Utopie[45] vermehrt Terror und Angst nur noch, unter denen das Individuum ohnehin schon ohnmächtig[46] leidet; der Schabernack knechtet und verhöhnt die Opfer. Ist das gemeint?

Wer unaufhörliches exponentielles Wachstum in ein um Grenzwertannahmen konstruiertes Modell einfüttert, der kann gar nichts anderes herausbekommen als Zusammenbruch – sonst hätte er falsch gerechnet. Die entscheidende Frage ist damit keineswegs beantwortet: Ob nämlich gleichmäßige Zuwachsraten bei allen fünf zentralen Trendgrößen, über alle Krisenperioden hinweg, eine realistische Annahme darstellen? Gab es das je in der Geschichte? Und wenn: Dauert das an? Und: Wie kommt man aus diesem Teufelskreis heraus? Tut Meadows gut daran, sein Wissen zu unterdrücken, daß eine Variable »zunehmen, abnehmen, konstant bleiben, periodische Schwingungen ausführen oder aber mehrere Arten des Grundverhaltens kombinieren« kann? (Meadows, S. 77)

Statt einer nicht näher untersuchten, auf Ungleichheit aufgebauten Welt gleichermaßen »Nullwachstum« als Allheilmittel zu verordnen, was diesen – durch kein höheres Recht als das der Macht begründeten – Unterschieden Dauer verliehe und Notwendigkeit zuspräche, hätten die Meadows' in ihrem Weltdiagramm zweckmäßiger der Beeinflußbarkeit nicht nur der einzelnen Variablen (so die Zielsetzung, Meadows, S. 35), sondern ihrer Verursachung und Wechselbeziehung nachgespürt, von denen das Resultat des jeweiligen Durchlaufs entscheidend abhängt (Meadows, S. 23 f.): Warum gibt es immer mehr Menschen? Wer oder was ist eigentlich für die ständig vermehrte Warenproduktion verantwortlich und die Bedarfssteigerungen? Wie verhalten sich Kapitalzuwachs und Bevölkerungszuwachs zueinander und – nicht zu vergessen – der Stand und der Fortschritt der Technik? Nicht auf die genauere Erfassung der derzeitigen Steigerungsraten kommt es an, sondern auf die dem

---

[45] Dazu die anregenden Überlegungen des Altmeisters der Futurologie Ossip K. Flechtheim: *Eine Welt oder keine? Beiträge zur Politik, Politologie und Philosophie.* Frankfurt 1964. Darin bes.: ›Utopie, Gegenutopie und Futurologie‹, S. 31–47.

[46] Wichtig: Adler, H. G., *Die Erfahrung der Ohnmacht. Beiträge zur Soziologie unserer Zeit.* Frankfurt 1964; darin bes.: ›Zur Morphologie der Verfolgung‹, S. 176–92; sowie: ›Die Erfahrung der Ohnmacht. Beitrag zu einer Soziologie der Verfolgung‹, S. 193–209.

System innewohnenden Mechanismen, das dem Zuwachs zugrundeliegende »Prinzip« (Meadows, S. 35).

Gelegentlich sollte man den Hinweisen des autoritären Rauschebarts der Kapitalkritik getrost folgen: »Wenn im vollendeten bürgerlichen System jedes ökonomische Verhältnis das andere in der bürgerlich-ökonomischen Form voraussetzt und so jedes Gesetz zugleich Voraussetzung ist«, ergrübelt Marx 1857/58, »so ist das mit jedem organischen System der Fall. Dies organische System selbst hat seine Voraussetzungen, und seine Entwicklung zur Totalität besteht eben (darin), alle Elemente der Gesellschaft sich unterzuordnen, oder die ihm noch fehlenden Organe aus ihr heraus zu schaffen. Es wird so historisch zur Totalität.«[47] Den Menschen tritt es als »sachliche Gewalt«[48] gegenüber.

Dieser Ansatz bietet nicht nur den Vorzug, logischer und tiefschürfender zu sein; es ist auch angemessener. Wenn es um Erkennen und Verstehen, nicht bloß um ein formal stimmiges Erfassen und Zurechtschneiden der wirtschaftlichen Realität für mathematische Rechenoperationen geht, dann ist es sogar das einzig Erfolgversprechende. Nicht zuletzt auch das einzige Vorgehen, das den von der Roßkur Betroffenen wenigstens ein Mitspracherecht und Handlungsspiel über ihr eigenes Schicksal und die Zukunft ihrer Nachkommen einräumt. Wenn die Menschheit sich tatsächlich als unfähig erweisen sollte, bei entsprechenden Krisenanzeichen ihre Vermehrung und ihren Verbrauch zu senken, dann erweist sich damit allerdings auch die Demokratie als eine Illusion, die nicht länger mehr zu dulden wäre. Aber gerade das muß doch wohl erst noch ausprobiert werden!

Natürlich kennen die Team-Mitglieder die Schwächen und Mängel ihrer Zauberei selbst genau. Aber ihr Ergebnisdrang ließ sie alles verstoßen, was ihrem Werk an Selbstkritik und Erkenntnistheorie im Wege stand. Daß die Berichterstatter keine Soziologen sind, macht ihre erfrischende Unbefangenheit aus. Doch sie sind auch schlechte Historiker und gar keine Politiker: daß sie die für ausschlaggebend erkannte soziale Dimension völlig auslassen, empirische Beobachtungen verabsolutieren statt zu hinterfragen und sich bei ihrer Weltabbildung auf die physischen Rahmen der Welt beschränken, macht ihr Fazit als Handlungsanweisung schlichtweg abwegig. Leider.

Der gängigen Entgegnung der Verehrergemeinde: besser falsch

---

[47] Marx, Karl, *Grundrisse der Kritik der politischen Ökonomie*. Berlin (DDR) 1953, S. 189.

[48] Marx, Karl, Marx-Engels-Werke, Bd. 3, Berlin (DDR), S. 33.

vorausrechnen, als gar nicht rechnen und vorsorgen, ist entgegenzuhalten: besser nicht als sicher falsch kalkulieren. Falsche Vorsorgestrategien verschärfen das Chaos nur noch und entziehen den richtigen Ansätzen nicht nur Beachtung, sondern auch die Chance der Finanzierung und Durchsetzung. Von der Milch- und Butterschwemme über die zyklischen Obst- und Weinüberschüsse, die Schweine- und Rinderberge usw. bis hin zu den »Überhängen« des Wohnungsbaus, der Bildungsplanung, des Nahverkehrs und des Tankerbaus reichen die Trümmerhalden kostspieliger öffentlicher Fehlplanungen, hervorgegangen aus überstürzten, selbstverständlich wissenschaftlich abgesicherten Krisentherapien.

Erst die Ausklammerung der sozio-politischen Dimension ermöglicht den weltfremden Zungenschlag vom Boot, in dem wir alle gemeinsam auf Gedeih und Verderb zusammengepfercht sind. Erst die Unterschlagung von Machtgefällen und Marktmechanismen sowie den daraus sich herleitenden Unterschieden des Lebensstandards, kurz, das Absehen (Abstrahieren) von allem, was eben »Welt« heute ausmacht, erlaubt das sterile Pathos vom »Raumschiff Erde«, das uns alle trägt. Der globalen Summierung und Aggregierung aller Tatbestände und Trends zu einer ökologischen Einheitsbilanz menschheitlichen Wirtschaftens entspringt eine falsche Analyse der Ursachen des gegenwärtigen Weltdilemmas und zwangsläufig auch eine sinnlose Therapie. Gelegentliche Nebenbemerkungen und Nachträge vermögen diesen Grundfehler nicht zu berichtigen.

Erst über die politischen und sozialen Folgen führt ein »physischer Grenzwert« zum Kollaps, das wissen auch die Meadows'. Sie erkennen sogar, daß das von ihnen als »Grundverhalten des Weltsystems« ermittelte »exponentielle Wachstum von Bevölkerungszahl und Kapital« (Meadows, S. 129) von »Faktoren wie Völkerfriede und soziale Stabilität, Erziehung und Beschäftigung und stetigem technischen Fortschritt stark beeinflußt« wird (Meadows, S. 36), und daß die »Verhaltensweisen und die Wertmaßstäbe ... mit Sicherheit ... in weitem Umfang revidiert und verändert werden, wenn Bevölkerungs- und Einkommensentwicklung generell fallende Tendenz zeigen.« (Meadows, S. 128) Umgekehrt »kann das Wachstum durch soziale Schwierigkeiten gestoppt werden«, auch wenn Nahrungsmittel, Rohstoffe und biologisch zuträgliche Umweltbedingungen im Überfluß vorhanden sind (Meadows, S. 37). Nur hat das für die angestellten Modelläufe keinerlei Konsequenzen: Meadows geht – bewußt unrealistisch – »von den besten sozialen Bedingungen aus« und warnt: »Das Ergebnis garantiert jedoch nicht, daß das Wachstum tatsächlich so weit gehen wird.« (Mea-

dows, S. 37) Und allgemein: als gültig betrachtet werden könne das Modellverhalten mangels sozialer Annahmen »immer nur bis zu den Punkten, an denen das Wachstum zum Stillstand kommt und die Zusammenbrüche einsetzen« (Meadows, S. 129).
Bescheidenheit ehrt. Doch bringt sie weder die wissenschaftliche Antizipation noch die politische Planung noch die ökonomische Kalkulation einen Schritt weiter. Mich wundert: Was ist das für eine seltsame Logik, welche pauschal die »sozialen Bedingungen« für »ausschlaggebend« erklärt, sie dann aber ausklammert, da sie »sehr schwer festzustellen« und noch viel schwieriger vorauszusagen sind? Weil, respektlos formuliert, das Weltmodell mit ihnen (noch?) nicht klarkommt! (Meadows, s. bes. S. 34, 36, 109, 128 f.) Sie würden obendrein natürlich die suggestive Ästhetik des vorgreifenden »exakten Wissens« in »präziser Form« über »unvollständigen Daten und Informationen« und »unvorhersehbaren Entwicklungen« (Meadows, s. bes. S. 15 f. wie S. 77 ff., 108 ff.) stören, ja zerstören.
Ich frage: Was ist das für ein seltsames Vorgehen, daß sich zur Einsicht bekennt: »Eine Variable kann zunehmen, [oder] abnehmen, [oder] konstant bleiben, [oder] periodische Schwingungen ausführen oder aber mehrere [dieser] Arten des Grundverhaltens kombinieren« (Meadows, S. 77); sich dann aber doch lediglich für ein Grundverhalten, nämlich die gleichbleibenden Steigerungsraten der Zinseszinsakkumulation entscheidet? Für langfristige exponentielle Zuwachsraten also, statt für allmählich abflachende logistische Sättigungskurven, wie sie in jeder empirischen Bedarfsanalyse ermittelt werden (Grenz-Nutzen).
Und schließlich: Wen oder was will Meadows' Bericht eigentlich retten – die Natur der Erde, die Wirtschafts- und Gesellschaftsordnung oder den Fortbestand der Menschheit? Das ist schließlich keineswegs dasselbe, wie ein lässiger Sprachgebrauch tröstlich unterstellt. Die Welt fände ohne Menschen sicherlich leichter und schneller zu einem relativen Gleichgewicht von Regelkreisläufen. Mit dem Menschen verschwände der maßgebliche Protagonist der widervernünftigen Umordnung von der Weltbühne. Die Rettung der Menschheit aber – das kann nicht nachdrücklich genug gesagt werden – verlangt eine Preisgabe der gegenwärtigen Beziehungen und Zielsetzungen in Wirtschaft und Gesellschaft. Wer beide für unantastbar ausgibt, der sanktioniert im selben Atemzug das Sterben und Siechen von Millionen Lebewesen in aller Welt, der hat sich mindestens in einen Vampir und Schreibtischtäter verwandelt, mag er noch so sehr für die Erhaltung keimenden Lebens streiten. Denn

diese Gesellschaft ist heute bereits eine »Selbstmordgesellschaft«.[49] Eine menschliche Gesellschaft, die soziale humane Demokratie, kann heute nur im Aschenputtelkleid dahergehen, wenn es mit rechten Dingen zugeht. Wer den Glimmer nicht lassen kann, der wird auch den Staat als großen Bruder neben und über sich in Kauf nehmen müssen, die Francos und Stalins, die Papa Doc's und Mütter Ghandi. Wo die Verfassung zum Fetisch erhoben wird, ist sie bald nur noch ein Fetzen Papier im Ansturm der Marschkolonnen grölender Prätorianergarden. Wenn aber wirklich die Menschheit Vorrang genießen soll, dann wird ihre Ökonomie sich wohl oder übel mit der Ökologie ihrer Biosphäre arrangieren lernen müssen, will sie überdauern.

Aber nochmals: Wer ist diese Menschheit?

»Die Menschheit hat in der historischen Vergangenheit nie existiert und kann auch in keiner Gegenwart existieren; sie ist eine Idee und ein Ideal der Zukunft als dem notwendigen Horizont für die eschatologische Konzeption einer Universalgeschichte«, erkannte der Geschichtsphilosoph Karl Löwith (Heidelberg) 20 Jahre vor Meadows' Modellverschnitt.[50] So auch hier. Was das Computerprogramm als Menschheit verbucht, in Wirklichkeit ist das ein Gemenge von nicht einmal biologisch völlig gleichgearteten Lebewesen unterschiedlichen Geschlechts, Alters, Wohlstands, verschiedener Religion, Weltanschauung und Lebenserwartung, Nationalität wie Sprache.

Was in aller Welt sollte diese »Population« wohl veranlassen, sich einzuschränken – für gleichzeitig lebende und wieviel weniger noch für künftige Geschlechter? Nächstenliebe? Vernunft? Solidarität? Selbsterhaltungstrieb der Art? – Diese Instanzen funktionierten offensichtlich die gesamte Weltgeschichte hindurch nicht. Und spätestens Christus und die ihm nachfolgten, die Aufklärer aller Zeiten und endlich Kant und Hegel und Marx und Genossen haben es doch wirklich nachdrücklich damit versucht. Meines Wissens sind die Menschen die einzige Spezies, die sich ohne unmittelbaren Zwang in erbitterten Weltkriegen mit allen Regeln der Kunst und der Technik systematisch auszurotten versucht.[51] Und die nach einer beachtlichen Geschichte des Massenmords noch immer mit aller Rationalität

---

[49] Vgl. Taylor, Gordon Rattray, *Das Selbstmordprogramm. Zukunft oder Untergang der Menschheit*. Frankfurt 1971; auch als Fischer Taschenbuch 1369, Frankfurt 1973. (Original: *The Doomsday Book*. London 1970.)

[50] Löwith, Karl, *Weltgeschichte und Heilsgeschehen*. A. a. O., S. 26.

[51] Eine traurige Bilanz, die dennoch nicht als Fatum aufgefaßt werden darf: Schenck, E.-G., *Das menschliche Elend im 20. Jahrhundert. Eine Pathographie der Kriegs-, Hunger- und politischen Katastrophen Europas*. Herford 1965.

und Effektivität daran wirkt, ihre gegenseitige Vernichtung voranzutreiben. Wird Meadows, wird und will der Club of Rome das ändern?

Kurzfristig brachten diese »Feldzug« genannten Vernichtungskampagnen der Menschheit sogar einen erweiterten ökologischen Spielraum. Er wurde jedoch nur zu einem noch vermehrten Wettrennen um neue Wachstumsrekorde genutzt.

Eben diese von Meadows für den Wiederaufbau der letzten Dekaden (seit dem Ersten Weltkrieg nämlich) völlig richtig konstatierte Verhaltensweise schließt für die nächste Zukunft zuverlässig aus, daß sein moralischer Appell an ein nirgends vorhandenes Weltgewissen oder eine nicht feststellbare Weltvernunft irgendeinen Erfolg der gewünschten Art hat. Da hätte er sich denn schon etwas Einleuchtenderes einfallen lassen müssen als das Mitleid mit den ungeborenen Kindern.

Schlußfolgerung dieser ersten Annäherung: Das große Vorhaben steckt allzu schnell und unvermittelt auf die bestehenden Verhältnisse, aufs vorliegende Material zurück. Die Berichterstatter beschränken sich darauf, die unverschuldete Not des Materialmangels und Methodendilemmas zur loberheischenden Tugend umzufrisieren: Künftige, zukunftsträchtige Politik, die geforderte, dringend erforderliche, soll genauso auf den Mut zur Lücke gegründet sein wie die gegenwärtig präparierte mittelfristige und Langzeitplanung.[52] Die Studie über ›Die Grenzen des Wachstums‹ wiederholt den allbekannten Illusionistentrick, aus einem leeren Hut einen quicklebendigen Hasen hervorzuzaubern. Das ist spaßig, aber erschüttert doch nicht den banalen Allerweltsgrundsatz von der Erhaltung der Materie. Aus nichts wird nichts. Wer aus dem Hut einen Hasen holt, so muß pedantisch entgegnet werden, betrügt: Entweder ist es kein Hase, was er herausbekam, oder es war kein Nichts, was er hineintat.

Meadows' Kursbuch in die Zukunft ist ein solcher »fauler« Hase aus einem alten Hut.

3 Mängelrüge
3.1 Die Welt als Totalität

Unübersehbar wird die Kurzschlüssigkeit der Betrachtung im Zusammenhang mit der Technologie. Sie ist die Mittlerin zwischen der

---

[52] Als kritische Analyse: Ronge, Volker, und Günther Schmieg, *Restriktionen politischer Planung*. Fischer Athenäum Taschenbuch 4025, Frankfurt 1973. Exemplarisches Einzelbeispiel: Schmid, Günther, und Dieter Freiburghaus, *Techniken politischer Planung: Vom Marktkalkül zum Plankalkül?* In: Leviathan, Heft 3, Düsseldorf 1974.

sozialen, ökonomischen und ökologischen Sphäre: Die jeweilige Technik übersetzt – und beschränkt – gesellschaftliche Ansprüche in ökonomische Erzeugung und ökologische Belastung. Technik entscheidet grundsätzlich über das praktisch Machbare und seinen Preis. Denn sie bestimmt die Zusammensetzung des Produktionskapitals, sie entscheidet über Kapitalintensität und Arbeitsproduktivität,[53] über den Produktionsausstoß pro Zeiteinheit (Stückzahl) wie über den Mindestumfang, von dem an eine Fertigung rentabel wird (Seriengröße). Umgekehrt erweckt Technik durch neue Erfindungen und Ermöglichungen immer neue Wünsche, ja Bedürfnisse. Der sogenannte technische Fortschritt, die systematische Suche (»Forschung«) und fast automatische Anwendung technologischer »Entwicklungen« ist somit die eigentliche Triebkraft des unbegrenzten wirtschaftlichen Wachstums. Die Anwendung technischer Innovationen – das allerdings wird oft verkannt und von den Technokraten in aller Welt gern verschleiert, wenn sie uns die schier unbegrenzte Erfindungskraft der Technik als Ausweg aus aller Not anpreisen – richtet sich jedoch strikt nach den Profitgesetzen der Kapitalverwertung:

»Der technische Fortschritt verläuft im Rahmen gegebener, monopolistisch verfestigter Kapitaleigentumsstrukturen, das heißt er verläuft sogar relativ kontinuierlich, aber stets weit unterhalb der gegebenen technischen Möglichkeiten und stets verbunden mit Vernichtung von Kapital und Produktivkräften und Vergeudung von gesellschaftlicher Arbeit überhaupt.«[54] Vom »fixen Kapital« her ergeben sich mannigfaltige Einflüsse, die eine technische Umstellung immer schwieriger machen. »Zusammengefaßt kann man sie in der Regel darauf reduzieren, daß die Vernichtung des noch in den alten [Betriebs-]Anlagen gebundenen [Kapital-]Wertes nicht größer sein darf als der mit Hilfe der neuen Technik erzielbare Extraprofit, wenn diese neue Technik eingeführt werden soll.« Schranken für die Entwicklung der Produktivkräfte, können aber auch daraus resultieren, »daß die profitable Ausnutzung moderner Technik von vornherein einen so hohen Vergesellschaftungsgrad der Produktion [und Distribution] voraussetzt, wie er im Rahmen der jeweils gegebenen

---

Exemplarisches Einzelbeispiel: Schmid, Günther, und Dieter Freiburghaus, *Techniken politischer Planung: Vom Marktkalkül zum Plankalkül?* In: Leviathan, Heft 3, Düsseldorf 1974.
[53] Als Übersicht: Mendner, Jürgen H., *Technologische Entwicklung und Arbeitsprozeß. Zur reellen Subsumtion der Arbeit unter das Kapital.* Fischer Taschenbuch 6527, Frankfurt 1975.
[54] Katzenstein, Robert, *Technischer Fortschritt. Kapitalbewegung – Kapitalfixierung.* Berlin 1974, S. III.

Kapitalstrukturen nicht ohne weiteres oder überhaupt nicht herstellbar ist.«[55]

In Meadows' Weltmodell ist Technologie trotz dieser Schlüsselfunktion als Größe überhaupt nicht eingegangen; sie wird lediglich »anhand einiger Beispiele« in sehr verschiedenen Sektoren des Modells gesondert eingespielt (Meadows, S. 117f.). Der grundsätzliche soziale, ökonomische wie ökologische Effekt technischer Innovationen[56] gerät darüber ebenso aus dem Blick (Meadows, S. 132) wie die Abhängigkeit der jeweiligen Wirtschafts- und Gesellschaftsform von technischen und wissenschaftlichen Vorgaben.

»Der technologische Aufwand pro Einwohner in den Städten steigt rapide, sobald eine bestimmte kritische Größe der Stadt überschritten wird. Zum Beispiel sind die Kosten pro Kopf für Wohnungen in Hochhäusern bedeutend höher als die in Häusern normaler Größe. Die Ausgaben für Straßen und andere Verkehrseinrichtungen steigen rapide mit der Zahl der Benutzer. Gleichzeitig steigen die Pro-Kopf-Kosten für andere Einrichtungen und Leistungen, etwa die Verteilung von Nahrungsmitteln und die Müllbeseitigung. Wenn alle Menschen in Dörfern leben würden, entstünden geringe Kosten für die Abwasserreinigung, während sie in Großstadtgebieten erheblich sind, entsprechend der Schadstoffkonzentration der Abwässer. Ganz allgemein kann nur durch eine Dezentralisierung das Wohlbefinden des einzelnen erhöht werden – das aber ist von entscheidender Bedeutung, wenn wir die Lasten verringern wollen, die unsere Sozialsysteme den Ökosystemen aufbürden, die sie [erst] lebensfähig erhalten.«[57]

Die griffige Formel »Weltgüterverbrauch gleich Menschenmenge mal Lebensniveau durch Produktdauer«, also

$$k(g) = \frac{M(m) \times N(e)}{t(p)}$$

greift arg zu kurz. Diese Gleichung reicht weder zur Bestandsaufnahme aus noch zur Bedarfsberechnung. Sie geht der oberflächlichen Sachlogik der durch nichts zu beirrenden Realisten auf den Leim, die den gesellschaftlichen Umständen der Produktion unbesehen eine innere Notwendigkeit zuschreiben. Allein die immer »effektivere« Anpassung der Bedürfnisdeckung an eben diese vorgegebenen Rahmenbedingungen gilt ihnen für vernunftgemäßes Verhalten. Dynamik taucht in solchem Konzept einzig als »Evolution« auf,

---

[55] Katzenstein, Robert, a. a. O., S. 74.
[56] Hierzu nochmals: Illich, Ivan, *Selbstbegrenzung*, a. a. O.
[57] Goldsmith, Edward, und Robert Allen, *Planspiel*, a. a. O. S. 45.

das heißt eine vermeintlich organische Weiterentwicklung des ganz und gar nicht naturwüchsigen Gesellschaftszustands, oder als »Reform«, das heißt eine nachträgliche Umverteilung des gesellschaftlich erarbeiteten Kuchens. Praktisch hat es dabei meist mit einer Vertröstung auf die Zuwächse künftiger Produktion sein Bewenden und eine Verbesserung der öffentlichen Dienstleistungen für die Allgemeinheit oder gezielt für die sozial Schwächeren. Die eigentlich problematischen Produktions- und Verwertungsverhältnisse aber, welche die Menschheit in die Sackgasse führten, werden im Prinzip beibehalten, ja sie erhalten durch solche Kosmetik noch den Heiligenschein der Nächstenliebe, den Rang des unabänderlichen Geschicks.

Tatsächlich schlagen auch in der sozial verbrämten freien Marktwirtschaft die konkreten Siedlungs- und Produktionsformen sowie die Struktur von Eigentumsordnung und Verfügungsgewalt in der ökonomischen wie ökologischen Bilanz weit stärker zu Buch als die Gesamtzahl der Verbraucher und der Lebensstandard als abstrakter Multiplikator, sogar stärker als der Rüstungswettlauf.[58] Am einfachsten läßt sich das mit dem sogenannten »Turmuhreffekt« verdeutlichen: Wenn die – sagen wir – 2000 Bewohner eines Dorfes jederzeit wissen wollen, welche Stunde ihnen geschlagen hat, kann dieses hier nicht weiter zu hinterfragende Bedürfnis auf ganz verschiedene Weise gedeckt werden: entweder durch die Anschaffung von 2000 Armband- oder Taschenuhren mit Kette sowie von etwa ebenso vielen Weckern, Stand- und Wanduhren samt Ersatzteilen, modischem Zubehör und entsprechenden Liefer- und Reparaturdiensten – wobei die Gebrauchsdauer der Uhren vorwiegend durch Mode und nicht etwa durch ihre Lebensdauer (»Qualität«) bestimmt werden dürfte. Derselbe Nutzwert wäre natürlich auch durch vielleicht fünf Turmuhren zu erzielen, ungefähr gleichmäßig über den Ort verstreut, und durch einige zusätzliche gut sichtbare Normaluhren an zentralen Gebäuden und Plätzen.

Dabei kann davon ausgegangen werden, daß hierzulande solche Türme allemal bereits vorhanden sind; und anderswo auch. Der Wecker wiederum ließe sich durch einen gemeinschaftlichen Lebensrhythmus in den Intervallen von Glockengeläut oder Klingelzeichen erübrigen.

Keine Frage, eine solche »Rückkehr« zu dörflich-kommunalen Lebensformen hätte weitreichende soziale und ökonomische Konsequenzen, die gründlich abgewogen werden müssen. Die Schlüsselfrage, die vorrangig zu klären wäre, lautet: Unter welchen Kosten und mit welchen Lasten läßt sich die unablässig zunehmende Hektik

[58] Katzenstein, Robert, a. a. O., S. I.

des »modernen Lebens« zurückdrängen? Wieviel Beweglichkeit wäre für die Reintegration des künstlichen ökonomischen Kreislaufs in den natürlichen ökologischen Regelkreis optimal oder gerade noch verträglich?

Der Zeitrhythmus einer Gesellschaft, die aktive oder reaktive Bündelung des Verhaltens zu kollektiven Zyklen – etwa Öffnungs- und Arbeitszeiten, Urlaubssaison, aber auch Angebots- und Nachfragestöße – gehört zu den einschneidendsten Ausrichtungen eines Sozialverhaltens und seiner wirtschaftlichen Strukturen (»Konjunktur«). In der zermürbenden Enge und dem Gedränge der tagtäglichen rush-hour, im Verkehrschaos an Feiertagen und in Ferienzeiten erfahren wir das hautnah. Wer seinen Ärger darüber in Abhilfevorschlägen, nicht nur in zornig-mäkligen Leserbriefen kanalisiert und dabei etwa auch die Einführung einer Sommerzeit in die Überlegung einbezieht, wird des weitreichenden Diktats der »präparierten Zeit«[59] schnell gewahr werden.

Natürlich können Umorientierungen von Verhalten und Vorstellung weder durch individuelle Ab- oder Umkehr im Stile der Jasperschen Atombombentherapie[60] oder der Marcuseschen großen Verweigerung bewirkt, noch durch deklamatorische Verfügungen von oben geregelt werden, nur durch eine Kulturrevolution, die den meditativen Visionen der Menschheit zu materieller Gewalt und damit zur Legalität und Institutionalisierung verhilft. Denn einheitlich ausgerichtet werden muß es nun einmal, wenn die gewünschte Entlastung der Ökosysteme wirklich erreicht werden soll, so bedenklich das klingt.

Woraus folgt: Der Grad der Vernetzung der verschiedenartigen Systemglieder und Teilbereiche, die soziale Ballung zu Metropolen und Megalopolen, die eher vom Dogma der Modernität[61] als aus dem Überdruck der Massenhaftigkeit entstand (wie gerade die volkreichsten Länder der Erde auffällig beweisen) – das erst entscheidet über die Belastung des Globus durch die jeweilige Bewirtschaftung. Erst die Formen der Besitznahme und Nutznießung durch die Viel-

---

[59] Klaus Müllers *Die präparierte Zeit* (Stuttgart 1972) vermittelt zu diesen fundamentalen Strukturen einen aktuelleren Zugang als Martin Heideggers *Sein und Zeit* (Halle 1927; Tübingen 1953) – obwohl diese Habilitationsschrift nichts von ihrer bahnbrechenden Bedeutung eingebüßt hat; was immer ihr Autor später an politischen oder denkerischen Entgleisungen begangen haben mag.

[60] Jaspers, Karl, *Die Atombombe und die Zukunft des Menschen*. München 1958.

[61] Vgl. neuerdings: Wehler, Hans-Ulrich, *Modernisierungstheorie und Geschichte*. Kleine Vandenhoeck Reihe 1407, Göttingen 1975. – Eine kompakte Einführung in diese Zusammenhänge, die allzu lange einer recht willkürlichen Kulturkritik vorbehalten blieben.

zahl der Erdbewohner, erst diese Multiplikation des Bedarfs durch die Division des Verbrauchs ergibt den Ausschlag dafür, wieviele Güter wie oft zur Befriedigung der vom Lebensstandard gesetzten Bedürfnisse einer Bevölkerung erforderlich sind. Die Ideologie vom autonomen Individuum, die wiederum nicht vom Himmel fiel, sondern systematisch erzeugt oder wider alle inneren Zweifel und besseren Einsichten zementiert wurde, hat zweifellos mehr Wälder vernichtet, mehr Luft verpestet, mehr Gewässer und Populationen und Kulturen abgetötet als alle Konquistadoren und Rekonquistadoren zusammen; auch als die sogenannte Bevölkerungsexplosion im Übergang von der Agrar- zur Industriegesellschaft in den letzten 150 Jahren. Denn noch immer haben die Armen die Kinder und die Reichen Güter und Geld, was gleichermaßen Kaufkraft wie Verfügungsgewalt verkörpert – wohingegen die zahlreichen Kinder armer Proleten meist halbnackt herumstromern.[62] Warum wohl?

Die Meadows wissen das nur zu gut (Meadows, S. 31 ff.); nicht zuletzt aus eigener Anschauung auf einer zeitgemäßen Bildungsreise nach Indien, die sich zu jahrelanger Forschungsarbeit auswuchs – doch sie ziehen nur die fatalistische Konsequenz daraus: Wachstumsstop. Nicht bei der Verringerung des Angebots oder der Bedürfnisverminderung aber sollte die Rückkehr zum Gleichgewicht ansetzen, solange Hunger und Unterversorgung das Schicksal von Millionen bestimmt; sondern bei den asozialen Formen der Produktion und des Verbrauchs – hier, in den wohlhabenden Industriestaaten. Und zuallererst bei der sie emphatisch überglänzenden Werbung, die den Konsumkoller ebenso anregt wie verklärt. Auch sie ist eine Ausprägung von Technik anstelle von Kommunikation. *Marketing* ist das Gebot selbstbetriebenen Überangebots und chronischen Absatzdrucks.

Wie man es auch dreht und wendet – es bleibt dabei: Meadows' Computer irrt. Er ist falsch programmiert. Nicht die nationale oder globale Bevölkerungszahl entscheidet über den Rationalisierungsgrad der Produktion, die Zusammensetzung des Kapitals und den Güterausstoß, sondern jener nie und nimmer frei zu nennende obskure Prozeß, der in idyllischer Sprachregelung immer noch »Markt« geheißen wird. Welche Schönfärberei! In Wahrheit handelt es sich um weltweit ausgetragene Feldzüge, in denen durch wissenschaftlich kalkulierten Einsatz von wissenschaftlich ermittelten Techniken die Ansprüche all dieser autarkiesüchtigen Individuen erst erzeugt und dann hämisch abgespeist werden.

[62] Eingehendere Überlegungen s. in meinem Vorwort: ›Kein Platz für Menschen‹. In: v. Loesch, Heinrich, *Stehplatz für Milliarden*, S. 16 ff.

Wohlgemerkt: Die Entwicklung verläuft längst nicht mehr linear in der Weise, daß Technik der Realisierung von Zielsetzungen und Wunschträumen materielle und finanzielle Schranken entgegenstellt und Erfindergeist darauf sinnt, sie zu überwinden. Die Autonomie des Urhebers ging kaum bemerkt über vom Vernunftwillen schöpferischer Individuen und Gruppen auf die abstrakte Rationalität wirtschaftlicher Technologien und technischer Ökonomieorganisation. Der Prozeß steuert sich weitgehend selbst[63]; doch kommt dabei kein Gleichgewicht, nur eine Lawine zustande. Er häuft fortwährend Entscheidungen an, die jede kommende Generation in ihrem Ermessensspielraum immer weiter einengen. Den letzten in der Kette wird nur noch der Vollzug von Vorbestimmtem und die Wartung der Apparate übrigbleiben. Oder ein Maschinensturm im Vertrauen auf Gott. Wir müssen uns eingestehen: Die Instrumente haben sich zum Herrn aufgeschwungen und knechten ihre Urheber bis zur Selbstentstellung und Selbstverleugnung. Die Legende vom Golem oder vom Zauberlehrling ist Wirklichkeit geworden – und der Meister noch nicht gefunden, der dem Spuk Einhalt zu gebieten vermag. So ist es denn, atavistisch wie eh und je, auch unter Vernunftwesen streng verpönt, über den schlimmen Zustand, der uns umfängt, auch nur leis' zu räsonieren.

3.2 Umrisse einer »Technokratur«

Wir baden heute aus, was andere, frühere uns als Folge ihres Selbstentfaltungsdranges hinterlassen haben: Durch keinerlei Scheu vor Höherem oder Unantastbarem gehemmt, trieb eine geradezu manische Sucht, alles irgend Mögliche zu verwirklichen und möglichst alles mit allem zu kombinieren, eine »Vervielfältigung« der Güter und Formen um jeden Preis voran. Das schuf gigantische Produktionsapparate und bewirkt zugleich die Undurchsichtigkeit und Unübersichtlichkeit von Marken und Märkten. Diversifizierung des Warenausstoßes bei Konzentration des Mitteleinsatzes in Produktion und Distribution heißt auch heute noch die Zauberformel erfolgreichen wirtschaftlichen Wachstums. Was kann dabei anderes herauskommen als immer mehr Chaos und Widersinn?

Vom Trommelfeuer einer zielgenauen, wissenschaftlich ausgetüftelten Publizität unterstützt, vervielfachen Hersteller und Händ-

---

[63] Als durchaus literarische Gesamtschau: Galbraith, John Kenneth, *Die moderne Industriegesellschaft.* Knaur Taschenbuch 219, München 1968. (Original: *The new industrial state.* 1967.)

ler mit verlockenden Angebotspaletten die Konsumbedürfnisse und damit den Leistungsbedarf.[64] Wo unsere Großmütter schlicht zur Kernseife griffen, steht uns heute eine ganze Batterie von Spezialtinkturen zur Wahl, die jeweils nur einen winzigen Wirkungsbereich abdecken. Verblendet hechelt der einzelne einem sich immer wieder entziehenden »Glück« hinterher, nach dem ihn unter dem Druck der Umstände immer dringlicher verlangt.[65] Wenn er diese Jagd je als Wahn durchschaut, dann nützt ihm das kaum mehr; viel eher wird er sich mit mannigfachen Drogen über den Schock dieser späten Erkenntnis hinwegtäuschen.

Nicht Bedarfssättigung, also Befriedigung macht, wie man erfährt und verspürt, Wirtschaften profitabel, sondern Bedürfnisweckung. Das Angebot setzt Standards des Wohlstandes und Wohlverhaltens für jeden Lebensbereich, und das heißt Abhängigkeit, Hörigkeit, Neid und Streit. Der konkurrierende Egoismus der Produzenten überträgt sich durch Werbekampagnen auf die Konsumenten, die als Arbeitnehmer ohnehin alle an diesem Wettkampf um Absatz und Umsatz teilhaben – teilnehmen müssen; die ständig steigenden Lebenshaltungskosten lassen den Rückzug in die Privatsphäre kaum noch zu: Die Ehefrau, vom Wettstreit der Geschlechter seit früher Jugend auf Kosmetik und Mode getrimmt, die sich von Hilfsmitteln individueller Schönheitspflege mittlerweile zum augenfälligen Statussymbol und Prestigezeichen wandelten – auch sie steht längst brav ihren Mann am Fließband wie im Büro, damit der Lebensstandard der Familie über alle Krisen und Konjunkturrückschläge hinweg gehalten, der »Wert« der immer knapperen Freizeit erhöht werden kann. Irgendein Werbefachmann – vermute ich – hat den Frauen sogar eingeredet, daß sie sich durch solche Mannhaftigkeit aus 2000jähriger Sklaverei befreiten, daß Mitarbeit Gleichberechtigung sei.[66] Eine makabre Ausgeburt des KZ-Mottos »Arbeit macht frei«.

---

[64] Statt vieler s. Packard, Vance, *Die geheimen Verführer*. Düsseldorf 1957; auch als Ullstein Buch 402, Frankfurt 1969 (Original: *The hidden persuaders*. 1957); ders., *Die große Verschwendung*. Düsseldorf 1961; auch als Fischer Taschenbuch 580, Frankfurt 1964 (Original: *The Waste Makers*. 1960); ders., *Die wehrlose Gesellschaft*. Düsseldorf 1964; auch als Knaur Taschenbuch 128, München 1966 (Original: *The Naked Society*. 1964). – Grundsätzlich: Habermas, Jürgen, *Wissenschaft und Technik als »Ideologie«*. Frankfurt 1968.

[65] Trotz mancher Einwände gegen das Abgleiten in eine emphatische, die eigene Subjektivität zum Dogma erhebende Kulturkritik: Marcuse, Herbert, *Der eindimensionale Mensch*. Neuwied 1967. – Dazu kritisch: Offe, Claus, *Technik und Eindimensionalität*. In: Habermas, Jürgen (Hrsg.), *Antworten an Herbert Marcuse*. Frankfurt 1968.

[66] Ebenso aufschlußreich wie gelegentlich kurzschlüssig in idealisierender Gegenüberstellung: Menschik, Jutta, *Gleichberechtigung oder Emanzipation? Die Frau im Erwerbsleben der Bundesrepublik*. Fischer Taschenbuch 6507, Frankfurt 1972.

Alle, selbst die Kinder sind eingespannt in die Mühle der Mehrproduktion für mehr Konsum. Verantwortungsgefühl und Dienstleistungsniveau sinken in dieser irreführend »Dienstleistungsgesellschaft« genannten Produktionsphase[67] dabei laufend ab: Es gibt einfach keine Zeit und keine Arbeitskraftreserve mehr, die noch zu mobilisieren wäre.[68] Gesamtgesellschaftliche Verantwortung in der »freien Welt« wird – mehr schlecht als recht – einzig von Außenseitern und Abweichlern wahrgenommen, von Fürsorgern und Seelsorgern, Lehrern und Lehrlingen aller Art sowie von Studenten und Schülern, Naturfreunden und Kriegsdienstverweigerern, vereinzelten Entwicklungshelfern ... Niemand sonst hat freie Zeit dafür übrig, besitzt den erforderlichen Einblick und Überblick, die erforderliche Ausbildung und Ausdrucksgabe. Auch in der Demokratie verwalten verschwindende Minderheiten das allgemeine öffentliche Wohl, vom Bannstrahl herrschender Minderheiten bedroht.

Der Schuldige? Dazu wäre viel zu fragen und einiges zu sagen. Eines jedoch steht fest: Erst die Innovationen der Technik ermöglichten diese Vervielfachung durch Vervielfältigung. Sie treibt die Asozialität und Kommunikationsfeindlichkeit der Wirtschaftsform unablässig weiter voran, seit im »faustischen Pakt« die kunstreichen Traum- und Gedankenspielereien etwa eines Leonardo da Vinci zur systematisch genutzten Produktionskraft umgestaltet wurden.[69]

Das muß genügen, die gesamte Zielrichtung zu kennzeichnen. Innerhalb dieser Gesamttendenz gibt es noch eine Fülle besonderer Zweckausrichtungen. Zum Beispiel:

a) Die *kostspielige Hochleistungsorientierung* forciert Spezialisierung, Zentralisierung und Inflation, während der Nutzenzuwachs laufend sinkt. Da Innovation und Investition genausowenig von gesamtgesellschaftlichen Auflagen oder Kontrollen gelenkt werden wie Produktion und Distribution, steigt die Fremdbestimmung des einzelnen und der Gemeinschaft mit jeder neuen technischen Errungenschaft. Auch die Regierungen und Parlamente, ob gewählt oder eingesetzt, reagieren weitgehend nur auf Daten und Fakten, die ihnen von den Interessenverbänden der Produzenten als Rahmen

---

[67] Siehe Bell, Daniel, *Die nachindustrielle Gesellschaft*. Frankfurt 1975. (Original: *The Coming of the Postindustrial Society*. New York 1973).
[68] Linder, Staffan B., *Warum wir keine Zeit mehr haben. Das Linder-Axiom*. Gütersloh u. a. 1971; auch als Fischer Taschenbuch 1411, Frankfurt 1973. (Original: *The Harried Leisure Class*, New York 1971.)
[69] Vgl. *Leonardo – Künstler, Forscher, Magier*. Frankfurt 1974. Eine Fundgrube für Grübler und Entdecker. – Den seitherigen Strukturwandel zu begründen und zu kalkulieren versucht, zeitgemäß planungsgläubig: Gerhard Mensch, *Das technologische Patt. Innovationen überwinden die Depression*. Frankfurt 1975 (s. auch Fußnote 76).

vorgesetzt werden; eine kommunale Kompetenz existiert nur mehr als Farce.

b) *Elektronische Multimedia,* unangemessen als Kommunikationsmittel bezeichnet, dienen mehrheitlich der Absonderung und Vereinzelung, der Überwachung und Fernsteuerung. Das Fernsehen ersetzt die – schon das Wort mimt Entrüstung – »körperliche« Annäherung und Versammlung immer mehr; es ist das sterile Kleinkino der Kleinfamilie, die sich vor jedweder »Gesellschaft« monologisch in die eigenen vier Wände zurückzieht. Kassette und Schallplatte erübrigen die Zusammenkunft im Konzert, wie das Hauptverkehrsmittel Auto in der Masse den Verkehr eher unterbindet als fördert. Presse-, Radio- und Fernsehpräsentationen treten an die Stelle politischer Versammlungen; die Aussprache vollzieht sich am Telefon oder durch Leserbrief; die Demonstration sinkt zum Dummen-Jungen-Streich, der die »Geschäfte« stört: Einbahnstraßenkultur, Kulturindustrie. Information statt Kommunikation und Wechselbeziehung.

Umgekehrt eröffnen die Multimedien neuartige, fast unausweichliche Kanäle der Gleichschaltung[70] durch intensive propagandistische Berieselung, und dafür werden sie systematisch vervollkommnet.[71] Paul Lazarsfelds Befunde über die Einführung des Rundfunks in den USA[72] und die verschiedenen Analysen der Goebbelschen Propagandaerfolge zeigen, welch ausschlaggebende Rolle die neuen Medien bei der Mobilisierung der Massen für Roosevelts »New Deal« ebenso wie für Hitlers »Drittes Reich« gespielt haben – so verschieden beide sonst auch waren. Die Entsprechungen zur Fernsehdemokratie Kennedys, De Gaulles und Nixons und ... und ... und ... brauchen wohl nicht eigens aufgeführt zu werden. Fazit: Auch die wundersamen, ebenso unvorhersehbaren wie unaufhaltsa-

---

[70] Dieser Ausdruck erscheint mir treffender als Marshall McLuhan's berühmt gewordener Titel: *Die magischen Kanäle.* Düsseldorf 1968; auch als Fischer Taschenbuch 1096, Frankfurt 1970. (Original: *Understanding Media: The Extensions of Man.* New York 1964.)

[71] Statt vieler: Alberts, Jürgen, *Massenpresse als Ideologiefabrik. Am Beispiel »Bild«.* Fischer Athenäum Taschenbuch 4059, Frankfurt 1972. – Dröge, Franz, *Wissen ohne Bewußtsein – Materialien zur Medienanalyse.* Fischer Athenäum Taschenbuch 4009, Frankfurt 1972.

[72] Vgl. auch Bertold Brechts wenig bekannte Rede über die Funktion des Rundfunks: *Der Rundfunk als Kommunikationsapparat.* In: Prokop, Dieter (Hrsg.), *Massenkommunikationsforschung I: Produktion.* Fischer Taschenbuch 6151, S. 31–35, Frankfurt 1972; sowie andere Ausführungen dieser konzentrierten Zusammenstellung. – In Szene setzte Brecht diese Einsichten übrigens mit der Szenenfolge ›Furcht und Elend des Dritten Reiches‹ (1945). Erstaunlich, wie wenige Schriftsteller sonst das Phänomen der Massenmedien in ihrem Werk ernsthaft reflektieren.

men Aufstiege der Männer und gelegentlich auch Frauen, die heutzutage Geschichte, Sensationen und Skandale machen – ohne Technik wären sie undenkbar.

c) Der mutwillig ausgeübte *Konsumzwang*, direkt durch Mode und Normen, indirekt durch Werbung gesteuert, führt zur durchaus unfunktionalen Aufsplitterung und Zusammensetzung von Nutzgütern, zu Sicherheitsrisiken durch Verschleißelemente, zu Umtauschzwängen durch nicht mehr nachgelieferte Ersatz- oder Zubehörteile, zu kostspieligem Verpackungs- und Designglimmer. Jeder zusätzliche Nutzen muß nach dem Profitgesetz, dem auch die Technologie unterworfen ist, immer teurer bezahlt werden.

d) Umgekehrt verweigert und vernichtet Technik *Kommunikations-* und *Emanzipationschancen*[73]. Indem sie den einzelnen wie die Gemeinschaft insgesamt immer neuen und stärkeren Sach-zwängen und Normendrucks ausliefert, schränkt Technik nicht nur die Selbsterfahrung und Selbstbestimmung, die Initiative und Assoziationsfreiheit des Staatsbürgers immer weiter ein; sie erhöht auch laufend die Anforderungen an Konzentration, Kenntnis und Ausbildung und verstärkt damit auch die physische Belastung. Muße fällt nicht nur aus, sie wird verlästert; denn auch das Bewußtsein ist vermarktet, und die Bewußtseinsindustrie befolgt und befördert die industrielle Gesetzmäßigkeit.

e) Technik liefert jedoch nicht bloß die Mittel zur *Fernsteuerung*, *Fremdbestimmung* und *Überwachung*, sie verschuldet weitgehend auch die Umstände und »Problemstellungen«, die den Einsatz solcher Mittel inzwischen tatsächlich immer mehr erfordern: Lärm, Streß und fast ständige Lebensgefahr im unvermeidlichen Verkehr sind unausweichliche Resultate ihrer Allgegenwart, die allenfalls wieder durch Mehreinsatz von Technik (automatische Sicherungen, Schutzausrüstungen, Schalldämpfer, Warnsysteme etc.) in erträglichen Grenzen gehalten werden können.

Kurz: Technik macht, daß wir alle nach Technik süchtig sind. Der homo faber wird immer mehr und immer ausschließlicher ein homo fabricius.

f) Technik *deformiert Mensch* und *Welt;* diese Deformation definiert beide fast total. Durch perfektionistische Ersatzstellung (etwa: Röntgenfoto statt Diagnose[74]), Unter- oder Überbeanspruchung

---

[73] Musterbeispiele: Foltin, Hans-Friedrich, und Gerd Würzberg, *Arbeitswelt im Fernsehen. Versuch einer Programmanalyse.* Köln 1975. – Langer-El Sayed, Ingrid, *Frau und Illustrierte im Kapitalismus.* Köln 1971.
[74] Der Trostbedürftige erbaue sich an: Gall, Manfred W., *Computer verändern die Medizin.* Fischer Taschenbuch 6086, Frankfurt 1971.

der Wahrnehmung tötet sie persönliche Empfindsamkeit und Einfühlungsgabe ab. Die so erzeugte Verunsicherung und Entfremdung ruft nach immer neuen und weiteren technischen Krücken zur Selbstfindung. Im Zeichen ungehemmter wirtschaftlicher Verwertung von allem für fast alle verformt Technik Natur und Kultur, Gesellschaft wie Person zu funktionsgerechten Elementen ihrer Wirkmechanismen. Jede neue Technik dient unweigerlich der Festigung der Technokratur, der höchst konkreten Herrschaft ihrer Vorkämpfer und Wegbereiter, der Experten und Manager[75].

Summa summarum: Wo keine Tabus oder unverrückbare Sinngebungen eine Gesellschaft lenken, wird sie von der Technologie geprägt (und zunehmend »aufgefressen«), die sie anwendet, um sich die Natur, die Gemeinschaft, ihre Kommunikation wie die gesamte Mit- und Umwelt zu unterwerfen[76] – um das Leben zu erleichtern, wie man so schön und tröstlich gedankenlos sagt. Die weisen Chinesen haben diese Einsicht in folgender Lehrgeschichte niedergelegt:

»Ich hörte von meinem Meister, man müsse danach trachten, Taten und Leistungen zu vollbringen und müsse versuchen, mit dem sparsamsten Arbeitsaufwand die größtmöglichen Ergebnisse zu erzielen. Das war die Lehre des Weisen. Doch nun kommt mir plötzlich vor, als hätte ich ganz unrecht.«

So faßt Tsekung im ›Buch vom Tao‹ (57,1) sein Erlebnis auf dem Rückweg von Tschung nach Tschin zusammen. Er hatte unterwegs einen Bauern beobachtet, der seinen Gemüsegarten bearbeitete:

»Er ließ einen Eimer in den Brunnen hinab, zog ihn wieder heraus, ergriff ihn mit der Hand, ging umher und begoß seine Pflanzen. Das alles machte viel Arbeit und brachte nur wenig Erfolg.

›Ich weiß von einer Maschine‹, sagte Tsekung, ›die an einem Tag hundert Felder bewässern kann, Arbeit spart und gute Ergebnisse erzielt. Möchtet Ihr nicht so eine Maschine haben?‹

Der Gärtner sah auf und fragte: ›Wie sieht sie aus?‹ ›Es ist ein hölzernes Gerät, dessen Hebel hinten schwer und vorne leicht ist. Es zieht das Wasser herauf, das dann in stetigem schäumenden Fluß gurgelnd in einen Graben strömt. Die Maschine wird Ziehstange genannt.‹

Das Gesicht des Gärtners änderte plötzlich seinen Ausdruck, er

---

[75] Zur Erhärtung dieser Behauptung: von der Groeben, Hans, und Ernst-Joachim Mestmäcker (Hrsg.), *Verfassung oder Technokratie für Europa? Ziele und Methoden der europäischen Integration.* Fischer Athenäum Taschenbuch 6013, Frankfurt 1974.

[76] Bedenkenswert: Altenpohl, Dieter, *TP. Die Zukunftsformel. Möglichkeiten und Grenzen der Technologie-Planung.* Frankfurt 1975. – Diese Arbeit rückt Gerhard Menschs allzu optimistische Depressionsrezeptur einigermaßen zurecht (s. Fußnote 69).

lachte: ›Ich hörte von meinem Mieter, daß, wer listige Geräte benutzt, auch in seinen Geschäften listig wird und, wer listig in seinen Geschäften ist, der trägt auch List im Herzen. Wenn List im Herzen der Menschen sitzt, dann kam ihm etwas abhanden, und er wird ruhelos darüber. Mit dieser Ruhelosigkeit des Geistes fliegt das Tao fort. Ich wußte wohl von dieser Ziehstange, würde mich aber schämen, sie zu benutzen.‹«

3.3 Angepaßte Technologie – ein Ausweg?

Andererseits – muß das eigens betont werden? – hängen Materialersparnis und Umweltschutz und sogar die Information darüber mindestens ebenso von Technologie, allerdings von andersartigen, schonenden Verfahren ab wie von gesellschaftlichen Voraussetzungen (Organisationen, Legitimationen, Motivationen) und materiellen wie ideellen Vorgaben (Mittel, Normen und Werten, Rechtsgeboten und -verboten nebst Sanktionen).[77]

Selbst in den Brutstätten des »Fortschritts«, den Industriestaaten Europas und seinen überseeischen Ablegern (Nordamerika, Südafrika, Australien, bedingt auch Japan) finden sich diese Erfordernisse eines wirkungsvollen Umweltschutzes gegenwärtig aber nur ansatzweise erfüllt. Vorher müßten sich noch erhebliche Umstellungen und Einstellungsänderungen in Wirtschaft und Gesellschaft durchsetzen. Die Aussichten, die Meadows uns hier vorspielt, sind vorerst völlig trügerisch: »Reduktion des Rohstoffverbrauchs« durch bessere Materialausnutzung und Substitution mittels Kernenergie sowie eine Minderung der Schadstoffrückstände ab 1975 auf »ein Viertel« (Meadows, S. 122 ff.). Doch sind unsere Uranvorräte langfristig ja ebenfalls kaum unbegrenzt! Und der »Durchbruch« mittels Schneller Brüter oder Kernfusion steht vorerst noch in den Sternen.[78] Wenn Meadows wirklich politisch wirken wollte, dann

---

[77] Zum Nachweis dieses Zusammenhanges eindrucksvoll: Wieacker, Franz, *Industriegesellschaft und Privatrechtordnung.* Fischer Athenäum Taschenbuch 6014, Frankfurt 1974; sowie als praktische Probe aufs theoretische Exempel: Rothweiler, Charlotte, *Ein sozialer Rechtsstaat? Steuern, Wirtschaftskriminalität, Bodenspekulation, Mieten.* Reihe Fischer 17, Frankfurt 1971; und: Heilbroner, Robert L., u. a., *Im Namen des Profits – oder: Fahrlässigkeit als Unternehmensprinzip, Berichte zur Wirtschaftskriminalität in den USA.* rororo-aktuell 1650, Reinbek 1973.

Rottleuthner, Hubert, *Rechtswissenschaft als Sozialwissenschaft.* Fischer Taschenbuch 6514, Frankfurt 1973.

[78] Siehe etwa ›Frankfurter Rundschau‹ v. 31. 10. 1975 und die zentralen Referate des Deutschen Atomforums (Bonn) 1975 in Nürnberg, die demnächst gedruckt vorgelegt werden.

hätte er im Schlußbericht wohl nicht nur die immensen Kosten, sondern auch die Bedingungen aufgezeigt, unter denen allein selbst diese immer noch unzureichende Verminderung der Umweltschädigung und der Materialvergeudung in den Industriemetropolen heute zu verwirklichen wäre.[79] Denn es ist ohne Zweifel zwar einfacher und billiger für die Allgemeinheit, Produktionsverfahren abzuändern oder auch ganz einzustellen, als die Umweltschäden des gegenwärtigen Raubbaus nachträglich auch nur aufzufangen. Doch ein solches Kalkül ist ohne den Wirt gemacht: Die »konzertierte Aktion« der Wirtschaft, gleich welcher Eigentumsstruktur, der sich in dieser Angelegenheit brav auch die Arbeitnehmerschaft mit ihren mächtigen Vertretungen zugesellt, dieweil es ihnen um Wahrung des Besitzstandes auch an Arbeitsplätzen geht. Solange nämlich die sogenannten Neben- und Folgekosten industrieller Verarbeitung der Allgemeinheit als Sozialkosten überwälzt werden können,[80] entweder über eine nationale oder kommunale Finanzierung des Umweltschutzes oder durch Preissteigerungen ganzer Branchen oder Dienstleistungen, so lange kräht bei uns kein Hahn nach dieser »Vernunftlösung«.

In den industriesüchtigen Entwicklungsländern schließlich finden sich die Voraussetzungen solcher Wende zum Besseren erst recht nicht:[81] Hier nähme man – nach einem geflügelten Wort aus Indira Gandhis Rede vor der Stockholmer Umweltkonferenz der Vereinten Nationen, Herbst 1972 – gern Gestank, Qualm und Abwässer und all die anderen Formen der Umweltschädigung hin, wenn damit nur mehr Produktion zu erkaufen wäre. Gegenwärtig deutet nämlich nichts auf eine Industrieverlagerung im Weltmaßstab hin. Die Kostenvorteile der sogenannten Billig-Lohnländer fallen beim heutigen und künftigen Stand der Automatisierung kaum mehr ins Gewicht. Außerdem wird der daraus etwa herrührende Standortvorteil aufgehoben durch politische und soziale Unsicherheiten dieser noch wenig durchstrukturierten Staaten und durch die laufend steigenden Kosten des Transports zu den Käufermärkten. Nur wenn die Entwicklungsländer selbst einen erheblichen Kaufkraftzuwachs aufweisen, werden sie vermehrt Industrien anziehen. Doch

---

[79] Stattdessen findet man bei Meadows, S. 150, das lakonische Eingeständnis: »Das Modell sagt nicht aus, wie man diese Werte erreicht. Es zeigt nur eine Kombination erreichbarer Ziele.«

[80] Siehe hierzu die pragmatischen Überlegungen des Umweltprogramms, das der DGB-Bundesausschuß am 6. März 1974 verabschiedet hat.

[81] Beispielhaft: Egger, Kurt, u. a., *Ökologische Probleme ausgewählter Entwicklungsländer*. Schriften der VAD, Bd. 3, Hamburg 1972; sowie: Entwicklungspolitik Materialien, Nr. 33, Juni 1972.

dieser Satz umschreibt weniger eine Entwicklungsstrategie als einen Teufelskreis: Gegenwärtig ist kaum vorstellbar, wodurch die Nachzügler einer hochindustrialisierten Weltgemeinschaft zu Massenkaufkraft kommen sollten, wenn nicht durch Industrialisierung oder Raub. Doch für beide Auswege fehlt es ihnen an Machtmitteln, eben an Technik und Industrie. Wird die entschlüsselte Atombombenformel, werden billige, einfach herstellbare und leicht zu transportierende biologische Waffen das demnächst ändern?

Ein anderes Verhängnis steht mit Sicherheit ins Haus: Je mehr die industrielle Verheerung der Welt sich sogar ohne Industrieverlagerung ausbreitet – und wir wissen, daß auch Grönland, die Wüsten und die Polargebiete nicht mehr davon verschont sind[82] – je mehr die übrige Welt wirklich mit denselben Nöten und Engpässen zu schaffen bekommt wie die westlichen Vorreiter, ohne jedoch die Vorteile dieser ökologischen Umwälzungen zu erlangen, desto mehr ergibt sich daraus eine zusätzliche politische und ökonomische Belastung: Die Dritte, vor allem aber die allerärmste Vierte Welt[83], müßten dann für Vorsorge- und Schutzmaßnahmen aufkommen, deretwegen sie immer teurere Spitzentechnologien aus den Industriestaaten in West und Ost zu importieren hätten, während ihre eigenen wenig bearbeiteten Produkte und gering entwickelten Produktionsmittel auf dem Weltmarkt noch weiter im Tauschwert fielen ... Hier zeichnen sich die Klassenkämpfe der Zukunft ab.[84] Irgendwann – in absehbarer Zeit! – wird der Hinterhof sich nicht länger dreinfinden, das Rohstofflager und die Müllhalde für die Herrschaften abzugeben. Die neue Weltwirtschaftsordnung, gefordert von mehr als zwei Drittel der ca. 150 in der UNO vereinten Nationen, ist ein sehr ernst zu nehmendes Signal, gerade weil die Forderungen altbekannt sind.

Derzeit sind alle Investitionen, die in Entwicklungsländern getätigt werden, durchweg auf eine vermehrte Verarbeitung von Umwelt, Energie und Rohstoffen gerichtet – bei immer stärkerer Freisetzung von Arbeitskräften.[85] Da predigt Kassandra Donella Mea-

---

[82] Siehe etwa die von Meadows, S. 71 f. angeführten Daten nach Patterson, C. C., und J. D. Salvia, *Lead in the Modern Environment*. In: Scientist and Citizen, April 1968; ebenfalls Meadows, S. 68, Abb. 21, »Bleiverbindungen auf dem grönländischen Inlandeis«.

[83] Zur Begriffserklärung und Sachlage: Fritsch, Bruno, *Die vierte Welt. Modell einer neuen Wirklichkeit*. Stuttgart 1970; auch als dtv-Taschenbuch 929, München 1973.

[84] Zur Einübung in diese Zukunftsaussichten: Widmaier, Hans Peter (Hrsg.), *Politische Ökonomie des Wohlfahrtsstaates*. Fischer Athenäum Taschenbuch 5007, Frankfurt 1974.

[85] Vgl. hierzu die Arbeitsbeschaffungsprogramme, welche die Internationale Arbeitsorganisation ILO in Genf für verschiedene Entwicklungsländer beispielhaft erarbeitet hat: etwa Kolumbien, Tansania usw.

dows erst recht tauben Ohren. Kein Wunder! Die Sorgen und Nöte der Menschheit sind eben nicht gleich, was immer man angeht und wie immer man es auch angeht. Sie hängen davon ab, in welchem Teil der Welt man sitzt – in West, Ost oder Süd; und aus welcher Lage man die Welt betrachtet – aus der Vogel- oder Froschperspektive, aus efeuumranktem Elfenbeinturm oder aus der Lehmhütte eines indischen Paria. Eben deshalb ist es so schwer und auch unsinnig, alle Welt auf ein- und dasselbe Kursbuch verpflichten zu wollen. Daß bei den sich überlegen und eingeweiht Dünkenden diese Einsicht immer noch fehlt, gehört zu den bedenklichsten Krisenelementen der prekären Weltlage heute.

4 Exkurs: Soziales als Kategorie und Korrektiv

Doch mit bissigen Aperçus ist es nicht getan: Soziologie, wo sie ihr Metier ernst nimmt, wird sich dieses Unbehagens annehmen, seinen Ursachen nachgehen, anstatt es selbstgerecht zu verlästern. Vermutlich treffen in dieser Ablehnung zwei ganz ungleiche Gründe zusammen.

Einmal die höchst berechtigte und bedenkenswerte Besorgnis der sich nicht zu Unrecht höheren unzugänglichen Mächten ausgeliefert fühlenden »einfachen Leute«, jede weitere Verfeinerung des Instrumentariums, den Menschen in seinem Lebensraum zu erfassen, werde eine immer weitere Einengung seines Spielraumes zur Folge haben. Das ist wahrlich nicht von der Hand zu weisen, solange man im Zeichen totaler Herrschaftsansprüche realistisch davon auszugehen hat, daß alles Wissen denen zumindest auch nutzbar wird, die über Macht, Geld und Vorrichtungen genug verfügen, es sich anzueignen, soweit sie es nicht überhaupt selbst herstellen oder bestellen – so wie der Generalstab des »Club of Rome«, ausgehalten von den finanzkräftigsten Industriestiftungen der »freien« Welt (Ford, Rockefeller, VW, Fiat), seinen Lagebericht bei der Denkfabrik des MIT in Auftrag gab.

Tatsächlich hat Wissenschaft sich viel zu lange um ihre gesellschaftlichen Aufgaben zu wenig, dafür um die Nöte und Wünsche ihrer Auftraggeber allzusehr gekümmert – die Soziologie keineswegs ausgenommen. Doch gerade die beiden Großeinsätze, die zu ihrem fatalsten Fußfall vor den Mächtigen hatten werden sollen, erwiesen sich als eine Wasserscheide: das »Camelot« – Projekt[86] zur

---

[86] Für den Uneingeweihten: Lechner, Norbert, *Sozialwissenschaftliches Krisenmanagement in Lateinamerika*. In: Danckwerts, Dankwart, u. a., *Die Sozialwissenschaften in der Strategie der Entwicklungspolitik*. Edition Suhrkamp 411, Frankfurt 1970.

Erarbeitung eines »Befriedungs«programmes gegen die Selbstbestimmungsbewegungen in Lateinamerika; und wenig später das »Cambridge«-Projekt, mit dem das US-Verteidigungsministerium sich die vereinigte Eierkopfelite von Harvard und MIT für 8 Millionen Dollar einkaufte, um die Verwendung von Computern für neuartige Erhebungen im Interesse der vorgeblichen nationalen Sicherheit zu erlernen – durch Errichtung von Datenbanken über die sogenannten radikalen Bewegungen der USA, aber auch durch systematische Aufschlüsselung von Interviews mit kriegsgefangenen Vietcongs und die Aufbereitung von Methoden, um die Landbevölkerung der großen weiten Welt patriotischer zu machen[87].

Solche Ansinnen, wenn sie obendrein gut bezahlt sind, rütteln auch den Gutgläubigsten wach. Auf die eine oder andere Weise. Heute stehen wenigstens einige Soziologen auf seiten der Unterdrückten, Ohnmächtigen und Sprachlosen; nicht bloß als kritische Schreibtisch-Theoretiker entinnerlichter Wehleidigkeit über den Untergang bürgerlicher Individualität, sondern als praktische Parteigänger und militante Planer des Umbruchs, einer Konfliktstrategie zur humanen Ausstattung der Welt, einer Rückbesinnung auf die verdrängten erhabenen Leitwerte des liberalen bürgerlichen Nationalstaates.

Eben das hat sie vollends in Verruf gebracht. Die Mächtigen, die sich bis dato ihrer still bedienten und – selbstverständlich – noch immer zu bedienen wissen, verketzern die unbotmäßigen Diener jetzt laut als ebenso aufwendigen wie elitären und nutzlosen Nabel- und Eingeweidebeschauer. Was hat ihr Mäkeln schon geändert? – tönt es nun streng und hämisch. Die richtige Frage lautet natürlich: Wie anders stünde es um diese industrielle Massengesellschaft, wenn keine kritische Gesellschaftswissenschaft und keine Sozialkunde, gelegentlich wenigstens, als Kontrollinstanz und Störfaktor funktionierte? Wenn Psychologie und Ökonomie, Soziologie und Politologie und Kommunikationswissenschaft sich nicht auf den ihnen überwälzten gesamtgesellschaftlichen Auftrag besonnen und eingelassen hätten, der vom Wissenden eben mehr verlangt als zutreffende Analysen unerfreulicher Zustände? Nämlich: Widerspruch und Widerstand, Gegenentwürfe und Handlungsmodelle, Vorschau und nicht zuletzt den Mut zu Experiment und persönlichem Engagement.

[87] Außerdem verschiedene Studien von UNITAR (New York) zur Funktion der Wissenschaft und des Wissenschaftleraustausches bzw. -flusses (brain drain). Zur gesellschaftlichen Rolle in der BRD siehe etwa: Kleemann, Susanne, *Zur sozialwissenschaftlichen Forschung über Studentenunruhen*. In: Kürbiskern 1, München 1970. – Ich folge der Selbstdarstellung in der Broschüre *Relevance to Sponsor*, Harvard University, Boston o. J.

Das Unbehagen an der Soziologie entsteht demnach aus einem seltsamen Zusammenspiel der Gegenspieler: der Uninformiertheit der Betroffenen, die sich der kritischen Beobachtung doppelt ausgeliefert wähnen, und – andererseits – der einschüchternden Gegenpropaganda der Mächtigen, die sich in ihrer Freiherrlichkeit gestört fühlen. Und das im sich verschärfenden Kampf um die Zukunft des Menschen, das heißt die Gestaltung der Weltgesellschaft.

Diesen Tatbestand in ein bedauerliches und erfreuliches Element zerlegen zu wollen, wäre verfehlt: Beide gehören zusammen als die Seiten derselben Medaille. Sie würden erst zusammenfallen, wenn der kritischen Theorie ihr »Gegenvorschlag« vollend gelänge: Wenn der Unterschied zwischen Ideal und Praxis, zwischen Ideologie und Erfahrung, Freiheit und Notwendigkeit, Macht und Gegenmacht, zwischen Oben und Unten in sich zusammenbräche, hinfällig würde.

Das wird er nicht, wahrlich nicht. Da ist der Widerstand der Tatsachen, das Trägheitsgesetz davor. Doch lehrt uns Soziologie beispielsweise, daß die Kräfteverteilung sich verbessern läßt, die Transparenz von Strukturen, die Funktionalität und Mobilität von Institutionen ebenso wie die Einflußchance auf Entscheidungen, der Druck gegen die Bedrängnis von Macht und Zwang und all die höchst legalen Sanktionen wenig legitimer Herrschaft, die auch da noch das Strafrecht auf ihrer Seite hat, wo sie Verfassung und Menschenrechtskonventionen mit Füßen tritt.

In der Verfemung der Soziologie als eigentlicher Gesellschaftswissenschaft steckt, so besehen, nicht zuletzt die Anerkennung ihrer Eigenart und Wirksamkeit. Soziologie erweist sich nicht darin als Wissenschaft, daß sie zwischen Geschichte, Ökonomie, Politologie und Psychologie ein noch unbeackertes Feld, eben die Gesellschaft, ausmacht und sich durch unbestrittene Sprachregelung als Claim gutschreiben läßt, sondern durch eine dem »Gegenstand« angemessene Methode, eine zutreffende Er- und Begründungsweise. Nicht die Beschäftigung mit »Sozialem«, vielmehr ihr »Logos«, ein ihr eigentümliches Erkenntnisinteresse, ein eigener Begründungszusammenhang macht Soziologie zur Wissenschaft. Diese eigene Logik der Sozialwissenschaften wurde – verkürzt gesagt – durch Georg Simmel und Max Weber angestoßen und in dem dreiviertel Jahrhundert seither voll entfaltet[88].

Zu den Grunderkenntnissen der Soziologie als kritischer Gesell-

---

[88] Statt zahlloser: Habermas, Jürgen, *Zur Logik der Sozialwissenschaften*. Frankfurt 1967/70. – Topitsch, Ernst (Hrsg.), *Logik der Sozialwissenschaften*. Köln 1970. = Neue Wissenschaftliche Bibliothek, Bd. 6.

schaftswissenschaft gehört die Entdeckung, daß gesellschaftlicher Wandel[89] vorwiegend nicht in geradlinigen Kettenreaktionen abläuft, wie etwa beim Dominospiel, sondern als kumulativer Prozeß zirkulärer Verursachung vor sich geht (Gunnar Myrdal). Das so scheinheilig »frei« genannte Spiel der Kräfte führt allenthalben zur Unfreiheit – im Markt wie im Weltgerangel. Es gleicht nicht aus, sondern bewirkt mit zunehmender Geschwindigkeit Ungleichheit, Gegensätze und Verzerrung, Polarisierung, Stratifizierung (Schichtung), Marginalisierung. Das Lebenswerk des großen »Liberalen« Gunnar Myrdal, der seinen Rang inzwischen durch den Nobelpreis für Wirtschaftswissenschaften (1973) bestätigt bekam, belegte analytisch wie empirisch unablässig, was aus Marxens Mund allenfalls als Blasphemie empfangen wurde: die Freiheit zur Selbststeuerung für die wirtschaftliche Basis, unsere vielgeliebte Markt- und Wunderwirtschaft, so wie sie heute im Zeichen staatlicher Konjunkturfürsorge freihändig interpretiert wird, führt zur Behinderung, schließlich zur Aushöhlung jener Freiheit der menschlichen Selbstentfaltung, die materiell zu ermöglichen, die Wirtschaft soviel Freiheitsspiel zugestanden bekam.[90] Anders gesagt: Die freigelassene Wirtschaft zieht der Gesellschaft ihrerseits so enge Rahmenrichtlinien, daß deren demokratische Ordnung schließlich nichts anderes mehr darstellt, als die bestmögliche Marktordnung für den Kapitalerwerb. Der Staat, das Reich der Freiheit in Friede, pervertiert zum Konsumparadies, zur »formierten Gesellschaft«. Wer diesen Mißstand ändern will, wird ohne Plan, ohne verschärfte Steuerung und systematische Lenkungseingriffe, allein schon zur Sicherung von Arbeitsplätzen und Investitionen, nicht auskommen.[91] Er wird den Wettbewerb einerseits rigoros durchzusetzen haben, wo er in freier Selbstbestimmung abgeschafft wurde (Kartell, Trust, Marktabsprache usw.), und ihn zugleich durch Rahmenregelungen zurückstutzen müssen. Ungezügelt führt Freiheit immer nur zur Vo-

---

[89] Als Übersicht: Zapf, Wolfgang (Hrsg.), *Theorien des sozialen Wandels*. Köln 1970 = Neue Wissenschaftliche Bibliothek. Bd. 31.

[90] Etwa: Myrdal, Gunnar, *Ökonomische Theorie und unterentwickelte Regionen*. Fischer Taschenbuch 6243, Frankfurt 1974. (Original: *Economic Theory and Underveloped Regions*. London 1956.)

[91] Engagierte Stellungnahmen: Meißner, Werner, *Investitionslenkung*. Fischer Athenäum Taschenbuch 5016, Frankfurt 1974; Krüper, Manfred (Hrsg.), *Investitionskontrolle gegen die Konzerne?* rororo-aktuell 1767, Reinbek 1974. – Selbst der um Ausgewogenheit und Neutralität bemühte Bericht der UN fordert schärfere Kontrollen, zumindest über die multinationalen Konzerne: (Ed.) UN-Dept. of Economic and Social Affairs (ECOSOC), *Multinational Corporations in World Development*. New York 1973 (ST/ECA/190).

gelfreiheit der vielen und zum Nutzen der wenigen, zur Desintegration also: Privatisierung der Gewinne, Vergesellschaftung der Lasten. In unserem fortgeschrittenen Stadium des Marsches in den Untergang verlangt Zukunft nachgerade die Quadratur des Teufelskreises: die Erhaltung »persönlicher Interessiertheit« bei strikter Beschränkung der Chancen zur »persönlichen Bereicherung«.

5 Der Vorgriff auf Zukunft
5.1 *Vorsorge als Befreiung*

Was folgt aus dieser Besinnung auf die Konzeption der System-Analyse?

Die Einsicht in ihre Fragwürdigkeit. Ihre Logik ist die Beliebtheit eines Gedankenexperiments.

Die Weltgesellschaft verhält sich eben gerade *nicht* gemäß dem Entropiesatz[92] – sei es, daß die bewußtlos funktionierenden Naturgesetze in der von Menschen mit richtigem oder falschem Bewußtsein geprägten Gesellschaft nicht gelten; sei es, daß die entscheidende Voraussetzung der Analogie fehlt: Weder Welt noch Gesellschaft bilden ein »geschlossenes« System.

1. Für die *Welt,* den Lebensraum des Menschen, gilt das zumindest solange, wie das Ausmaß des menschlichen Zugriffs, buchstäblich die Höhe und Tiefe seiner Biosphäre (noch?) nicht ein für alle Male feststeht. Nur Jules Verne und seine geistigen Vorfahren und Nachkommen stießen bisher zum innersten Kern der Erde vor. Aber Meeres- und Höhlenforscher, Gipfel»stürme« und Tiefenbohrungen, Weltraumfahrt und Wetterkunde haben gerade in den Jahrzehnten nach dem letzten heißen Weltkrieg die menschliche Lebenssphäre ins vorher Unvorstellbare hinausgeschoben: Meeresboden, Tiefsee, Polkappen, Berggipfel, künstliche und natürliche Erdtrabanten gehören neuerdings zum Siedlungsraum des Menschen – soweit er über entsprechende Technologie, Kapital und Materialien verfügt. Gottvertrauen und Wagemut vormaliger Expeditionen ins Unbekannte sind abgelöst durch das wissenschaflich-technische Kalkül des expansiven Kapitaleinsatzes. Es hat unleugbar seine Blindfelder, die ihm selbst nicht erschließbar sind. Diese quantitative Ausdehnung des menschlichen Siedlungsbereichs aber ist mindestens ebenso bedeutsam wie der qualitative Nutzenzuwachs durch Intensivierung der Bearbeitung von Naturvorkommen (wie Produktivitätssteigerung oder Abfallaufbereitung).

[92] Allmende. Siehe Garrett Hardins Ausführungen S. 111.

2. Die *Gesellschaft* bildet ebenfalls keine stabilisierte Harmonie, solange ihren »Bestandteilen« – Personen, Gruppen und Nationen – durch Wissenschaft und Technik, durch Reflexion und Meditation, Kunst und Zwang immer von neuem unerwartete »Leistungen« gelingen, unvorhersagbar und unvorhersehbar, welche die prinzipiell vermutbaren Grenzen immer wieder hinausschieben und immer weitere, noch schärfere Unterschiede schaffen. Wo Meere getrocknet, Berge versetzt oder unterhöhlt, Flüsse reguliert, Wüsten bewässert und Eis bewohnt wird, wo umgekehrt aber auch Völker durch »aktive Befriedung« vertilgt werden (»Genocid«), wo Wälder entlaubt und Grünflächen vernichtet, Luft und Wasser verseucht, Böden verwüstet, ausgelaugt oder zersiedelt werden (»Terracid«), da läßt sich schlüssig nicht auf einen datierbaren Schluß der Entwicklung schließen.

Noch immer spricht einige Wahrscheinlichkeit dafür, daß uns Verhängnis eher aus dem Fehlkalkül eines Planers oder dem Triumph eines Strategen als aus einer planlosen Entwicklung droht; aus Verweigerung oder Fehleinsatz von durchaus vorhandenem Kapital eher als aus Kapitalmangel. Am Tag vor der Sintflut wird der Bau der Arche ruhen, weil man sich mit Noah über die Entlohnung der Arbeiter und die Preise des Baumaterials nicht wird einigen können. Dies vorauszusehen braucht es keine Computer-Simulation, und sie bietet auch kein Heilmittel dawider.

Solche Einwände wollen keineswegs nahelegen, daß wir uns um die Grenzen unseres Lebenszeitraumes (hier paßt der Doppelbegriff buchstäblich) nicht zu kümmern hätten. Im Gegenteil. Sie wollen die Fragestellung vielmehr in einen realistischen Rahmen stellen und das Vertrauen in die weltfremden Prophezeiungen untergraben. Die sind vom Übel, ob sie nun baldigen Untergang durch Krebswucherung oder ewigen Fortgang des Fortschritts verkünden. So oder so verstellen sie die Einsicht in die Gegenwart wie die Vorausschau in die Zukunft, ihre Vorbereitung und damit ihr Eintreffen. Sie erlegen uns die falsche Vorsorge auf, leiten unsere Suche auf Holz- und Abwege. Das wird noch zu beweisen sein bei der Bewertung der Strategie des Berichts.

Zukunft fällt einem nicht automatisch zu. Zukunft braucht Platz. Dafür schafft sie Luft, einen Freiraum, wo sich leben läßt. Wo alles festgestellt, festgelegt, festgefahren oder festgeschrieben ist, da trifft sie nicht mehr ein. Da herrscht Kasernendisziplin, Friedhofsstille.

Wir brauchen Zukunft. Erst ihre Ankunft befreit uns aus dem Griff der Vergangenheit. Erst die Erledigung, die »Bewältigung« der Vergangenheit verhilft zur Gegenwart. Nur eine zur Tradition bereinigte Vergangenheit und eine bereitwillig aufgenommene Zukunft ergeben jene Daseinsfülle, nach der alles Bewußtsein so sehnsüchtig verlangt.[93]

Wenn nicht alles trügt, dann schweben wir gegenwärtig zwischen den Zeiten einher. Erdrückt von unerledigter Vergangenheit, verwirrt von einer undurchsichtigen widerspenstigen Gegenwart, vertröstet auf eine immer weiter sich entfernende Zukunft, mit der wir dennoch unverdrossen herumhantieren, als verfügten wir bereits über sie und nicht allenfalls sie über uns. Auf der Suche nach einer menschenwürdigen Daseinsform irren wir – von den Unterlassungen der Väter getrieben; Überfälliges angehend, Zukünftiges vorwegnehmend, unsere Tradition suchend, zerrinnt uns die Gegenwart. Blindlings stolpern wir dem Gerücht mehr als dem Gesicht von Zukunft hinterdrein, jener Utopie des »Sonnenstaates«, die sich nun schon seit Jahrhunderten verweigert.

Inzwischen ist das Ziel fast verdrängt. Die Kunde vom Reich der Freiheit in Brüderlichkeit verpönt. Bildungsgut – Romantik – Sentimentalität: fort mit dem unnützen Balast!

Aber was dann? Welche Zukunft kommt hinter dieser, die wir gutbürgerlichen Aufklärer in klassischem Geist nie fanden? Eben weil sie nur literarisch angegangen anstatt praktisch gesucht wurde, weil sie ein »Weg nach innen« (Novalis) blieb, statt Verwirklichung nach außen zu werden, Gesellschaftskonzeption. Wollen wir Dichter, Philosophen, Prediger und Propheten dafür tadeln, daß sie die Gegenwart an dem maßen, was die Vergangenheit von ihr als Zukunft verhieß? Sollen wir sie schmähen, daß sie uns überliefern, was bürgerliche Aufklärung sich einst zum Ziel setzte? Wollen wir es beim stillen Dank belassen, daß sie damit unser Denken, unsere Träume anregen?

Oder werden wir endlich ernst damit machen, diese Zukunft herunterzuholen aus den Sternen, sie auf den Boden der Tatsachen zu stellen und eben diese Tatsachen zu ändern, wenn sie sich mit dem Wunschbild nicht vertragen? Statt Hochrechnung – Abrechnung.

Solche Erwägungen klingen heikel, ich weiß wohl, und setzen sich obendrein der Mißdeutung aus. Als Hinweis haben sie nur soviel Wert, wie entschlossene Praxis hinter ihnen steckt oder durch sie

[93] Nachträglich wiedergefunden: Benjamin, Walter, *Geschichtsphilosophische Themen*. In: Benjamin, Walter, *Zur Kritik der Gewalt und andere Aufsätze*. Edition Suhrkamp 103, Frankfurt 1971; außerdem: Löwith, Karl, *Weltgeschichte und Heilsgeschehen*. A. a. O. Neuerdings aus eher konservativer Sicht u. a.: Lübbe, Hermann, *Die Deutschen suchen eine neue Vergangenheit*. In: Kaltenbrunner, G.-Kl. (Hrsg.), *Die Zukunft der Vergangenheit. Lebendige Geschichte – klagende Historiker*. Herderbücher 9508, Freiburg 1975, S. 100–104.

angeregt wird. Darüber ist im Rahmen dieser Erwiderung schwerlich zu befinden. Eines aber muß klargestellt sein: Vollends Opfer der Geschichte, die wider Willen die unsere ist, würden wir – und zwar schon jetzt, wenn wir uns nun auch noch durch Projektionen dieser dürftigen, nicht vergehenden Vergangenheit das Fenster zur Zukunft vernageln ließen. Das machte die Finsternis in unserer Höhle undurchschaubar und damit unüberwindlich. Dieser »Ausweg« garantiert, daß wir die Zukunft nie mehr finden, sogar vergessen, daß wir sie suchen; daß wir verdrängen, wie mangelhaft dieser Schwebezustand im nicht genossenen Überfluß ist; verkennen, wie sehr wir selbst von ihm bereits entstellt sind.

Doch, natürlich, auch dieser Ausgang hat Methode, seine Tradition und seine Befürworter: Wenn dein Kopf dich ärgert, schlag ihn doch ab! Wo das Herz nicht mitspielt, reiß es halt heraus!

Konkret: Wenn die ökologischen Grenzen dieser Welt kein weiteres Wachstum mehr zulassen, dann sollten wir, bevor wir zur Notbremse greifen und auszusteigen versuchen, doch wenigstens die beiden anderen logischen Möglichkeiten erproben: eine Wirtschafts- und Gesellschaftsordnung zu schaffen, in der ein derart mörderisches Wachstum überflüssig wäre oder eine Wirtschafts- und Gesellschaftsordnung, die uns das benötigte rasante Wachstum bereitzustellen vermag, ohne die Welt gleich aus den Angeln zu heben – etwa durch neue materialsparende, umweltschonende Technologien, durch Umlenkung der Kapitalströme, Abstellen des eingeplanten Verschleißes, gleichmäßige Verteilung der Nutzenfunktionen.[94] Verhindert werden muß jedenfalls, daß Krisenmanagement uns das Wachstum beschränkt, aber all die Gründe ungeschoren läßt, die uns so wachstumssüchtig machen: angefangen bei der Werbung über den täglichen Leistungsdruck, die Kommunikationslosigkeit, die Demütigungen in Betrieben und Ämtern, die aggressive Unwirtlichkeit in den gesellschaftlichen Ballungszentren, den Ausschluß von allen lebenswichtigen Entscheidungen, die Todesängste – eben das Leben im Rhythmus totaler Entfremdung, in der Aufstieg und Zuwachs als einziger Ausweg sich anbieten, unleugbar jedenfalls vorübergehend Entlastung bringen. Bevor jemand sich daran macht, diesen »Wachstumsrausch« abzustellen, müssen seine Ursachen geklärt sein. Sonst predigen die Propheten tauben Ohren. Und die Pioniere werden einsam bleiben.

---

[94] Ein Ansatz, der weiter zu verfolgen wäre: Hartfield, Günter, *Wirtschaftliche und soziale Rationalität*. Stuttgart 1968. – Anregungen in: Laudan, Peter (Hrsg.), *Genießen – Regieren – Verteilen*. Gelnhausen 1970.

5.2 Zum Zukunftsentwurf des Club of Rome und seinem Realitätsverständnis

Meadows' Weltanschauung betreibt schlimmsten Vulgärmarxismus: Menschliches Gesellschaftsleben steht in seinem Weltmodell unter dem Diktat der Wirtschaft, die, statt als Subsystem die Gesellschaft mit Lebensgütern zu versorgen, ihr das eigene Gesetz aufzwingt und gebieterisch die Stellung von Abnehmern und Arbeitskräften verlangt. Der Mensch der Zukunft wie der Gegenwart – bei Meadows ist er ein stumpfsinnig raffender homo oeconomicus, allenfalls Pawlowscher Reflexhandlungen fähig. Soweit Meadows damit die Usurpation der Gesellschaft durch die Wirtschaft kritisieren wollte, die auf den Kopf gestellte Beziehung von Herr und Knecht, die Tollheit des Mündels, das sich als Vormund aufspielt, mag das hingehen. Als systematischer Ansatz jedoch, und noch dazu über lange Zeiträume hinweg, ist das kaum zu vertreten. Schon der frühe Marxismus erkannte dem gesellschaftlichen Überbau soviel Eigenständigkeit zu, daß er nicht bloß Widerspiegelung von Produktionskräften war. Die ökonomischen Verhältnisse bestimmen ihm zufolge zwar das gesellschaftliche Bewußtsein; Dialektik jedoch stellt auch die umgekehrte Verbindung her – und beidemal verläuft sie durch vielfache Vermittlung, so daß Verzögerungen, Ungleichzeitigkeiten und Gegensätze zwischen den gesellschaftlichen Sphären, grob als Produktion, Zirkulation von Waren und Kulturgütern umschrieben, und dem subjektiven Bewußtsein entstehen können, ja entstehen müssen. Die nicht-orthodoxe marxistische Kunsttheorie, Trotzki[95] voran, hat diese relative Selbständigkeit des Bewußtseins gegenüber dem gesellschaftlichen Sein in der Auseinandersetzung mit dem Proletkult noch weiter untermauert.

Doch nicht nur vertikal, auch horizontal ergeben sich Unterschiede und Gegensätze. Die Stabilität gesellschaftlicher Systeme ist nicht nur untereinander äußerst ungleich – wovon die öffentliche Meinung in der Etikettierung eines politischen Regimes als mehr oder weniger stabil verkürzt Kenntnis nimmt; ihr Stabilitätsgrad dürfte auch einer gewissen regelhaften Abfolge unterliegen, die von relativer Gefestigtheit nach erfolgreicher Etablierung einer Herrschaft oder leitender Wertorientierung über die Druck- und Gegendruck-Eskalation wachsender Opposition und/oder Konkurrenz bis hin

---

[95] *Trotzki, Leo D., Literatur und Revolution.* Berlin 1964; auch als dtv-Taschenbuch 851, München 1972.

zum Zusammenbruch, der endgültigen Abwahl oder dem explosionsähnlichen Umsturz reichen mag.[96]

Altersstufen oder Lebensstadien einer Kultur oder Gesellschaft aber, analog zum Wachstum eines individuellen Lebewesens, dürften sich stichhaltig kaum daraus ableiten lassen: Dafür sind gesellschaftliche Prozesse tatsächlich zu komplex, zu vielschichtig und zu widersprüchlich und vor allem diachronisch zusammengesetzt. Die Gleichrichtung durch Unerwartetes, durch Interessenumschlag, Einsicht, Erfindungen, Propaganda oder Emotion kann jederzeit Akkumulation und Umgruppierungen auslösen, die Machtverhältnisse umstoßen, Gewohnheiten aufheben und das eben noch Ausgeschlossene plötzlich wahrscheinlich machen. Man denke nur an die gleichschaltenden Massenpsychosen und -hysterien bei Kriegsausbrüchen oder Naturkatastrophen, bei Arbeitslosigkeit oder sonstigen »nationalen« Unglücksfällen. Selbst Sportwettkämpfe können vorübergehend solche Funken schlagen. Nicht zu sprechen von Skandal und Gerücht als Überdruckventil und Revanche einer ihrer Manipulation und Betrogenheit plötzlich mißtrauisch innewerdenden Mehrheit, die sonst schweigsam Folge leistet.[97]

Obwohl jedoch der gesellschaftliche Prozeß von Institutionen, Körperschaften, Instanzen, Gruppen und nicht von Personen strukturiert wird, haben Individuen als Kristallisationspunkte von Konstellationen doch ihr Eigengewicht. Für das gesellschaftliche System und seine Struktur bedeutet das eine zusätzliche Ungewißheit: Ein Autounfall oder ein Flugzeugabsturz können in zugespitzter Lage dieselben Folgen haben wie Barbarossas Badeunfall im Haleph, der frühe Tod Philipps II. von Makedonien oder der Regierungsantritt Katharinas II. für Friedrich II., den Großen.

Dialektik, Wechselbeziehung oder, modern-kybernetisch formuliert, »feedback« besagt auch dies: Der wirtschaftliche Bedarf einer

---

[96] Ideologisch und methodisch eingeengt, aber aufschlußreich: Ortega y Gasset, José, *Das Wesen geschichtlicher Krisen*. Stuttgart 1955. – Ders., *Geschichte als System*. Stuttgart 1943. – Prototypisch die monströse Gesamtschau Arnold Toynbees, *A Study of History* (1934 ff.), die veranstaltet wurde, um eben diese These zu untermauern und doch gerade beweist, wie gewaltsam ein solcher Analogieschluß ausgeht. Die vom Autor gebilligte Kurzfassung *Kulturen im Übergang* läßt das zugrundegelegte Ideengerippe deutlichst hervortreten: Toynbee, Arnold, *Der Gang der Weltgeschichte*. Übers. von J. v. Kempski. dtv 4035–38, München 1970. – Ebenso das Gesamtwerk Arnold Spenglers, dem eine Wiederentdeckung beschieden zu sein scheint.

[97] Anregende, aber unzulängliche Überlegungen: Schütze, Christian, *Die Kunst des Skandals. Über Gesetzmäßigkeit übler und nützlicher Ärgernisse*. München 1967. – Als Anschauungsmaterial unter bedrückenderen Vorzeichen: Dröge, Franz, *Der zerredete Widerstand. Zur Soziologie und Publizistik des Gerüchts im 2. Weltkrieg*. Düsseldorf 1970.

Gesellschaft ist von ihrer Gesellschaftsordnung, ihrem Machtpotential und ihren Wertvorstellungen abhängig. Nur wer diese als gleichbleibend annehmen wollte, kann sich vermessen, eine langfristige Voraussage vorzunehmen. Das statistische Gesetz der großen Zahl, das Abweichungen nach oben wie nach unten gegeneinander zur Durchschnittswahrscheinlichkeit ausgleicht, kommt hier nicht zur Hilfe. Im Gegenteil: Der Fehler vergrößert sich noch; denn die Welt reagiert auf manche zentralen Ereignisse gleichartig, auf andere aber nach Regionen abgestuft (Beispiel: Ölkrise, Vietnamkrieg, Kennedymord) oder aus wohlerwogenen Interessenabwägungen entgegengesetzt: reale Verschiedenheit schafft immer weitere Abweichung.

5.3 Der Ausweg: verkürzte Wirklichkeit – kurzatmige Wahrheit

Was ergibt sich aus diesen Erwägungen und Einwendungen, die langweilig gelehrt oder kleinlich klingen mögen, doch nicht zu umgehen sind für den, der nach wissenschaftlicher Absicherung für seine Weltanschauung verlangt? – Eine Nachbemerkung und eine Vorfrage:

Die Nachbemerkung zuerst: Handwerkelei ist für Autor wie Leser wenig berauschend. Gegen den »genialischen« Wurf kommt sie unweigerlich auch in den Ruch der Beckmesserei. Doch bildet sie allein die Gewähr für den Bestand der Welt, die von den faszinierenden Stürmern und Drängern – modisch Neuerer, Umstürzler oder auch Chaoten geheißen – allzu leichthin aufs Spiel gesetzt wird; im Vertrauen auf die Beharrung der Tatsachen. Die Kritik der Urteilskraft und ihrer Kategorien beschäftigte uns bereits. Jetzt geht es ganz prosaisch um die *politischen* Schlußfolgerungen, die aus einer Unternehmung zu ziehen sind, die unseren Enkeln den Weltuntergang als Verhängnis vorrechnet und dafür derart eigenwillige, ausgefallene und hochgradig unwahrscheinliche Voraussetzungen aufbietet.

Dazu die Vor- und Gegenfrage: Würden Sie sich vom Computer einen Ehepartner aufschwatzen lassen, wenn Ihr gesunder Menschenverstand davon abriete – vom Heiraten insgesamt und von diesem bestimmten Partner insbesondere?

Wohl kaum. Der Mythos des Computers strahlt nur so lange, wie seine Weisheit nicht hautnah und handgreiflich überprüfbar wird. Wenn der »ausgeworfene« Kandidat nicht hält, was Sie sich vom Mann oder von der Frau Ihrer Träume versprechen, dann werden Sie vermutlich ohne großes Aufheben, ganz intuitiv, auch von der Methode abrücken, mittels der dieser unbefriedigende Partner ermittelt wurde. Berater, deren Ratschläge sich nicht bewähren, weil sie zu den gestellten Aufgaben nicht passen, Heilmittel, die nicht Abhilfe schaffen, verlieren ihren Ruf. Zeit- und Geldverschwendung, wird es heißen.

Ich meine, mit den Computerauskünften des am MIT erstellten Berichts des Club of Rome sollten wir es genauso halten. Es geht schließlich nicht weniger um unser Leben als bei der Eheberatung – und beide Male übrigens auch um das etwaiger Kinder und Kindeskinder.

Daß die Ergebnisse der MIT-Prognose von unseren Erwartungen abweichen, ja herkömmlich gehegten Anschauungen kraß widersprechen, spricht nicht gegen sie. Wäre ihre verblüffende Umkehrung unserer Vermutungen wirklich »counterintuitiv«[98], also wertfrei und weltanschauungsneutral, wie beansprucht, dann spräche das sogar entschieden für sie. Wo die Resultate jedoch empirischer Erfahrung *und* wissenschaftlicher Logik gleichermaßen zuwiderlaufen, da ist Skepsis angezeigt. Sollte die Überprüfung gar instandsetzen, einige Behauptungen und Folgerungen der Studie als Trugschluß, als Ableitung aus unzulänglichen, unbegründeten oder fehlerhaften Annahmen oder unsinnigen Rechenoperationen zu erweisen, dann wüßte ich nicht, weshalb wir weiter auf die Botschaft der Verfasser und der beauftragenden römischen Klubfürsten lauschen sollten – sei ihre Zusammensetzung noch so international und prominent, seien sie nun allesamt Humanisten, wie sie selbst uns in Presseverlautbarungen haben wissen lassen, kapitalistische Halsabschneider, wie die abgebrühten Kenner der Szene – nicht ohne Neid – äußern, oder noch so gutmeinende Wohltäter der Menschheit. Das macht kaum einen Unterschied. Mit gutem Willen und edler Absicht ist es gerade dann nicht mehr getan, wenn die Studie mit der aufgezeigten Fortentwicklung in die Katastrophe recht behalten sollte.

Doch zur Diagnose der MIT-Studie. Daß auf/in begrenztem Raum jedes Wachstum einmal an Grenzen stößt, dafür steht die abendländische Logik seit ihren frühesten Äußerungen. Dagegen zu streiten, wäre so widersinnig wie weiterhin dem Perpetuum mobile

---

[98] Forrester, Jay W., *Counterintuitive Behavior of Social Systems*. In: Technology Review, January 1971. – Siehe auch: The Futurist, August 1971, S. 153. – Nachdrücklich bezweifelnd: Bartow, Philip und Thomas A. Reiner in: v. Nussbaum, Henrich (Hrsg.), *Die Zukunft des Wachstums*. A. a. O.

nachzujagen, allen Energie- und Entropiesätzen zum Trotz. Es eigens zu begründen, ist überflüssig.

Wohl aber sollte man diese Feststellung präzisieren, bevor man weitreichende und schwerwiegende politische und ökonomische Schlüsse daraus zieht, die einem Umsturz der gegenwärtigen Gesellschaftsordnung gleichkommen – in der hochindustrialisierten Welt westlich-kapitalistischer Prägung nicht weniger als bei ihren Nacheiferern in Ost und Süd mit allen dazugehörigen zivilisatorischen Wertsetzungen und Verbrämungen.

Für fraglos gelten kann dieser Grundsatz nur bei mengenmäßigem Zuwachs materieller Größen: Das Wachstum darf nicht etwa nur als Mehrzahl durch Teilung entstehen oder durch rationellere Ausnutzung von Rohmaterialien (Musterbeispiel: Energieauswertung bei Dampfkessel, Motor, Turbine, Kernspaltung oder Kernfusion). Daß demgegenüber etwa Liebe – für diesen Zusammenhang wichtiger: Wissen, Einsicht, Erfindergeist – schier ins Unendliche wachsen können, davon sind abendländische Humanisten wie orientalische Mystiker zutiefst überzeugt. Die Weisen aller Zeiten und Kulturen und die nachäffenden Heilsverkünder der unsrigen belehren uns zwar, daß der Zuwachs an rationalem Wissen und wissenschaftlich-technischer Erkenntnis mit Verarmung und Verkümmerung in anderen Bereichen teuer erkauft ist – und allein das Dilemma der Medizin[99] und Psychologie, ganz zu schweigen von Kunst und Religion, belegt das schlagend. Aber das sind Verlustaspekte, die mit der Kosten-Nutzen-Berechnung der materialistischen Systemanalyse nur indirekt zu tun haben. Sie sind als externalities (äußere Umstände) ausgeklammert. Ich komme darauf zurück.

Diese Abschweifung soll hier nur daran erinnern, daß »World Dynamics« – ebenso wie seine räumlich eingegrenzten Vorläufer »Industrial Dynamics« und »Urban Dynamics« – keine Wiederholung, kein Ebenbild, höchstens ein Abbild der Welt, ein Modell bilden. Künstlich und kunstvoll komponiert, um bestimmte (hier wirtschaftliche versus Bevölkerungs-) Entwicklungen durchzuspielen, soll das Weltmodell uns instandsetzen, die unerwünschten Folgen erwünschter Veränderungen zu verhindern. Wie komplex und dynamisch das Modell auch sein mag – an der Wirklichkeit gemessen, bleibt es simpel. Es vereinfacht und verkürzt. Es reduziert Wirklichkeit auf eine variierende Verlängerung der Vergangenheit.

---

[99] Eingehender ausgeführt: v. Nussbaum, Henrich (Hrsg.), *Vom Unheil der Heilkunde. Diktatur der Medizin oder die verordnete Krankheit*. Frankfurt 1976.

Es sieht bloß voraus, was wir rückblickend von der Vergangenheit verstanden.

Das ist durchaus legitim, sogar unerläßlich. In vertretbarer Zeit läßt sich mit vertretbarem Aufwand anders nicht zu aussagekräftigen Prognosen kommen. Und darum geht es bei jedem Planspiel schließlich. Wird der Aufwand der Vorausberechnung zu groß, dann wird man sie gar nicht erst anstellen, sondern es entweder darauf ankommen lassen und die eintretenden Konsequenzen als unvorhersehbar ausgeben (Fall Contergan), oder man wird das Risiko des Experiments nicht eingehen (Fall CDU).

Das klingt zwar höchst verantwortungsvoll, kann aber gerade bedeuten, daß die Aussicht auf ein menschenwürdiges Dasein auf den Sankt-Nimmerleins-Tag verschoben wird. Man läßt die Dinge laufen in jenem euphemistisch »frei« genannten Spiel der Kräfte, das die Reichen reicher und mächtiger, die Armen ärmer und ohnmächtiger und die Gesellschaft insgesamt zerrissener, aggressiver, glückloser und neurotischer macht; sie immer weiter verstößt in jene Wirrnis, die ein großer, hierin äußerst sachkundiger Staatsmann als »ernst, aber nicht hoffnungslos« zu umschreiben pflegte. Doch vergessen wir nicht, die »rosigen« Hoffnungen, die er sich leisten konnte, stehen 99 Prozent der Weltbevölkerung nicht zur Verfügung. Diesen Teil seiner Aussage dürfen wir also mit Fug und Recht streichen.

In der Planung gewinnt die vierte Dimension ihre Bedeutung: Zeit. Formal: Dauert die Ermittlung einer Auswirkung zu lange, dann wird der Befund nutzlos, weil dann die Zeit zum Vorbeugen, zum Verhindern der erkannten unerwünschten Konsequenzen nicht mehr ausreicht. Dann kann man die Dinge auch auf sich zukommen lassen, wie der neudeutsche Jargon so anschaulich sagt.

Reduktion und Abstraktion, Vereinfachung und Verallgemeinerung sind also unvermeidlich, solange Planung unvermeidlich ist. Planung aber muß sein, weil der planvolle Widersinn der Wirtschaftsgesellschaft von allein nicht mehr mit sich zurechtkommt: Jedermanns Bedürfnisse richten sich auf Ziele, die alle zusammen und für jedermann eben nicht erfüllbar sind; das gerade macht sie so erstrebenswert. In diesem Grundwiderspruch liegt das Infame der Chancengleichheit verheißenden Wohlfahrtsgesellschaft. In der Tat: immer wieder steigt ein Tellerwäscher, Zeitungsjunge, Schuhputzer oder Taxifahrer zum Multimillionär und Großunternehmer auf. Doch dieser Aufstieg gelingt nicht nur äußerst selten – er wird möglich nur durch seine Einmaligkeit. Nicht nur bestätigt die Ausnahme die Regel, die Ausnahme selbst verläuft durchaus regelgemäß: Auch der einzigartige Aufstieg aus der Gosse gelingt allein dadurch, daß Tausende überflügelt und weitere Tausend heruntergedrückt werden. Sein Millionenkapital, das ihn so sichtbar über seinesgleichen erhebt, rafft der Erfolgreiche von anderen zusammen. Das ist der Widerspruch an diesem Freiheitsbeweis. Es gibt noch andere: Produzenten und Produzierende trachten in konzertierter Aktion danach, so gewinnträchtig wie möglich herzustellen, was sie als Konsumenten möglichst billig zu erwerben trachten. Arbeitnehmer empfangen Spitzenlöhne dafür, daß sie hervorbringen, worunter sie als Bürger leiden: Waffen, Werbung, Verschleiß, Umweltzerstörung.

Aber natürlich schränkt diese abstrahierende Reduktion der Systemanalyse auch die Gültigkeit der so gewonnenen Ergebnisse ein auf den Geltungsbereich der zugrunde gelegten Annahmen. Jede Aussage steht im Bedingungszusammenhang: Wenn meine Oma Räder hätte, dann wäre sie ein Omnibus! Unsinn, denn zum Omnibus gehört eben mehr als Räder und all das nicht, was eine Oma ausmacht. Die Logik des Schlusses erweist sich als Scheinlogik, weil die Bedingungen für die Folgerung nicht zureichend sind.

6 Exkurs: Patentrezept Bevölkerungsstopp

Irrtümer können sich in die diagnostischen Berechnungen sowohl über die zugrunde gelegten Zahlen bezüglich der (Rohstoff- oder Schadstoff-Bestände und ihre vermutlichen Veränderungen (Trends) einschleichen als auch durch unzutreffende Berücksichtigung von Bestimmungsfaktoren als auch durch falsche Auslegungen der Rechenergebnisse des Computers.

Am Beispiel der Bevölkerungsentwicklung – einer der fünf Schlüsselkomponenten des Meadows-Forresterschen Weltmodells – veranschaulicht, heißt das etwa: die Vorausberechnung kann falsch sein, weil

a) die Bevölkerungsstatistik gerade in den für erheblich erklärten Gebieten, nämlich der sogenannten dritten Welt, durchweg unzulänglich ist;

b) die Faktoren, die den Bevölkerungszuwachs verursachen (oder verhindern), nur äußerst unzureichend bekannt sind (so daß nicht einmal eine eigentliche Fortschreibung bisheriger Entwicklungen gewährleistet ist);

c) aus richtig erkannten Ursachen dennoch falsche Schlüsse und Voraussagen abgeleitet werden können – etwa, weil die Dauer der Faktorenkonstellation falsch eingeschätzt wurde.

Das Gewicht der Fehler entspricht dieser gleichsam chronologischen Reihenfolge: Dem Mangel an ausreichenden Statistiken läßt sich wie gesagt durch alternative Berechnungen begegnen, die einen Höchstwert (Maximum) und einen Niedrigstwert (Minimum) einsetzen. Der Fehler wird damit nicht aus der Welt geschafft, aber abschätzbar (Toleranzspielraum). Das Meadows-Team hat diese Ungenauigkeit nach meinem Dafürhalten insgesamt ausreichend berücksichtigt – bei den Rohstoffen etwa durch eine angenommene Verfünffachung der derzeit bekannten Bestände (Meadows, S. 46–49); bei den Landwirtschaftserträgen eine Vervierfachung (Meadows, S. 42) usw. Diskutieren läßt sich, ob die größte Wahrscheinlichkeit durchweg für die Mittelwerte spricht.

Schwerwiegender sind die aus den Fällen b und c sich ergebenden Entstellungen. Ihr Ausmaß läßt sich durch vergleichbare Toleranzbreiten nicht eingrenzen. Soweit dieser Fehler nämlich ziffernmäßig überhaupt erfaßbar ist, betrifft er die Steigerungsraten und die Zeitdauer dieser Veränderungen. Fehler in diesem Bereich addieren sich also nicht nur, sondern multiplizieren sich miteinander. Im Grunde aber steht hier noch mehr auf dem Spiel: die Relevanz der ausgewählten Faktoren für die zukünftige Lage der Menschheit, ihre Tauglichkeit zur Beschreibung der Welt als Ganzheit menschlichen Lebensraums.

Um beim Beispiel zu bleiben: Wenn das Bevölkerungsvolumen und seine Veränderungen sich nicht einfach als eine Summe aus Geburtenüberschuß minus Sterbefälle pro Zeitraum ergibt, sondern als Produkt von gesellschaftlichen Zuständen – genauer: von Verhaltensweisen, die eine instinktive oder bewußte Antwort auf die »Rand«lage der Bevölkerungsmehrheit darstellen, dann tritt jede Bevölkerungspolitik prinzipiell zu kurz, die durch Verbreitung von Verhütungsmitteln und -methoden dem Geburtenüberschuß zu Leibe rücken will. Aus dem so einleuchtenden Bedingungsverhältnis, zu wenig Naturschätze, weil zu viele Bewohner und zu wenig Kapital und Technologie, wird plötzlich die umgekehrte Folge: zu viele Bewohner, weil zu wenig Verfügung über zu wenig Ressourcen; immer mehr Hungrige, weil bereits Hunger herrscht – immer mehr Elend als Konsequenz aus bestehendem Elend. Das ist der sogenannte Teufelskreislauf.

Nun faßt sich der sattsam aufgeklärte und wohlanständige Abendländer an den Kopf und schwankt, ob er sich als Wanderprediger oder medienbewußter Massenpropagandist verdingen soll, diesen unaufgeklärten Wilden ihr »Karnickeln« auszutreiben. Denn auch bei Umkehrung der Bedingungsfolge oder gegenseitiger Verursachung bliebe ja noch gültig, wer einen von beiden Faktoren vermindert, der verbessert den Endzustand. Aber das eben ist nur die halbe Wahrheit, die globale, abstrakte, rechnerische. Auf nationalem Niveau natürlich ebenso wie auf Weltniveau gilt: Wo es weniger Nutznießer von gleichbleibend genutzten oder nutzbaren Ressourcen gibt, da vergrößert und verlängert sich der von jedem zu nutzende Anteil, mit anderen Worten: sein Lebensstandard und damit auch der seiner gesamten Gemeinschaft.

Aber auf der Mikroebene der Einzelfamilie oder -gruppe, da wo die Kinder bekanntlich gezeugt werden, gilt das eben nicht: Da gewinnt an Überlebenschance, wer seine Versorgung möglichst auf viele Schultern verteilt! Nur die Vielzahl garantiert die Beweglichkeit, die wenigen Arbeits-, Verdienst- und Nahrungschancen aufzufinden und aufgreifen zu können, die noch vorhanden sind.[100] Garret Hardin hat diesen Widerspruch zwischen Makro- und Mikroebene in seiner schon klassischen Studie ›Die Tragik der Allmende‹ (USA 1968)[101] veranschaulicht: Das System der gemeinschaftlichen Bewirtschaftung etwa von Weideland funktioniert nur solange, wie jeder Viehbesitzer stets die gleiche Anzahl von Tieren auf die Weide schickt. Sobald ein Viehhalter jedoch der Überlegung nachgeht, welchen Nutzen er aus einer Vergrößerung seiner Herde ziehen könnte, bricht die Selbstregulierung des Systems zusammen. Darin liegt das Dilemma jeder gemeinschaftlichen Herstellung, Verwaltung oder Nutznießung: Der gemeinsame Versuch gegenseitiger Übervorteilung treibt alle in die Katastrophe, auch die nicht an dem Wettlauf Beteiligten: »Indem die Individuen einer Gesellschaft, die auf die freie Nutzung der Gemeingüter baut, ihre eigensüchtigen Interessen verfolgen, betreiben sie den Ruin aller.«[102]

7 Falsches Bewußtsein spiegelt falsche Zustände

Dieser höchst rationale Kurzschluß wider das gemeinsame Wohlbefinden enthüllt die ganze Waghalsigkeit der Meadowsschen Heilrezepte. Daß sein Befund grundsätzlich zutrifft, dafür spricht einiges. Aber was heißt das schon? Sein Ausweg jedenfalls ist mit an Sicher-

---

[100] Hier fuße ich vor allem auf empirischen Untersuchungen aus Indien, insbesondere vom Indian Statistical Institute (ISI) in Kalkutta. Theoretische Schlußfolgerungen in: v. Loesch, Heinrich, *Stehplatz für Milliarden. A. a. O.*
[101] Deutsche Übersetzung bei: Lohmann, Michael, *Gefährdete Zukunft. Prognosen anglo-amerikanischer Wissenschaftler*. dtv 920, München 1970.
[102] Hardin, Garrett (bei Lohmann, a. a. O., S. 34f.).

heit grenzender Wahrscheinlichkeit *falsch*, weil unabsehbar und ungangbar.

Das bringt abschließend auf die Frage: Welch seltsame Konstellation hob eigentlich dieses Meadowssche Pamphlet, dessen gute Absicht ihm die Aussicht auf das Nächstliegende versperrte, trotz derart offenkundiger Mängel und Schwächen auf den Schild? Welches Merkmal jubelte es zum millionenfach gelesenen Weltbestseller hoch? Die Antwort liegt nicht in der Person des Autorenpaares, das – puritanisch-protestantisch – seit Jahren bereits so lebt und redet, wie es denkt und schreibt. Auch nicht in der internationalen und interdisziplinären Zusammensetzung des mitarbeitenden MIT-Teams. Vielmehr in der mythenhaften Gestalt des »Club of Rome«, einer bisher ziemlich einmaligen Verbindung aus leitenden Wirtschaftlern und Wissenschaftlern, einer Consulting-AG feinster Art. Und natürlich in der weltweiten Heilsbedürftigkeit, die allenthalben in der Suche nach neuen Religionen und quasi-religiösen Rückhalten ihren Ausdruck findet.[103]

Diese Sehnsucht hat gute Gründe in den höchst realen politischen und gesellschaftlichen Erfahrungen von Generationen, die sich erst ein Vierteljahrhundert nach der Beseitigung der faschistischen Götterdämmerung abermals in Katastrophen von weltweitem Ausmaß verstrickt finden. Selbst der klassenkämpferische Elan der jungen Besserwisser brach unter diesem Rückschlag zusammen. Sisyphos resigniert hinter seinem Felsklotz – wer wollte es ihm verdenken? Doch, seine Heilssucht ist so blind wie sein Fortschrittswahn. Sie richtet sich sogar ausgerechnet auf dieselben Mächte, die ihm seine fatale Lage beschert haben!

Die Frage nach der Identität und Motivation der 75 bis 86 Mitglieder des Club of Rome kann hier ausgespart werden. Die Herren werden ihren Grund haben, im Verborgenen zu bleiben. Was sich wesentliches dazu ermitteln ließ, habe ich andernorts vorgetragen.[104] Es bleibt vage, auch nach den Enthüllungen angeblich linker Schnelldeuter und den journalistischen Verlautbarungen zum Friedenspreis. Preisrichter wie Publizisten beließen es dabei, die Selbstdarstellung des Club-Zentralrats tausendfältig nachzubeten. Bei einer bestimmten Größenordnung des reportierten Ereignisses schlägt die Berichterstattung und Überwachungskontrolle der Presse in reine Propaganda, in Verbreitungs- und Werbehilfe um:

---

[103] Knappe Übersicht: Lanczkowski, Günter, *Die neuen Religionen*. Fischer Taschenbuch 6237, Frankfurt 1974.

[104] v. Nussbaum, Henrich (Hrsg.), *Die Zukunft des Wachstums*. A. a. O. Darin: »Grenzstation« oder: Vom Untergang des Abendlandes, S. 281–329.

Der Starkult beruht auf diesem Multiplikationsmechanismus der veröffentlichten Meinung.

Das gilt auch für den Rom-Bericht aus dem MIT. Die Presse bewegt die »mißliche Lage der Menschheit« nicht sonderlich, so wenig wie die von ihr eingeschläferten Leser. Ihr Desinteresse für Hintergrundinformationen entstammt vor allem einer fehlenden unzulänglichen und falschen Berufsausbildung und Erziehung und einer gelegentlichen, lückenhaften und höchst willkürlichen Informationspolitik, die aus dem Souverän Bürger in Wahrheit ein hin- und hergescheuchtes Huhn bzw. einen stumpfsinnigen Wiederkäuer macht.

Nur vor diesem Hintergrund konnte der Rom-Bericht zur Sensation werden. Seine sachliche Information wurde lanciert und wahrgenommen durch den Raster des personalen und technischen Nimbus von Geheimnis und Enthüllung. Der Computer ist es, der den Behauptungen der Studie das Flair des Authentischen gibt; der »Club of Rome«, ein »unsichtbares Collegium« unbekannter Zusammensetzung, in die sich jeder Prominenzgrad, jede Autoriät hineindenken läßt, verleiht ihr dazu das Weltläufige, das Unübertreffliche.

Man möge mir die Ketzerei verzeihen, sie dient wahrlich nicht als letzte Waffe zur Diffamierung einer Sache, gegen die sonst nichts aufzubieten wäre: Die Bewußtseinsstrukturen, auf welche die Publicity des Club of Rome sich einstellte und die seinem Bericht zu einer für solche Untersuchungen bisher nicht gekannten Wirkung verhalfen, sind prä- oder postfaschistisch.[105] Nicht die Argumentation, das Brimborium machte Furore, die wohldosierte Mischung von unbefragbarer Autorität und undurchsichtiger Anonymität. Der Horror vor dem Freimaurertum, dem Ultramontanen, der Haß auf das Weltjudentum und seine Weisen Zions feiern hier Auferstehung unter schuldbewußt – oder scheinheilig – umgekehrtem Vorzeichen: Der Club of Rome wird unversehens zur Reinkarnation des gütig schützenden Barbarossa-Kaisers, der vom Kyffhäuser aus in die Geschicke eingreifen wird, wenn es nottut.

Daß bei dieser Irrationalistik nicht Zufall waltet, sondern Kalkül, darauf deutet, daß auch nach einer 18monatigen ziemlich unqualifizierten Diskussion in der Presse und auf Kongressen der technische Datenband mit dem Computerprogramm weder in den USA noch anderswo veröffentlicht worden ist. Die römischen Humanologen, die sich der bedrohten Menschheit so nachdrücklich als Lotsen in

---

[105] Siehe Adorno, Theodor W., u. a., *Der Autoritäre Charakter;* sowie: Horkheimer, Max, *Kritische Theorie. A. a. O.*

eine geordnete Zukunft empfehlen, legen offensichtlich keinen Wert darauf, daß man ihnen allzu genau auf die Finger sieht.[106] Sie rufen Völker zur Umkehr, Wissenschaftler und Staatsmänner zur Mithilfe an ihrem Rettungswerk auf – aber die Unterlagen all ihres Alarms hüten sie wie Staatsgeheimnisse oder Industriepatente; auf Kritik entgleisen manche von ihnen, als begehe man Majestätsbeleidigung. Das beleuchtet ihr Demokratieverständnis. Daß der Club of Rome und seine wissenschaftlichen Gehilfen sich nun auch noch empören, sie seien mißverstanden und fehlgedeutet worden, liefert das Satyrspiel zu dieser Tragödie nach. Sie haben recht. Aber Club of Rome und MIT-Team taten alles, ihre Botschaft vulgarisiert zu vermarkten; nun sollen die anderen daran Schuld tragen, daß die Sensation Verschleißerscheinungen zeigt, bevor sie politische Konsequenzen zeitigte! Ist das Naivität oder Zynismus? Jedenfalls ist es eine sehr bedenkliche Aufklärungspraxis, vor der man die Öffentlichkeit gegebenenfalls sogar schützen sollte.

Freie Meinungsäußerung darf nicht dazu herhalten, daß jede Wirtschafts- oder Finanzgruppe ihre Weltanschauung unter dem Mäntelchen der öffentlichen Wohlfahrtspflege vertreiben darf, bloß weil sie es sich leisten kann, ein paar namhafte Wissenschaftler vor ihren Karren zu spannen. An dem heillosen Zustand der Medizin hierzulande läßt sich ablesen, wohin eine solche Marktorientierung führt. Ohne ein Mindestmaß an faktischer Gleichberechtigung und sachlicher Fundierung wird freie Meinungsäußerung zum Instrument der Entmündigung und Unterdrückung, der Stimmungsmache für unheilvolle Heilsideologien, der Abschaffung auch jenes kostbaren Restes an Demokratie, der uns über all den vorbeugenden Ausnahmezuständen und Notstandsregelungen zum Schutz unserer Freiheit und Rechtsordnung erhalten blieb.

Als Testfall für Massenbearbeitung, sprich Propaganda, ist der Bericht des Club of Rome und die Berichterstattung über ihn ein Alarmzeichen. Daraus sollten ebenso Schlüsse gezogen werden wie aus seinen inhaltlichen Feststellungen beziehungsweise ihrer Richtigstellung. Ich schlage dafür eine hochrangige nationale und möglichst bald übernationale Stiftung für Umweltschutz und Zukunftsfragen mit eigenem abgesicherten Forschungsinstitut und eigenem Publikationsfonds vor. Aller Voraussicht nach vermag die Umweltbehörde der Vereinten Nationen (UNEP) unter Maurice Strong, die

---

[106] Meadows bietet sie auf Anfrage in Fotokopie für 60 Dollar an – ein umständliches und teures Verfahren für eine weltweite und weltbewegende wissenschaftliche Diskussion. Besonders auffällig, weil man sich sonst durchaus modernster Techniken, auch der Kommunikation, zu bedienen weiß.

von Genf nach Nairobi evakuiert wurde, diese Aufgabe nicht zu erfüllen. Abgesehen von ihrer unzureichenden materiellen und finanziellen Ausrüstung und den üblichen Schwächen einer Proporzbesetzung nach politischen, regionalen, im Grunde rassischen Gesichtspunkten unterliegt sie mit ihrer weltweiten Zuständigkeit denselben Ungereimtheiten und Widersprüchen wie der sinnwidrig aggregierte Weltansatz des »World Dynamics«-Modells. Wirksame Umweltschutz-Operationen können allenfalls auf nationaler, höchstens noch regionaler Ebene geplant und durchgeführt werden, wobei unter Region, entsprechend dem UN-Sprachgebrauch, politisch, wirtschaftlich und geographisch zusammengehörige Großräume zu verstehen sind – was natürlich nur im faulen Kompromiß überhaupt abgrenzbar sein wird. Nationale Umweltschutzämter, wie eines jetzt auch für die Bundesrepublik in Berlin errichtet ist, werden die hier ins Auge gefaßte theoretische und experimentale Arbeit aller Voraussicht nach ebenso wenig leisten oder etwa mit übernehmen können wie die nationalen Kartellämter die Frage der multinationalen Unternehmen,[107] die nach so viel Theaterdonner mit Kartellverboten und Anti-Trust-Gesetzgebungen, nach soviel Legendenbildung in verklärender wie entlarvender Absicht nun endlich von der Gewerkschaftsbewegung (besonders ICF) und vielleicht sogar den Vereinten Nationen und ihren angeschlossenen Organisationen (der Internationalen Arbeiterorganisation ILO vor allem), der EG wie der OECD in die Zange genommen werden.

Hierin stimme ich wiederum mit Dennis Meadows und vielleicht sogar seinen ominösen Auftraggebern überein: Wenn wir uns mit der Organisation eines globalen Umweltschutzes ähnlich lange Zeit nehmen wollen, wie wir sie für den Beschluß gebraucht haben, den multinationalen Konzernen auf die Finger zu sehen, dann könnte es für ein Eingreifen zu spät werden. Und zugegeben: viel Zeit bleibt nicht mehr. Doch ebenso gewiß unterliefen diese Versäumnisse nicht zufällig.

Vom Teilungsdiktat der Ölkonzerne in Nahost über die Erziehungspolitik des Knüppel-aus-dem-Sack (big stick) als Auslegung der Monroe-Doktrin in Lateinamerika, die Eindämmungsstrategie in Südostasien, Nahost und Europa,[108] die Separationskriege im

---

[107] Zur Einweisung in die kaum noch übersehbare Kontroverse, in der emotionale Polemik die Sachkunde überwiegt: Kebschull, Dietrich, und Otto G. Mayer (Hrsg.), *Multinationale Unternehmen. Anfang oder Ende der Weltwirtschaft?* Fischer Athenäum Taschenbuch 5013, Frankfurt 1974. Außerdem die in Fußnote 91 genannte Studie des UN-Wirtschafts- und Sozialrats, New York 1973.

[108] Als Einführung in die hierzulande wenig wahrgenommene US-amerikanische Selbstdarstellung und -kritik: Horowitz, David (Hrsg.), *Strategien der Konterrevolu-*

mittleren und südlichen Afrika, die Interventionen in San Domingo und Kuba bis zum ITT-Staatsstreich in Chile führte ein langer Weg. Von Heimlichkeit keine Rede; niemand kann sich gegenüber dieser Expansion auf Nicht-Wissen herausreden. Die Welt war Zeuge, wie es zu dem kam, was die Politikwissenschaft so erschreckend neutral den MIC (Military Industrial)-Komplex der amerikanischen Supermacht nennt und was die Politische Ökonomie lakonisch als Metropolen-Dependenz-Struktur bezeichnet und als Marginalitätsstrudel begreifen lernen muß.

Wer von den wirtschaftlichen und politischen Hegemonien, vom Kulturimperialismus und der Spaltung der Welt in Ost und West, Nord und Süd mit all ihren verheerenden Auswirkungen[109] nicht reden mag; wer sich nicht äußern will über die brutal durchgepaukte Vormachtstellung des skrupellosen »Erstgeborenen« und seine angemaßten Vorrechte, ungeachtet eines zweiten, dritten und vierten Nachkommen das gemeinsam übernommene Erbe allein zu verprassen – der höre auf, über die »mißliche Lage der Menschheit« zu räsonieren! Dies allein ist der Rahmen, in dem Wachstumsbeschränkungen sinnvoll, weil pragmatisch erörtert und geplant werden können. Dies allein sind die Lebensumstände, unter denen die Menschheit sich zunehmend dem Wachstumsrausch verschrieb. Die Führer der Ersten Welt waren es, die ihren Anteil an der Allmende ungebührlich und über alle Maßen ausdehnten und andere dazu aufstachelten. Das ist schon graue Vorgeschichte, sicher; doch ohne sie wird die Weltgeschichte nicht verständlich und die Schlußfolgerungen und Vorhersagen aus ihr falsch. Das zu begreifen, bedarf es nur eines Blicks auf die Budgets auch der »freiheitlichsten«, der ach so sozial gesonnenen Nationalstaaten: Mindestens ein Drittel gehen allenthalben für Rüstung drauf.[110]

Und noch etwas war aus dieser Vorgeschichte der Umweltzerstörung zu lernen: Auf die Presse als Organ öffentlicher Interessen-

---

tion. Darmstadt 1969. – Allgemein: Mills, C. Wright, *Kritik der soziologischen Denkweise.* Sammlung Luchterhand 127, Neuwied 1973. (Original: *The sociological imagination.* Oxford 1959.)

[109] Über den Hintergrund: Vilmar, Fritz, *Rüstung und Abrüstung im Spätkapitalismus. Eine sozioökonomische Analyse des Militarismus in unserer Gesellschaft.* Frankfurt 1965; seither mehrere laufend erweiterte Ausgaben; sowie die brillante Übersicht von Dieter Senghaas, *Abschreckung und Frieden. Studien zur Kritik organisierter Friedlosigkeit.* Frankfurt 1969. Als Versuch einer Orientierung ferner: ders. (Hrsg.), *Friedensforschung und Gesellschaftskritik.* München 1970.

[110] Mit großer Verspätung erreichten derartige Einsichten endlich auch die Politologie in der Bundesrepublik: Senghaas, Dieter (Hrsg.), *Imperialismus und strukturelle Gewalt. Analysen über abhängige Reproduktion.* Edition Suhrkamp 563, Frankfurt 1972.

wahrnehmung können wir uns in den Lebensfragen der Menschheit mit Sicherheit nicht verlassen. Ihre Verquickung mit den Machtzentren der jeweiligen National- wie Weltgesellschaft ermöglicht ihr keine unabhängige Stellungnahme, sobald überindividuelle Interessen, gar massive Wirtschafts- oder Vormachtsbelange ins Spiel kommen. Auch erweist sich in all diesen Grundfragen moderner Gesellschaft, daß die Ausbildung von Journalisten – soweit sie überhaupt förmlich geregelt ist – zur Beurteilung derart komplizierter Konstellationen nicht befähigt. Mehr oder weniger eingestanden ist der »rasende Reporter« noch immer das Leitbild[111] – und dieses Allroundwissen genügt eben nicht, um derart komplexen Systemen und ihren hintergründigen Zusammenhängen auf die Schliche zu kommen.

Persönlich hege ich den Verdacht, der sich immerhin auf einige Medienuntersuchungen stützen kann, daß die Bundesrepublik im Testfall der »Grenzen des Wachstums«, verglichen mit den USA, Großbritannien, Frankreich und Holland und der Schweiz am schlechtesten abschnitte. Für andere gesellschaftliche Schlüsselbereiche, etwa die Entwicklungspolitik und Arbeitsfragen, belegen Medienanalysen verschiedener Auftraggeber und Institute denselben Rückstand gegenüber dem Weltniveau.[112]

Neu ist solche Erkenntnis also nicht. Man kann es dem Club of Rome auch schwerlich als Verdienst anrechnen, sie bestätigt zu haben. Vielmehr ist ihm vorzuwerfen, daß er auf diese Defekte der Öffentlichkeit spekulierte, sogar Kapital daraus schlug.

8 Meine Alternative: eine humane Demokratie

Was folgt daraus? Egal, wer den Einfall dazu hatte, gleichgültig auch, ob es der Grund des Auftrags oder das willkommene Ergebnis war: Die Botschaft des Club of Rome, die er selbst als eine im Kern politische darstellt, ist eine Flucht nach vorn. Sie verschleiert die Bankrotterklärung, daß die etwas weiter denkenden Industriellen sich von den Schäden bedroht fühlen, die sie selbst anrichten – direkt: durch rücksichtslosen Raubbau, durch Deponien (Abfälle) und Emissionen (Abgase, Abwässer); indirekt: durch Expansion auf Teufel komm raus, durch Werbung, Verschleiß, Preismanipulation,

---

[111] Kisch, Egon Erwin, *Hetzjagd durch die Zeit. Reportagen.* Berlin (DDR) 1971; auch als Fischer Taschenbuch 1467, Frankfurt 1974.

[112] Forbeck, Karla, u. a., *Heile Welt und Dritte Welt. Medien und Politischer Unterricht: Schulbuchanalyse.* Opladen ²1971.

Konzentration und Wegwerfproduktion. Die Botschaft des Club of Rome setzt gegen das drohende Verursacherprinzip, das kaum zufällig gerade in seinem Gründungsjahr 1968 wenigstens in den USA und Europa spruchreif wurde, moralische Aufrüstung, Gemeinbewußtsein: Wir sitzen alle im gleichen Raumboot.

Dabei: Was heißt das schon? Wir sitzen, um im Bild zu bleiben, schließlich nicht auf den gleichen Sesseln, nicht in derselben Klasse, nicht vom selben Service umhegt, sondern mit sehr unterschiedlichen Arbeiten beschäftigt und mit sehr ungleichen Chancen, das Ziel der Fahrt überhaupt zu erreichen. Nein, das ist die alte Leier vom Untergang des Abendlandes als Evergreen: erst Antifa, dann Antikommunismus, dann Anti-H, mal gelbe Gefahr, mal rote oder schwarze, erst geht's gen Westen, dann gen Osten, nun gen Süden, mal sind die Juden schuld, mal die Araber, dann wieder die Freimaurer oder die Katholischen – es bleibt dasselbe auf Solidarität umfrisierte Klassenbewußtsein der jeweils Herrschenden: Vorwärts, nach draußen sollen wir schauen! Wie's im eigenen Nest, in der eigenen Brust aussieht, geht niemanden nichts an. Dieses Prinzip Saubermann ist selbst der schwerwiegendste Umweltverschmutzer.

Heute steht fest: Mit 50 Prozent der für Johnnys Mondfahrt aufgewendeten Kosten hätte sich die Energiekrise für die USA vorbeugend abwenden lassen. Mit den Rüstungskosten allein eines Jahres ließe sich die derzeitige Entwicklungshilfe über Jahrzehnte hinaus bestreiten. Statt dessen kommt jetzt zur Rassenfrage, zum Eingliederungsproblem der angeschlagenen Freiheitskämpfer aus Indochina auch noch die Sozialfürsorge für stellungslose Raumfahrtexperten. – Beim Schachspiel wird dem Anfänger eingeprägt, er solle sich gut überlegen, ob er die Bedrohung einer Spielfigur durch eine Gegenattacke wirklich abwenden kann; sonst stehe er plötzlich mit zwei Bedrohungen da, zwischen denen er sich allenfalls das geringere Opfer noch aussuchen könne. Oder nicht einmal das.

Der Vorschlag, wir sollten auf Kinder verzichten, damit es unseren Enkelkindern dereinst so gut gehe wie uns bisher, ist ziemlich durchsichtige Bauernfängerei. Daraus wird nichts. Ob mit oder ohne Pille, jetzt wird zur Kasse gebeten. Die drei und mehr Welten lassen sich nicht mehr so verwalten und verwerten, wie die eine europazentrische in der guten alten Zeit. Diesmal kommt niemand ungeschoren davon. Auch die Herren müssen mehr opfern als unsere ungeborenen Kinder, künftige Profitsteigerungen und überflüssigen Konsumzwang. Wachstum war das Regulativ, das Überdruckventil einer gesellschaftlichen Ordnung, die sich nur an der Macht halten konnte, indem sie systematisch Krieg schürte und vorbereitete, im Innern wie nach außen. Ihr sozialer Friede, wenn man das so nennen will, hängt von Feindpsychosen und Untergangsstimmungen ab. Auch die Voraussage des Club of Rome erfüllt diese Funktion, ob ihre Urheber das beabsichtigen oder nicht.

Wer dieses Wachstum stoppen will, muß diese Gesellschaft befriedigen und befrieden. Wachstum, durch Rüstung[113] und andere nationale Vorsorge- und Verteidigungsmaßnahmen jederzeit anheizbar, hält als Kitt notdürftig zusammen, was durch Widersinn, Widerstand und Widerspruch in der Realität tausendfach zerrissen ist. Selbst die Erneuerung und Bewegung erstarrter gesellschaftlicher und politischer Instanzen ist auf Wachstum angewiesen: Das von Parkinson konstatierte Krebswuchern der Behörden[114] geht auch aus der Umgehung hoffnungslos verkarsteter Bürokraten hervor.

Die UN-Familie wird nur durch Wachsen den Aufgaben jemals nachkommen können, die ihr die Wachstumsdebatte noch zusätzlich auflädt. Auf national-bundesdeutsche Parallelen sei hier verzichtet. Uns bleibt also kaum eine andere Wahl, als uns auf die Praktiken Münchhausens einzulassen: Wohl oder übel müssen wir uns am selben Zopf aus dem Schlamassel herausziehen, durch dessen begrenzte Tragfähigkeit wir in den Morast hineingerasselt sind. Um langfristig gesundschrumpfen zu können, müssen wir kurzfristig unweigerlich noch dazulegen. Das ist keine Frage, die sich durch »Forschungsaufträge« oder Ausführungsbestimmungen lösen läßt. Hierfür bedarf es einer gesellschaftspolitischen Konzeption im Weltmaßstab.[115] Darüber auch nur nachzudenken, bringt schnell in den Ruch der Verfassungsfeindlichkeit. In diesem Dilemma läßt uns der Club of Rome und sein Brain-Trust stecken. Weil sie Realisten oder weil sie Technokraten sind? Oder weil sie eine bürokratische Auffassung von der Arbeits- und Kompetenzaufteilung zwischen Wissenschaft, Wirtschaft und Politik mit sich herumschleppen?

[113] Kidron, Michael, *Rüstung und wirtschaftliches Wachstum. Essay über den westlichen Kapitalismus nach 1945*. Frankfurt 1971.
[114] Parkinson, D. Northcote, *Parkinsons Gesetz und andere Untersuchungen über die Verwaltung*. Stuttgart 1958 (Original: *Parkinsons law*. Boston 1957); auch als rororo Taschenbuch 6763, Reinbek 1966.
[115] Zaghafte und etwas magere Anläufe: Bussiek, Hendrick (Hrsg.), *Veränderung der Gesellschaft. Sechs konkrete Utopien*. Fischer Taschenbuch 1092, Frankfurt ³1971; sowie ders.: *Wege zur veränderten Gesellschaft. Politische Strategien*. Fischer Taschenbuch 1205, Frankfurt 1971. – Außerdem: Stojanović, Svetozar, *Kritik und Zukunft des Sozialismus*. München 1970; auch als Fischer Taschenbuch 1264, Frankfurt 1972. (Original: Beograd 1968.) – Neuerdings: Harich, Wolfgang, *Kommunismus ohne Wachstum? Babeuf und der Club of Rome*. Reinbek 1975.

Einsicht in Notwendigkeit? Fortschritt?

In Zeiten wie der unsrigen – war es in irgendeinem Arkadien je anders? – steht es allemal auf des Messers Schneide, ob Vernunft Hoffnung weckt, die Zuversicht auf Besserung nährt oder vollends erstickt, ganz praktisch. Das Sprache gewordene Vorurteil springt zu großzügig mit ihr um: Ob Vernunft für Aufklärung und Befreiung eintritt oder für Entmündigung und Unterdrückung steht, entscheidet sich allein im oder am konkreten Fall. Grundsätzlich gilt: Wo sie sich als Ratio bestimmt und in Rationalität[116] erschöpft, da geht der Humanität über kurz oder lang der Atem aus. Kunst findet keinen Spielraum mehr, Lust muß sich als Unzucht titulieren, als Fortpflanzungsakt schmähen und organisieren lassen.

Die Herrschaft der wissenschaftlich-technischen Rationalität hat unleugbar vieles planvoll gestaltet und geschützt, was sonst dem Chaos und dem Untergang anheimgefallen wäre. Doch sie bewirkt zugleich auch Folter und Terror und Zwang. Lebenserhaltung unter den Bedingungen des technisch-wissenschaftlichen Zeitalters tötet vieles, was lebenswert und lebenswürdig wäre, endgültig ab – mit rationaler Notwendigkeit. Kultur heißt, recht verstanden, Aufrechterhaltung einer größtmöglichen Vielfalt um ihrer selbst willen. Das gilt im Morphologischen wie im Ideologischen, im Psychologischen wie im Biologischen, im Religiösen wie im Kreativen, fürs Ökologische wie fürs Ökonomische.

Nur wo der Überlebensplan nicht gegen das »Prinzip Arche« verstößt, lohnt er den Aufwand. Wer das Welternährungsproblem stattdessen durch die Umstellung der Versorgung auf Algenverzehr lösen will, der muß sich fragen lassen, womit er diese Monotonie des Speisezettels ausgleichen will. Gleiches gilt für die Unterbringung in Wohnsilos und dergleichen. Wer die Volkskunst als kurioses Relikt längst vergangener Zeiten verpönt und preisgibt, der muß sich sagen lassen, daß er diesen Verlust an gewachsenen Kulturformen unweigerlich durch gewaltsame Kulturbeschaffung und Kunsterzeugung wird aufwiegen müssen. Der Mensch verlangt nach mehr als Brot allein. Deshalb ist es absonderlich, die Ökologie ausschließlich oder auch nur vorwiegend durch (sanfte) Technologie retten zu wollen, wie die Naturwissenschaftler und Ingenieure es unbekümmert vertreten; oder, wie die Meadows' vorschlagen, durch Verzicht auf Fülle und Vielfalt.

Der Mensch, so scheint's, braucht Variation. An diesem Bedürf-

---

[116] Horkheimer, Max, *Vernunft und Selbsterhaltung*. Frankfurt 1970; ders. *Zur Kritik der instrumentalen Vernunft und Selbsterhaltung*. Frankfurt 1970; sowie: Cooper, David (Hrsg.), *Dialektik der Befreiung*. rororo 1974, Reinbek 1969.

nis sollte niemand rütteln. Abzuwägen aber gilt es, wie dieser Drang sich am harmonischsten stillen läßt – es muß ja nicht immer gleich ein Teufelspakt sein.

9 Ein Überlebensprogramm – utopisch

Doch all diese wiederum Wachstum, Verschmutzung und Verschleiß vorantreibenden Erörterungen,[117] Einwände und Erwägungen der luftigen »Schreibtischschlacht« um die Zukunft des Abendlandes rechtfertigen sich nur aus dem einen Ziel: daß wir allüberall übergangenen Leser und Bürger durch ein, zwei, drei, viele Bürgerinitiativen die politischen Konsequenzen der so blitzhaft über uns gekommenen Erleuchtung, die im MIT-Bericht selbst zu kurz kommen, erzwingen und einleiten.

Im technokratischen Idealfall sähe eine solche Überlebenskonzeption etwa folgendermaßen aus:[118]

1. Nahprogramm:
Sozialpolitisches Krisenmanagement und sozio-ökonomische Umstellung (1975 ff.)
Datensammlung und Auswertung auf nationaler, regionaler und globaler Ebene über Vorräte, Bedarf, Verbrauch, Verschmutzung und Vernichtung von Lebensraum
Formulierung von Zielsetzungen und vorläufigen Rahmenrichtlinien
Neufassung und Ergänzung von Rechts- und Schutzbestimmungen
Ausführung und Regelung der Sozialpflichtigkeit des Eigentums
Musterprozesse gegen Umweltzerstörer mit live-Übertragung über die öffentlichen Medien
Errichtung von überparteilichen, sanktionsberechtigten Kontroll- und Schiedsinstanzen, die nicht dem kurzatmigen politischen Vier-Jahres-Rhythmus unterliegen
Öffentliche Diskussion und Hearings zur Perspektivplanung und Raumordnung mit live-Übertragung über die Sender
Regionale Schwerpunktprogramme der Entwicklungshilfe zur Durchbrechung des vermeintlichen »Teufelskreises der Armut«
Forschungsaufträge für:

---

[117] Statt vieler: Vilmar, Fritz, *Mitbestimmung am Arbeitsplatz*. Neuwied 1971.
[118] Zum Vergleich, als »Markstein der Umweltdiskussion« gefeiert: Vester, Frederic, *Das Überlebensprogramm*. München 1972; auch als Fischer Taschenbuch 6274, Frankfurt 1975.

ressourcensparende, umweltfreundliche Technologie (C + R = Clean and Recycling)
Pflanzenschutz: Ersetzung von DDT durch schnell abbauende, weniger giftige und der Resistenz entgegenwirkende Mittel
Hochertragreiche HYV-Saaten (HYV-High Yielding Varieties)[119]
Weltweite Bevölkerungspolitik und Geburtenregelung
Selbststeuernde biologische Systeme und Kreisläufe
Entwicklungspolitik und Strategien des sozialen Wandels (Lebensqualität, Sozialindex, soziale» Bedingungen und Auswirkungen der Grünen Revolution, Chinas dualistisches Entwicklungsmodell, nationale Sozialbilanz)[120]
Bildungs- und Ausbildungsprogramme zur Anpassung an die Mobilität der wirtschaftlichen und gesellschaftlichen Revolution
Mitbestimmung am Wohnort und Arbeitsplatz, direkte Demokratie und gesellschaftliche Integration
Aufklärungskampagnen
Abrüstungskonzeptionen und -verhandlungen
Vordringlich aber Gesellschaftspolitik:
Erprobung von Mitbestimmungsmodellen, von Mitsprache und Mitwirkung auf allen Entscheidungsebenen, von modifizierter Öffentlichkeit und Partizipation,[121] Vermögensumverteilung, Abbau gesellschaftlicher Spannungen, Ungleichheiten, Unterdrückungen (Frauen, Jugendliche, Homosexuelle, Asoziale).[122]

[119] Griffin, Keith, *The green revolution: an economic analysis*. UNRISD Report 72.6, Geneva 1972. – Palmer, Ingrid, *Science and agriculture production*. UNRISD Report 72.8, Geneva 1972. – Dies., *Food and the new agriculture technology*. UNRISD Report 72.9, Geneva 1972. – Auf deutsch einigermaßen fundiert: Hauser, Jürg A., *Die grüne Revolution*. Zürich u. a. 1972.

[120] Als Einführung: Dierkes, Meinolf, *Die Sozialbilanz. Ein gesellschaftsbezogenes Informations- und Rechnungssystem*. Frankfurt u. a. 1974; ders. (Hrsg.), *Soziale Daten und politische Planung. Sozialindikatorenforschung in der BRD und den USA*. Frankfurt 1975. Außerdem die leider verstreuten Aufsätze von Wolfgang Zapf (s. Fußnote 89). – Aus diesen theoretischen Überlegungen für einen überschaubaren Wirtschaftsraum leitete der Schweizer Nationalrat ein interdisziplinäres Forschungsprojekt ab, das Nationalfond-Projekt »Wachstum und Umwelt« (NAWU), das in Kürze für eine nationale Haushaltsbilanz Vorschläge unterbreiten wird. Für die Mikroebene des einzelnen Unternehmers erarbeitete Ruedi Müller-Wenk mit Arieh Ullmann dort eine *Ökologische Buchhaltung* (Zürich 1974), zu der sich in der BRD Anläufe anscheinend nur bei der STEAG in Essen zeigen.

[121] Um den Hintergrund wenigstens etwas anzuleuchten: Basaglia, Franco, u. a., *Die abweichende Mehrheit. Die Ideologie der totalen sozialen Kontrolle*. Edition Suhrkamp 537, Frankfurt 1972. – Grossmann, Heinz (Hrsg.), *Bürgerinitiativen. Schritte zur Veränderung?* Fischer Taschenbuch 1233, Frankfurt 1971. – Klüver, Jürgen, und Friedrich O. Wolf (Hrsg.), *Wissenschaftskritik und sozialistische Praxis. Konsequenzen aus der Studentenbewegung*. Fischer Taschenbuch 6218, Frankfurt 1973.

[122] Gravenhorst, Lerke, *Soziale Kontrolle abweichenden Verhaltens. Fallstudien an

2. Mittelfristiges Programm:
Überleiten zu globaler Wachstumsdrosselung mittels koordinierter, integrativer Weltinnenpolitik (1980 ff.)
Öffentliche Auswertung und Beschlußfassung über die Forschungsbefunde
Erhebliche Kapital- und Industrieverlagerung in die Dritte Welt
Umlenkung von Kapitalströmen
Neuordnung des Welthandels und des Weltwährungssystems im Sinn der Vorschläge der UNCTAD-Konferenzen (Prebisch-Plan, Green Program) unter Berücksichtigung der von der 6. und 7. Sondervollversammlung der Vereinten Nationen 1974 bzw. 1975 verabschiedeten Neuen Weltwirtschaftsordnung, der fast alle Industriestaaten sich bisher widersetzen[123]
Schrittweise Übertragung nationaler Hoheitsrechte auf kommunale oder regionale Ebene und deren Koordinierung durch kontinentale bzw. globale Instanzen (nach welchem Maßstab?)
Aufstellung eines Weltressourcen-Leitplans
Verabschiedung eines verbindlichen Umweltcodes
Errichtung von weltweiten Kontroll- und Schiedsinstanzen mit Sanktionsgewalt
Gründung einer Weltbehörde für Biosphärenbewirtschaftung (Boden, Luft, Wasser, Naturschätze mit regionalen Filialen)
Neue Sicherheitssysteme mit gleichzeitiger Abrüstung.

Was langfristig noch zu regeln übrigbliebe, reicht meine Naivität nicht aus sich vorzustellen. Vermutlich: die Verzerrungen, Widersprüche und Konflikte, die sich aus der Durchführung beziehungsweise egoistischer, nationalistischer Entstellung des skizzierten Programms ergeben haben, zu bilanzieren und durch neuerliches Krisenmanagement halbwegs zu regulieren. Ob der Weltzustand in der letzten Dekade dieses Jahrhunderts im zweiten christlichen Jahrtausend dann angenehmer, menschenwürdiger sein wird als unser gegenwärtiger, erscheint mir höchst fraglich; auch oder gerade nach

---

weiblichen Insassen eines Arbeitshauses. Edition Suhrkamp 368, Frankfurt 1970. – Moser, Tilman, *Jugendkriminalität und Gesellschaftsstruktur. Zum Verhältnis von soziologischer, psychologischer und psychoanalytischer Theorien des Verbrechens.* Fischer Taschenbuch 6158, Frankfurt 1972. – Gronemeyer, Reimer, *Integration. A. a. O.* – Bahr, Hans-Egon (Hrsg.), *Die Politisierung des Alltags. Gesellschaftliche Bedingungen des Friedens.* Sammlung Luchterhand 88, Neuwied 1972. – Roth, Wolfgang (Hrsg.), *Kommunalpolitik für wen? Arbeitsprogramm der Jungsozialisten.* Fischer Taschenbuch 1272, Frankfurt 1971.

[123] Dazu in Vorbereitung: v. Nussbaum, Henrich, *Die Neue Weltwirtschaftsordnung. Der große Sprung nach vorn?* Frankfurt 1976.

den Beteuerungen und Selbstverpflichtungen in der gegenwärtig verunsichernden Krise. Das Krisenmanagement kann ebenso gut in gesteigerten Nationalismus und Partikularismus, in Autarkieaufwallungen, ja in Faschismus münden. Voraussichtlich bleibt gültig: je mehr Plan, desto mehr Fehlplanung und Planlosigkeit. Ohne Plan jedoch geht es schon lange nicht mehr.[124]

Ausschlaggebend ist: wer stellt ihn auf, wer führt ihn durch? Und: nach welchen Richtlinien und zu wessen Gunsten und mit welchem Nachdruck? Alle zugleich sind wohl niemals zu begünstigen. Die bisherigen Erfahrungen mit solchen »Aufbrüchen« stimmen äußerst skeptisch.

Die Entwicklungspolitik wurde durch die überreichlich eingetretenen politischen Krisen und Naturkatastrophen nicht wesentlich umgestellt. Die Spendenfreudigkeit stieg vorübergehend – aber selbst, wenn dieser Tropfen den heißen Stein erreichte, was schon die wundersame Ausnahme war, abzukühlen vermochte er ihn nicht. Denn die gleichen Leute, die da löschten, heizten zur gleichen Zeit den Brand wieder an, durch ihr gleichbleibend realistisch-egoistisch orientiertes gesellschaftliches und politisches Verhalten. Es geht – hier wie da, heute wie vormals – nicht um Almosen und Bekenntnisse, um Buße oder Fürbitten, sondern um die Abschaffung der Ursachen, die Veränderung der diese Ungleichheiten exponentiell und unaufhaltsam vorantreibenden gesellschaftlich-politischen Strukturen und ihre wirtschaftlichen Trends.

Hier, von allen technischen und methodischen Einwänden abgesehen, liegen die entscheidenden Einwände gegen die Heilslehre des Meadows-Teams. Es löst die ihm gestellte Aufgabe wie ein Manager, der routinemäßig eine illiquide Firma wieder flottzumachen hat (eben durch Umschuldung, Überwälzungen zu Lasten anderer). Oder wie der Arzt, der seinem Patienten Medikamente und Verhaltensmaßregeln gibt, wie ein vorhersehbarer Herzinfarkt sich vermeiden lasse, sich aber um die Lebensumstände nicht kümmert; sie im Ernstfall wohl auch kaum zu ändern vermag, weil ihm die Autorität dazu fehlt und vor allem die Kompetenz.

In der Entwicklungspolitik nennt man das gelegentlich Albert-Schweitzer-Mentalität. Das will nicht über dessen persönliche Integrität rechten, wohl aber über die soziale Blindheit, mit der man Menschen aufopfernd das Leben erhält – für lebenslange Misere. Muß man nicht unweigerlich an den Zuchthausarzt denken, der den zum Tod Verurteilten ins Leben zurückruft, damit er bei vollem

---

[124] Offe, Claus, *Sachzwang und Entscheidungsspielraum*. In: Stadtbauwelt, 23/1969, S. 189 ff.

Bewußtsein, wie das Recht der Rache und einer fragwürdigen Menschenwürde es verlangt, in den Tod befördert werden kann?

Die herzinfarktgefährdeten, managerkranken Manager haben nach allgemeiner Einschätzung vorzügliche Ärzte, die bestausgebildeten, bestausgerüsteten, teuersten, berühmtesten, modernsten und wie die Kriterien alle heißen. Ihren Infarkt bekommen sie doch. Wenn die Zeit gekommen ist. Vielleicht ein bißchen später, weil sie noch eine Kur einschoben, vielleicht ein bißchen früher, weil sie im Götterdämmerungswahn sich auch noch den Magen verdarben oder erst recht übernahmen.

Mein Gottvertrauen reicht dennoch nicht aus, um dem HERRN die Geschicke dieser Welt anzuempfehlen und beruhigt meiner Wege zu ziehen. Leider nicht. Aber als einzig christliche Moral will auch mir erscheinen: Gott überall da walten zu lassen, wo man nicht selbst willens oder fähig ist, mit Einsatz aller zur Verfügung stehender Mittel, Kräfte und Kenntnisse ein besseres Leben zu schaffen. Solcher Entzug aus der sozialen Verantwortung berechtigt sicher nicht dazu, sich für einen guten Christen zu halten; aber doch wenigstens nicht für einen bigotten Heuchler. Nach allem, was wir unter Christenmenschen erlebt haben, erscheinen solche Nuancierungen die einzig zumutbare Verhaltensumstellung zu sein.[125] Immerhin, ihre Erfüllung würde das Leben auf diesem Globus schon beträchtlich lebenswerter machen. Wenigstens ließe sich dann in Ruhe zum Sterben rüsten – auf jenen unappetitlichen Tod, den wir allerchristlichsten Marodeure der Menschheit in sechs Jahrhunderten rastlosen Schaffens und Bekehrens beschert haben und der uns nun selber zu ereilen droht.

Weil wir Ungeheuer sind? Ganz im Gegenteil: Menschen, die ihre Allzumenschlichkeit nicht zügeln konnten. Mit Angst vor dem Tod und einer großen Sehnsucht nach dem verlorenen Paradies im Herzen, vor der nichts Irdisches bestehen konnte. Keine falsche Rührseligkeit über diesen Abgang: Wir wußten, was nottat. Wir wußten, daß es möglich wäre. Nur, wie es zu ermöglichen wäre, darüber kamen wir zu keiner Einigung. Wir Herren der Welt, die ihr Siegeslauf ins Grenzenlose trieb, weil sie nicht teilen, nicht anders Anteil nehmen konnten als durch privatrechtliche Inbesitznahme.

Divide et viveras. Eine Welt oder keine!

Was sich im Bericht des Club of Rome an Überlebenschancen und -interessen ausdrückt, ist nicht ein allgemeiner, allgemein gültiger

---

[125] Knapper Rundgang in: v. Nussbaum, Henrich, *Kritik an Klaus Scholder ›Grenzen der Zukunft‹*. In: Technologie und Politik, rororo-Aktuell Magazin 1, Reinbek, Februar 1975, S. 192–200.

Ausweg, sondern der höchst eigenartige und eigennützige Einfall von Wissenschafts- und Wirtschaftsmanagern. Darüber muß sich klar sein, wer über das Szenario der Studie ins klare kommen will. Es ist keineswegs alles falsch oder von Übel, doch nur mit Vorbehalt zu genießen: Der Bericht verfolgt mehr Ziele, als ausgewiesen sind. Und dem einen dient er gar nicht: Menschenleben lebenswerter, sinnhafter und erfüllter zu machen. Eine Alternative zur Utopie, zum schöpferisch-phantastischen Entwurf, der ohne Glaube und Tollheit nicht auskommt, bietet die Simulation nicht – und wäre sie noch so fehlerfrei errechnet.

Auch ausgeführt schafft uns der Bericht noch keine Zukunft. Er könnte sie sogar abschaffen. Dann nämlich, wenn die von seiner Zukunftsplanung Betroffenen es nicht schaffen, ihre Existenz – das heißt ihre Arbeit und ihre Bedürfnisbefriedigung – selbst in die Hand zu bekommen.

Liberation, Emanzipation, Integration – diese Forderungen stehen mehr denn je auf der Tagesordnung. Hier liegt der Schlüssel zur Lage der Menschheit, ihrer Gegenwart und ihrer Zukunft.[126] Allein unter diesen Rahmenbedingungen ist freiwillige Wachstumsbeschränkung überhaupt durchführbar. Nur in diesem Kontext und mit dieser Perspektive bekommt sie einen vertretbaren Sinn.

Forrester sieht das gerade andersherum: ›Die Entscheidungsträger brauchen mehr Ellenbogenfreiheit!‹ lautet die Überschrift seiner Schlußfolgerungen[127] (›New York Times‹ 1970). Was vorauszusehen war.

Nachtrag 1975: Inzwischen haben sie sich diesen Ermessensspielraum weltweit genommen.

---

[126] Mit der ihm eigenen Prägnanz umschreibt der Ahnherr der deutschen Futurologie Ossip K. Flechtheim das Programm einer fortschrittlichen Futurologie als: *Der Kampf um die Zukunft.* Frankfurt 1972.
[127] Entsprechend nannte Wilhelm Fucks seinen Versuch, mit Computerprogrammen zu gesamtgesellschaftlichen Vergleichen über die Potentiale von Nationalstaaten zu gelangen, ungeschminkt: *Formeln zur Macht. Prognosen über Völker, Wirtschaft, Potentiale.* Stuttgart 1965; auch als rororo Taschenbuch 6601, Reinbek 1966. – Dazu ferner: Pforte, Dietger, und Olaf Schwencke (Hrsg.), *Ansichten einer künftigen Futurologie.* Reihe Hanser 112, München 1973.

Diskussion:
Wachstum bis zur Katastrophe?[1]

AHLBORN: Große Ereignisse werfen ihre kleinen Schatten voraus; morgen wird der Friedenspreis des Deutschen Buchhandels verliehen, und heute wollen wir über die ›The Limits to Growth‹-Studie (›Die Grenzen des Wachstums‹) diskutieren.

Die Studie ›Die Grenzen des Wachstums‹ hat eine unerhörte Resonanz gehabt und ist ebenso heftig kritisiert worden; und dies wird auch Teil unserer Diskussion sein, wenn es auch nicht so aussieht, als säßen hier Feinde dieser Studie auf dem Podium. Da dies nun mal so ist, werde ich eine gewisse Persönlichkeitsspaltung machen, das heißt, ich werde versuchen, so weit dies geht, kritische Stellungnahmen, die mir bekannt sind, in die Diskussion zu bringen. Dennis Meadows sollte die Ziele dieser Studie erläutern. Was sollte sie leisten, und was sollte sie nicht leisten? Vielleicht räumt das eine ganze Menge von Irrtümern aus. Danach wollen wir versuchen, einige mehr technische Probleme dieser Studie zu behandeln, um dann zu den politischen zu kommen und zu fragen, was die Studie eigentlich für Folgen für unsere politischen und wirtschaftlichen Systeme hat.

MEADOWS: Lassen Sie mich damit beginnen, daß ich andeute, was wir nicht tun wollten. Unsere Studie war kein Versuch, die Zukunft vorherzusagen, vielmehr war sie ein Versuch, herauszufinden, was die Zukunft bringen könnte. Wir haben nicht das wirtschaftliche Wachstum untersucht; denn darin sind zu viele Komponenten enthalten, für die wir keine Grenzen sehen, zum Beispiel Gesundheit und Erziehung; vielmehr haben wir uns mit dem materiellen Wachstum beschäftigt, mit dem Verbrauch von Materialien und mit dem demographischen Wachstum. Ebensowenig haben wir versucht zu beweisen, daß es Grenzen gibt. Computermodelle haben keine Möglichkeit, zu beweisen, daß eine endliche Menge von Öl in der Erde liegt oder daß es ein endliches Hitzevolumen gibt, das die Erde absorbieren kann.

Statt dessen begannen wir mit vier Tatsachen über die Welt. Wer

---

[1] Protokoll einer Diskussion im Amerikahaus Frankfurt zwischen Hans Ahlborn, Donald R. Lesh, Peter Milling, Erich Zahn u.a. und Dennis L. Meadows. Diese Diskussion ist das Ergebnis einer Gemeinschaftsveranstaltung des Amerikahauses Frankfurt und der Deutschen Verlags-Anstalt, Stuttgart, vom 13. Oktober 1973 in Frankfurt am Main. Die englischsprachigen Beiträge sind von Wolfram Tichy übersetzt.

diese Tatsachen nicht akzeptiert, der wird an unseren Schlußfolgerungen kein Interesse haben. Wenn Sie sie jedoch als gültig ansehen, dann meine ich, daß unsere Schlußfolgerungen von Interesse sein sollten. Hier sind diese Tatsachen:

1. Materielles Wachstum und Bevölkerungswachstum vollziehen sich heute in einem schnelleren Maße als zu irgendeinem anderen Zeitpunkt in der Geschichte, und sie beschleunigen sich noch. Zudem scheint das Wachstum in unseren politischen und ökonomischen Institutionen tief verwurzelt zu sein.

2. Dem materiellen Wachstum scheinen Grenzen gesetzt zu sein. Es scheint beispielsweise eine endliche Menge nutzbaren Landes zu geben, eine endliche Menge an Öl in der Erde zu liegen – selbst wenn sie sehr groß ist, ist sie endlich –, es scheint eine endliche Menge von Kupfer zu geben, das Ausmaß an Verschmutzung, das die Umwelt assimilieren kann, scheint endlich zu sein. Eine wichtige Eigenschaft dieser Grenzen ist es, daß sie noch früher erreicht werden können, wenn wir nicht vorsichtig sind. Wenn wir unser Land nicht sorgsam behandeln, werden wir schließlich mit weniger Land auskommen müssen; wenn wir mit unseren Treibstoffvorräten Mißbrauch treiben, wird uns noch weniger bleiben.

3. Überall in dem globalen sozio-ökonomischen und demographischen System läßt sich die Wirkung einer starken Resultatsverzögerung beobachten. So hat sich zum Beispiel in den Vereinigten Staaten die Geburtenrate auf einen Grad des einfachen Ersatzes eingependelt, das heißt, jedes Paar hat im Durchschnitt zwei Kinder. Dennoch wird für eine Zeitspanne von 70 Jahren die Bevölkerung wachsen, weil in den demographischen Altersstrukturen diese Verzögerung eingebaut ist. Das DDT, das wir in den letzten Jahren in die Umwelt gebracht haben, wird für weitere 30 oder 40 Jahre schädliche Wirkungen haben, selbst dann, wenn wir heute aufhörten, DDT zu benutzen. Und in unserer politischen und ökonomischen Institutionen beobachten wir ebenfalls lange Verzögerungen, die sich von zehn, zwanzig bis hin zu fünfzig Jahren erstrecken können.

4. Die letzte Tatsache, die in unsere Studie eingebracht wurde, war die kurzfristige Planungsperspektive, mit der die meisten Menschen ebenso wie die meisten Institutionen arbeiten. Man braucht sich nur unsere Reaktion auf die Energiekrise oder das drohende Bevölkerungswachstum anzusehen, um erkennen zu können, daß wir uns lediglich auf solche Konsequenzen, auf solche Kosten und Nutzeffekte konzentrieren, die zwischen heute und der nächsten Wahlperiode sichtbar werden, obwohl wir über politische Entscheidungen

debattieren, die ihre Rückwirkungen auf die nächsten vierzig, fünfzig oder mehr Jahre haben werden.

Diese vier Tatsachen sind durch unsere Untersuchungen nicht bewiesen worden, sie waren Inputs. Wenn Sie sie akzeptieren, dann können Sie unser Buch als einen Versuch lesen, ihre Bedeutung zu verstehen. Von diesen vier Tatsachen ausgehend begannen wir, eine sehr detaillierte Theorie über das Wachstum im Materialverbrauch und der Bevölkerungsdichte auf der ganzen Erde zu entwickeln. Dabei behielten wir die folgenden Fragen im Auge:

Wann wird das materielle Wachstum zu einem Ende kommen?

Welches werden die Kräfte sein, die das Ende verursachen?

Welche Qualität werden materielle Versorgung und soziale Dienstleistungen in der Welt haben, wenn das Gleichgewicht hergestellt sein wird?

Unser Buch bietet zu jeder dieser Fragen vorläufige Antworten. Es besagt:

1. Wenn die gegenwärtigen Trends fortgeführt werden, werden wir noch zu Zeiten heute lebender Menschen über bestimmte Wachstumsgrenzen hinausschießen. Als Resultat werden wir vermutlich eine Verminderung der Bevölkerungszahl und der Produktion materieller Güter erleben.

2. Es ist nicht unvermeidlich, daß wir über diese Grenzen hinausschießen. Wir könnten uns etliche Vorgehensweisen auf technologischem und sozialem Gebiet vorstellen, die von jedem Land auf seine Weise in Gang gebracht werden können und die unsere sozialen und ökonomischen Systeme in Einklang mit den existierenden Grenzen bringen und uns dennoch genügend produktives Potential, genügend persönliche Freiheit lassen könnten, um die grundlegenden Bedürfnisse der Menschheit zufriedenzustellen.

3. Je eher wir mit der Arbeit daran beginnen, desto größer wird das Spektrum an Möglichkeiten sein, das uns bleibt, wenn das Wachstum erst einmal an seine Grenzen gestoßen ist.

AHLBORN: Über das Buch ›Die Grenzen des Wachstums‹ sind ja die Urteile ganz verschieden ausgefallen. Robert Jungk hat es »eines der seltenen Dokumente, die den Lauf der menschlichen Geschichte verändern«, genannt, und ein englischer Professor hat gesagt, es sei ein so dreistes und schamloses Stück Unsinn, daß es unmöglich von jemandem ernst genommen werden kann. Donald Lesh, wie erklären Sie sich den großen Erfolg einer Studie, die im Grunde genommen doch sehr düster ist?

LESH: Das ist natürlich ein Phänomen, das auch uns außerordentlich bewegt. Ich glaube, daß Ihre Zitatensammlung fast ad infinitum fortgesetzt werden könnte. Meiner Ansicht nach ist die extreme Wirkung dieses Buchs mehreren Faktoren zuzuschreiben:

Vor allem ist der Erfolg dieser Studie der Autorität zu verdanken, die sie aufgrund ihrer Autoren, der Gruppe internationaler Gelehrter und des Massachusetts Institute of Technology, wo die Untersuchungen stattfanden, beanspruchen kann. Zweitens bin ich der Ansicht, daß das Buch zu einem gewissen Grad von der Faszination profitiert, die uns alle angesichts der Versuche erfaßt hat, mit Hilfe der Analysen des Computers unsere Gesellschaft zu verstehen. Ich persönlich halte dies für bedauerlich, denn wäre diese Arbeit von 1000 mit einem Rechenschieber versehenen Chinesen geleistet worden, die Resultate hätten die gleichen sein können. Man kann sich auch zu sehr in den technischen Aspekten verlieren, jedenfalls würde ich das als Laie sagen.

Zum dritten glaube ich, daß das Buch vor allem deshalb einen so großen Erfolg gehabt hat, weil zumindest in den Vereinigten Staaten, für die ich sprechen kann, ein starkes Gefühl vorherrscht, daß irgend etwas falsch läuft; daß irgend etwas an unserem überkommenen Glauben an das Versprechen des Wachstums, materielle Vorteile für uns Menschen zu bringen, nicht stimmt. Einige fühlen, daß diese glorreiche Zukunft nicht unseren Erwartungen entspricht. Dies ist vielleicht unter der Jugend am auffallendsten. Dieses Buch erschien, als man überall nach Erklärungen für diese Umstände suchte. Und es gab eine sehr logische und klare Erläuterung einer möglichen Antwort.

Ich glaube, es gibt noch andere Gründe. Es wurde der Versuch gemacht – und für diesen Versuch wurden die Autoren dieses Buches und andere, die mit ihm in Verbindung standen, vor allem der Club of Rome, heftig kritisiert –, dieses Dokument einem breiten Publikum zugänglich zu machen. Sehr deutlich und von Anfang an war dieses Buch auf den durchschnittlich interessierten Leser ausgerichtet, damit dieser es lesen und verstehen könne; und ich glaube, auch das hat wesentlich zu der großen Wirkung beigetragen, der dieses Buch sich erfreuen konnte.

AHLBORN: Gunnar Myrdal[2] und Jan Tinbergen[3] haben den hohen Aggregationsgrad dieser Studie beklagt, das meint, daß dort zum Beispiel einige Größen, wie Rohstoffvorräte, zu einem Faktor zu-

---

[2] Myrdal, Gunnar, *Ökonomie einer verbesserten Umwelt*. In: v. Nussbaum, Henrich (Hrsg.), *Die Zukunft des Wachstums. Kritische Antworten zum ›Bericht des Club of Rome‹*. Düsseldorf 1973. S. 13-44.

[3] Tinbergen, Jan, *Entwicklungspolitik und Umweltschutz*. In: v.Nussbaum, Henrich, a.a.O. S. 77-87.

sammengezogen werden, der dann einen relativ hohen Steuergrad für das ganze Programm hat. Herr Zahn, was sagen Sie zum Aggregationsgrad?

ZAHN: Die Bestimmung des Aggregationsgrades eines Modells zählt zu den wichtigsten Entscheidungen bei der Modellkonzipierung. Die dabei entstehenden Fragen, ob ein bestimmter Ausschnitt des jeweils betrachteten Realphänomens als Element oder als Subsystem zu betrachten ist, läßt sich bei großen und komplexen Systemen nicht einfach *ex ante* entscheiden. Ihre Klärung ist aber sehr wichtig, hängen doch hiervon die Simulationsergebnisse entscheidend ab. Theoretisch läßt sich die Frage nach dem geeigneten Aggregationsniveau, ebenso wie nach der adäquaten Systemgrenze, mit der dynamischen Relevanz der entsprechenden Größe und ihren Interaktionen mit anderen Systemelementen beantworten. Danach ist etwa ein hinreichender Aggregationsgrad erreicht, wenn ein weiteres Aufspalten von Elementen keinen zusätzlichen Informationsgewinn zum untersuchten Problem darstellt, oder mit anderen Worten, wenn die Dynamik des repräsentierten Systems davon nicht beeinflußt wird. Ein praktisches, allgemein anwendbares Rezept gibt es hier nicht. Die Lösung hängt in erster Linie vom definierten Untersuchungsziel und dem gewählten Zeithorizont – zwei interdependenten Entscheidungen – ab. Das Ziel bestimmt, welche Variablen von Interesse sind, und der Zeithorizont gibt an, für welchen Zeitraum das Verhalten dieser Variablen betrachtet werden soll.

Erklärtes Ziel der MIT-Studie ist es, aus globaler Sicht die gesamtsystemaren Interaktionen zwischen Bevölkerungswachstum und materiellem Wachstum offenzulegen sowie deren langfristige Implikationen, wie dem Aufbrauch der nicht erneuerbaren Rohstoffe, der Zerstörung der natürlichen Umwelt und der Verknappung des Nahrungsmittelpotentials, zu analysieren. Dabei standen zwei Teilziele im Vordergrund:

Erstens, eine Darstellung zu finden, in der die verschiedenen interagierenden Wachstumsprozesse und ihre Barrieren gemeinsam betrachtet werden können, um so zu zeigen, daß die einzelnen Krisenerscheinungen ebenfalls gekoppelt sind und daß Problemlösungen nur erfolgversprechend sind, wenn sie aus der Sicht des Systemganzen heraus erfolgen. Zweitens, jene Kräfte zu identifizieren und zu analysieren, die die für das menschliche Leben notwendigen Versorgungskapazitäten des Planeten Erde vergrößern oder verkleinern können, und allgemeine Möglichkeiten aufzuzeigen, wie durch Überbeanspruchung des Systems entstehende Katastrophen vermieden werden können.

Die Analyse des Verhaltens machte es wegen der systeminhärenten langen Verzögerungen erforderlich, einen langen Zeithorizont, nämlich 200 Jahre, zu wählen. Nur über einen derart langen Zeitraum können die Wirkungen der verschiedensten Rückkopplungsmechanismen, also die unterschiedlichen Verhaltensphasen (exponentielles Wachstum, Überschwingen und Kollaps) sinnvoll analysiert werden. Dementsprechend haben nur solche Aspekte des betrachteten Realphänomens Eingang in das Modell gefunden, von denen angenommen werden konnte, daß sie zum Ziel und zum Zeithorizont in einer signifikanten Beziehung stehen. Hieraus erklärt sich auch der unterschiedliche Aggregationsgrad in den einzelnen Sektoren. So ist der Landwirtschaftssektor etwa vergleichsweise stärker disaggregiert als der Rohstoffsektor.

Es ist zweifellos richtig, daß hier keine Optimallösung gefunden, aber auch nicht gesucht wurde. Es handelt sich vielmehr quasi um eine erste Annäherung. Für modifizierte oder andere Fragestellungen wird sich eine weitere Aufspaltung des Modells in vielen seinen Bereichen sicher als sinnvoll und notwendig erweisen.

MEADOWS: Es gibt noch eine andere Überlegung bei der Wahl des Aggregationsgrades. Wir wollten jene Annahmen in unser Modell einbringen, von denen wir glaubten, sie würden für eine Zeitspanne von 30–50 Jahren für alle Länder gültig bleiben. Es lassen sich nur wenige Details anführen, von denen man glauben kann, sie behielten für alle Länder 50 Jahre lang ihre Gültigkeit.

Was die Rohstoffe angeht, so spielte ein anderes Problem eine Rolle. Indem wir die Summe aller Rohstoffe in einem Wert vereinigten, hofften wir, einen Rohstoff durch einen anderen ersetzbar machen zu können. Ich finde es sehr aufschlußreich, daß jene, die uns einerseits wegen des hohen Aggregationsgrades kritisieren, uns gleichzeitig deshalb angreifen, weil wir keine technologisch optimistischen Annahmen getätigt haben. Wären wir davon ausgegangen, daß Öl oder Quecksilber oder Gold, sobald ihre Vorräte erschöpft sind, das globale ökonomische System zum Stillstand brächten, wären wir nicht in der Lage gewesen, dies mit der Existenz aller anderen Rohstoffe in Einklang zu bringen.

Indem wir alles zusammenbrachten, setzten wir automatisch voraus, daß in der von uns ausgewählten Zeitspanne alles miteinander austauschbar werden könnte.

AHLBORN: Herr Milling, diese Kritik trifft ja nicht nur die Frage der Rohstoffe. Könnten Sie versuchen, dieses Problem etwas globaler zu beantworten? Wie realistisch sind Ihrer Meinung nach die Annahmen, die in dieser MIT-Studie gemacht werden?

MILLING: Ich möchte noch eine Bemerkung bezüglich der Aggregationsfrage nachschicken. Der richtige Aggregationsgrad eines solchen Modells ist von dem Zweck bestimmt, der mit dem Modell verfolgt werden soll. Wenn wir untersuchen wollen, ob Grenzen für die Welt als Ganzes bestehen – und dabei vernachlässigen, daß sehr wohl extreme strukturelle Unterschiede zwischen entwickelten und unterentwickelten Ländern existieren –, dann läßt sich die Gültigkeit der Aussagen des Weltmodells aufgrund des hohen Aggregationsgrades mit dem Verhältnis vergleichen, wie es zwischen Volkswirtschaftslehre und Betriebswirtschaftslehre besteht. Aussagen über das Gesamtwachstum einer Volkswirtschaft sagen nichts über die Entwicklung einzelner Unternehmen aus. Wenn aber für die Volkswirtschaft irgendwelche Wachstumsgrenzen vorhanden sind, dann gelten diese sehr wohl auch für die Unternehmen in ihrer Gesamtheit. Der Umkehrschluß ist jedoch nicht zulässig. Für die spezifischen Fragestellungen, die Dennis Meadows aufführte, ist der gewählte Aggregationsgrad unserer Ansicht nach sehr wohl gerechtfertigt.

Es gibt selbstverständlich Kritikpunkte, die häufig vorgetragen werden, etwa derart, daß wir uns bemüht haben, relativ datenschwache Gebiete zu operationalisieren und zu quantifizieren, um sie zur Grundlage von Simulationsmodellen zu machen. Es stellt sich jedoch im Umgang mit komplexen Systemen heraus, daß nur wenige numerische Größen für das Verhalten des Systems relevant sind. Und noch etwas: Durch die Möglichkeit der Computer-Simulation ist es sehr billig geworden, Experimente durchzuführen. Ob gewisse Parameter in ihrem numerischen Wert richtig gegriffen sind oder nicht, ist für den überwiegenden Wertebereich des Modells nicht von besonderer Relevanz; das Verhalten reagiert relativ intensiv auf Veränderungen des weitaus größten Teils der Parameter.

Ein weiterer Kritikpunkt, der häufig vorgebracht wird: Warum wurden gerade diese fünf Hauptvariablen ausgewählt? Einmal wird gesagt, daß eine sehr materielle Anschauung das Modell prägt, daß eine vitalistische Philosophie zugrunde liegt und daß das ganze Modell sehr mechanistisch wirkt. Zum anderen aber wird auch der Vorwurf gemacht, die Variablen seien willkürlich gegriffen. Eine Willkür ist nicht gegeben. Wir beschäftigen uns mit der Weltbevölkerung, mit der Menschheit als ganzer, und das ist eine zentrale Variable in unserem System. Die Menschheit benötigt die Technik und die Industrie, um einen gewissen materiellen Lebensstandard zu erzeugen. Dieser Komplex der Industrie ist der zweite Bereich. Wir brauchen Nahrungsmittel, das ergibt den dritten Bereich, den der landwirtschaftlichen Erzeugung. Zur Produktion des materiellen Lebensstandards müssen natürliche Ressourcen eingesetzt werden, das ist die vierte kritische Variable, und mehr oder weniger ungewollt schaffen wir bei der industriellen Produktion Umweltbelastung oder Umweltzerstörung, das ist die fünfte Variable. Also keine Willkür in der Auswahl der Modellvariablen, sondern eine rationale Vorgehensweise.

AHLBORN: Man hat gesagt, und das halte ich für einen sehr viel schwererwiegenden Vorwurf, daß dieser Studie ein gewisser Determinismus eigen ist, das heißt, diese Studie wollte eigentlich beweisen, daß der Untergang vor der Türe stehe.

ZAHN: Ich meine, man macht es sich zu einfach, wenn man der Studie diese Zielsetzung unterstellt. Ziel der Studie ist es nicht, zu beweisen, daß der Planet Erde endlich und demzufolge jedes materielle Wachstum begrenzt ist. Auch will sie nicht primär zeigen, daß die Grenzen für das materielle Wachstum bald erreicht sind, der Untergang des Systems quasi unmittelbar vor der Tür steht, sondern illustrieren, wie das System reagiert, wenn das materielle Wachstum sich seinen Grenzen nähert und wie das System beeinflußt werden kann, damit es nicht zu den im Bericht ›Die Grenzen des Wachstums‹ diskutierten Katastrophen kommt. Die Ergebnisse des Modells stellen keine Prognosen, sondern lediglich Konditionalaussagen dar. Die Interpretation muß lauten: Nur wenn die Mechanismen, die in der Vergangenheit das Verhalten des repräsentierten Systems bestimmten, auch in der Zukunft unvermindert aktiv sind und in ihrer Wirkung nicht durch andere Mechanismen (also Anpassungsmechanismen) beeinflußt werden, muß es früher oder später zu einer Katastrophe kommen. Die Katastrophe ist nur unter bestimmten Bedingungen determiniert, wie die verschiedenen Simulationen zeigen.

Andererseits ist es richtig, daß es sich hier um ein deterministisches und nicht um ein probabilistisches Modell handelt. Die Struktur des Modells ist vorgegeben. Sie kann sich nicht durch systemendogene Anpassungsmechanismen verändern. Demzufolge sind Reaktionsphänomene wie etwa der »soziale Wandel« nicht explizit im Modell enthalten. Der Grund dafür ist nun nicht, daß wir diese Reaktionsmechanismen für unwichtig halten, sondern daß es äußerst problematisch ist, Aussagen über ihre Existenz, ihre Entstehung und ihre Wirkung, also über das Verhalten der Menschheit in der Zukunft zu machen. Wir können bestenfalls annehmen, daß sie wahrscheinlich sind. Damit befleißigen wir uns noch nicht einer pessimistischen, sondern eher einer realistischen Verhaltensweise;

denn Entscheidungen – auch über die Struktur von Modellen – lassen sich nur immer auf der Basis von verfügbaren Informationen treffen.

Aufgrund dieser Einsicht haben wir es vorgezogen, Anpassungsmechanismen der genannten Art nur implizit zu behandeln, und zwar im Rahmen der Ausnahmenkonstellationen, die den verschiedenen Experimenten zugrunde liegen. Damit wird es möglich, etwa die Implikationen unterschiedlicher Werthaltungen aufzuzeigen, wie dies im Falle jenes Experimentes geschehen ist, das im Ergebnis zu einem Gleichgewichtssystem führt.

AHLBORN: Sie haben eben so schön gesagt, »damit es nicht zur Katastrophe kommt«. Nun finde ich, diese Aussage betrifft ja eigentlich immer nur uns, die wir in einer vergleichbar angenehmen Gesellschaft leben, die auf einem relativ hohen Lebensstandard beruht. Aber es ist ja doch wohl so, daß in anderen Gebieten dieser Erde die Katastrophe wohl da ist. Und für diese Gebiete dürfte die Aussicht auf eine Katastrophe nicht so schrecklich sein wie für uns.

Ich möchte auf etwas zurückkommen, was vorhin gesagt wurde. Es wurde nämlich, und zwar im Zusammenhang mit den Rohstoffreserven, das Problem der Verteilung erwähnt. Gunnar Myrdal[4] sagt, wenn man über das Problem der Rohstoffe in dieser Welt redet, dann muß man über den Verfügungs-, Verwaltungs- und Verteilungsprozeß reden, das heißt man muß dabei im Hinterkopf behalten, daß 20 Prozent der Erdbevölkerung, das sind für ihn die entwickelten Länder, 80 Prozent der Rohstoffe verbrauchen und daß wir immerhin unseren Reichtum auf diese Mechanik bauen. Man kann das auch etwas schärfer so benennen, daß man meint, dies sei ein Ausbeutungsprozeß, und die Frage ist, ob ein Modell, das diese Mechanik nicht berücksichtigt, nicht ein wesentliches Prinzip dieser Welt unterschlägt.

MILLING: Nein, das glaube ich nicht. Ich muß auf meine ersten Ausführungen zurückkommen, auf das, was wir erreichen wollten. Bisher wurde doch dem überwiegenden Teil aller Entwicklungsländer immer wieder erzählt, im steten Wachstum würde sich die Lücke zwischen den reichen und armen Ländern schließen; und zwar dergestalt, daß die Reichen weiterwachsen werden, die Armen aber noch viel schneller wachsen. Eines Tages würde dann diese Lücke geschlossen sein.

Ein Ergebnis dieser Studie ist es, daß eine solche Lösung unrealistisch scheint. Ein Erreichen eines Gleichgewichtszustands zwischen entwickelten und unterentwickelten Ländern in der ferneren

[4] Myrdal, Gunnar, a.a.O. S. 13-44.

Zukunft auf einem hohen Niveau materiellen Lebensstandards erscheint schlechterdings unmöglich. Insofern sind diese Probleme zwischen entwickelten und unterentwickelten Ländern, obwohl nicht explizit erfaßt, implizit durch die Aussagen und durch die spezifische Fragestellung abgedeckt.

AHLBORN: Georg Picht[5] hat über diese Studie für mein Gefühl etwas sehr Intelligentes gesagt, indem er die Studie als »negative Utopie« bezeichnete. Er sagt, sie sei mit dem expliziten Ziel geschrieben worden, daß sie sich als falsch erweist. Das meint, daß die Autoren dieser Studie der Meinung sind, daß die Prozesse, die sie als Trendextrapolation, nicht als Vorhersage, nicht als ein Ereignis, was unbedingt eintreten muß, beschreiben, behebbar sind. Und sie wenden sich an eine Gesellschaft, von der sie meinen, sie würde das Buch so aufnehmen, daß es bei ihr womöglich eine Einstellungsveränderung, etwa im politischen Bereich, bewirkt. Nun gibt es ja eine Menge von Bereichen, die etwas daran ändern könnten, daß diese Zukunft nicht so eintritt. Georg Picht fragt sich nun, wenn die Autoren dem soviel Bedeutung zumessen, warum sie keinen dieser Bereiche in ihr Modell aufgenommen haben.

ZAHN: Die hier erwähnten Einstellungsveränderungen im wirtschaftlichen, sozialen und politischen Bereich, die unerwünschte Entwicklungen verhindern können, sind in einem gewissen Ausmaß – wenn auch nur implizit – im Modell enthalten, wie schon erwähnt wurde. Daß dies in einer unvollkommenen Weise geschehen ist, kann bei der Komplexität und dem Unerforschtsein dieser Problematik nicht verwundern.

Im übrigen kann das Vermitteln von Einsichten in die Notwendigkeit solcher Verhaltensänderungen als ein wesentlicher Zweck der Studie angesehen werden. Das ergibt sich unmittelbar aus ihren Schlußfolgerungen, die es nahelegen, nicht mehr dem unreflektierten, mehr quantitativ orientierten Wachstumsstreben, sondern dem mehr qualitativ orientierten Erhaltungsstreben allmählich den Vorzug zu geben. Nur die zweite Alternative darf auf Dauer als systemadäquat betrachtet werden. Sie sieht die in der Umwelt eingebettete Wirtschaft nicht mehr als ein Durchflußsystem, sondern als ein Rückflußsystem an, bei dem die »freien Güter« nicht mehr nur Gegenstand der Aneignung und des Verbrauchs sind, sondern einen von Null verschiedenen Preis haben, wie jedes andere Wirtschaftsgut auch. Zur Realisierung dieser Alternative bedarf es natürlich der von Ihnen genannten Einstellungsveränderungen.

[5] Picht, Georg, *Die Bedingungen des Überlebens*. In: v. Nussbaum, Henrich, a.a.O. S. 45-58.

MEADOWS: Ich bin der Ansicht, daß Pichts Artikel eine sehr klarsichtige Analyse unserer Absichten ist. Ich möchte die eben aufgeworfene Frage so beantworten:

Es gibt zwei Wege, die menschliche Reaktion in ein Computermodell einzubauen: Der erste ist, in das Modell einen Satz von Gleichungen einzubringen, die menschliche Reaktionen auf verschiedene Probleme einzufangen versuchen. Ich würde sagen, daß wir nicht genug über die Veränderung sozialer Werte wissen, um dies in irgendeiner sinnvollen Weise tun zu können.

Der zweite Weg, der Weg, den wir wählten, ist: ein Modell zu nehmen, das eine bestimmte Anordnung von Voraussetzungen bis zum Ende verfolgt, und dies dann vielen Menschen zu zeigen, indem man beispielsweise ein Buch veröffentlicht. Dann kommen die Verbesserungsvorschläge; diese wiederum kann man in das Modell einbringen und zusehen, welche Unterschiede sich ergeben.

AHLBORN: Wenn ich mal unterbrechen darf, Pichts Problem[6] ist doch folgendes: Er sagt, dieses Modell bedient sich nur quantifizierbarer Größen, und dies im Rahmen einer deterministischen Mathematik. Und er sagt, alle Größen, die innerhalb einer Gesellschaft verändernd wirken, seien mehr oder weniger nicht quantifizierbar, und deshalb zielt meine Frage darauf, ob ein Modell, das nur mit quantifizierbaren Größen arbeitet, die Wirklichkeit einer Welt widerspiegeln kann.

MEADOWS: Ich würde Picht in seinem Gebrauch des Begriffs »quantifizierbar« nicht zustimmen. Alles, was wir uns vorstellen können, ist quantifizierbar. Das heißt, daß wir jedem einzelnen Konzept eine Zahl zuordnen können. Nun wird in vielen Fällen diese Zahl keinen wirklichen Zusammenhang mit der realen Welt haben; das heißt, unser Wissen, unser Vorrat an Definitionen ist so arm, daß diese Quantifizierungen, die wir vorgenommen haben, nichts aus der realen Welt einfangen. Das Problem ist also nicht, ob wir eine Variable quantifizieren können, sondern vielmehr, ob wir dies in einer Weise tun können, die bezeichnende Aussagen über die reale Welt zuläßt.

Wenn wir es mit Temperaturen, mit einer Masse oder anderen physikalischen Attributen der realen Welt zu tun haben, können wir mit einem großen Genauigkeitsgrad quantifizieren und einen großen Nutzen daraus ziehen. Wenn wir in die soziale und politische Sphäre wechseln und es mit Hoffnungen, Selbstvertrauen, Altruismus und sozialer Gerechtigkeit zu tun haben, dann kommen wir in einen Bereich, den wir nicht sehr gut verstehen. Die Quantifizierun-

[6] Picht, Georg, a.a.O. S. 55 ff.

gen, die wir vielleicht anstellen könnten, werden weniger zuverlässig.

Man sollte aber nicht vergessen, daß sich ›Die Grenzen des Wachstums‹ mit Problemen befaßt, die sich uns heute stellen. Wenn es Variable mit einbezieht, die Picht als nicht quantifizierbar bezeichnet, dann glaube ich doch, daß die Entscheidungen, die die Menschen heute treffen, ebenfalls auf diesen Variablen basieren.

PUBLIKUM 1[7]: Die verantwortungsbewußten und weiterdenkenden Menschen im Club of Rome haben einen Forschungsauftrag erteilt und gut finanzieren lassen, der die Frage beantworten sollte: Wie lange kann die Menschheit noch so wie bisher auf der Erde weiterleben? Eine große Zahl von potenten Forschern, getragen von der »tiefen Besorgnis über die Entwicklung der Menschheit« und unter Einsatz einer Unmenge von Computerdaten hat die Möglichkeit der Menschheit sehr negativ eingeschätzt. Die Ergebnisse dieses Forschungsprojekts im illustren MIT sind als »Bericht zur Lage der Menschheit« veröffentlicht und erhalten den Friedenspreis des Deutschen Buchhandels. Da diese Friedenspreisverleihung wohl nicht nur der Verlagswerbung dienen soll, müssen zwei Fragen zu dem Buch gestellt und auch beantwortet werden. Zum einen: Ist dies ein Bericht zur Lage der Menschheit, in dem Faktoren wie Völkerfriede und soziale Stabilität kaum exakt gefaßt werden können? Oder ist dies eine Apokalypse über die Lage des Imperialismus, der den Völkerfrieden selbstverständlich kaum erfassen kann? Ist diese Studie eine Aufforderung zum Frieden, wie ihn die Menschen wollen, oder ist es eine Aufforderung zum Krieg?

Ich meine, daß dieses Buch und die Bemerkungen, die wir uns vorhin haben anhören müssen, zur Lage der Menschheit wirklich nichts gebracht haben. Wenn am Anfang gesagt worden ist, daß Sie, die hier im Saal sitzen, alle betroffen sind, dann glaube ich das; denn Sie sind tatsächlich betroffen. Aber diejenigen, die nicht im Saal sitzen, diejenigen, die die Bomben auf den Kopf kriegen, wie es in Indochina geschieht, diejenigen, die es angeblich betrifft und die nachher alles zu tragen haben, diejenigen sind nicht angesprochen.

Ich meine, daß das Buch sich in Plattheiten erschöpft, daß vor allen Dingen die wissenschaftliche Methode, die ihm zugrunde liegt, überhaupt nicht voll erfaßt ist. Wenn kritisiert wird, daß nur mit fünf Grundvariablen, Bevölkerung, Kapital, Nahrungsmittel, Rohstoffvorräte und Wirtschaftswachstum, gearbeitet wird, dann geschieht dies zu Recht! Denn mit einer unzureichenden statistischen

---

[7] Die Diskussionsbeiträge aus dem Publikum wurden aus redaktionellen Gründen erheblich gekürzt, besonders Publikum 1 und Publikum 2.

Absicherung wird hier einfach eine Gleichverteilung dieser Variablen unterstellt, und das überschreitet doch irgendwo letztlich Grenzen der Lächerlichkeit. Die wissenschaftliche Methode, die *System Dynamics,* die die Grundlage dieser Studie ist, ist nicht zum erstenmal hier angewandt worden, sondern sie ist von Forrester entwickelt worden, und zwar als Auftragsforschung für die US Air-Force.

Ich meine, daß das wirkliche Problem, das hier angesprochen ist, die Lage der Menschheit insgesamt, in diesem Buch überhaupt nicht berührt wird. Wenn man bedenkt, daß die einzige Variable, die überhaupt soziale Bedingungen erfaßt und die von sozialer Anpassung redet, die Variable Nr. 52 ist, und alles andere technologische Punkte sind, dann erkennt man doch ganz klar, daß der Mensch als handelndes Subjekt, als jemand, der die Welt verändern kann, völlig außer acht gelassen wird. Dieses Buch, das den Friedenspreis bekommt, legt den kapitalistischen Nationen die Schlußfolgerung nahe, daß weniger die Normen ihres Wirtschaftswachstums berührt werden, sondern daß das Problem der Begrenztheit der Rohstoffe ein Verteilungsproblem ist: deshalb ist dieses Buch eine Aufforderung zur Ausbeutung und zum Krieg.

MEADOWS: Lassen Sie mich zunächst etwas zu der Nichtübereinstimmung sagen, die meiner Ansicht nach hinter vielen offensichtlichen Meinungsunterschieden steckt. Es gibt zwei Schulen des Denkens in der Welt: Die erste, und im wesentlichen dominante, besagt, daß das Morgen schon für sich selbst sorgen wird, wenn wir uns nur genug um das Heute kümmern. Wenn wir all unsere Aufmerksamkeit den Kriegen der Gegenwart, der gegenwärtigen Ungleichheit, der gegenwärtigen Umweltverschmutzung widmen, und uns morgen den Problemen von morgen zuwenden, dann wird die Welt sich von selbst in einer günstigen Richtung entwickeln. Ich sehe die wesentlichen Vorwürfe der jungen Dame in Richtung dieser Frage: Warum kümmern wir uns um langfristige Probleme, wo es doch so viele kurzfristige Ungerechtigkeiten gibt?

›Die Grenzen des Wachstums‹ brachte mich zu der Auffassung, daß wir unser System auf lange Frist zur Katastrophe treiben, wenn wir uns stets nur dem Kurzfristigen zuwenden. Wir haben hier ein Dilemma, mit dem sich jeder, der humanitäre Motive hat, konfrontiert sieht. Ich lehne, wenn sie beabsichtigt war, die Unterstellung, die Menschen, die mit diesem Buch zu tun hatten, hätten sich über Vietnam oder Lateinamerika keine Gedanken gemacht, entschieden ab. Viele der an diesem Projekt Beteiligten waren aktive und scharfe Kritiker der amerikanischen Politik, und keiner unterstützte sie in irgendeiner Weise. Andererseits sehen sie Vietnam und andere Ungerechtigkeiten als die unvermeidliche Konsequenz eines Systems an, das annimmt, man könne immer mehr haben, ohne sich darüber Gedanken zu machen, was auf lange Sicht möglich ist.

Der Frieden ist nicht etwas, was man auf der Basis von Konzepten für den jeweiligen Tag zuwege bringen kann. Man braucht ein langfristiges Bild. Deshalb konzentrierten wir unsere Bemühungen auf die lange Frist: nicht weil wir die gegenwärtige Situation zufriedenstellend finden, sondern weil der überwiegende Teil der Menschheit nur etwa zehn Zentimeter weit vor die eigene Nase blickt. Man braucht jemanden, der wenigstens ein paar Informationen über die langfristige Perspektive bieten kann.

AHLBORN: Ich habe diese Äußerung nicht als Gegensatz zwischen Langzeit- und Kurzzeitplanung verstanden, sondern als Frage danach, warum gerade die genannten fünf Variablen gewählt sind, und warum nicht andere realitätsbestimmende Variablen enthalten sind, wie etwa Krieg, Unterdrückung, Ausbeutung.

MEADOWS: Wir haben uns auf die materiellen Aspekte konzentriert, weil sie die obere Grenze markieren. Krieg, soziale Ungleichheit, Ausbeutung, die Herstellung von Bomben, keines dieser Dinge fördert unsere Freiheit zu wachsen; sie bringen uns die Grenzen nur näher. Wir haben den tatsächlichen Verbrauch unserer Rohstoffe ausgedehnt, weil wir davon ausgingen, daß materielles Wachstum lange Zeit möglich sein wird. Wir wollten untersuchen, ob das wahr ist. Ich glaube, wir haben dargelegt, daß dem nicht so ist und daß selbst wenn man das Sozialproblem ignoriert, man sich immer noch ändern muß. Dann muß man die soziale Ungleichheit anders als mit physischem Wachstum bekämpfen.

Sie sagen, daß die Katastrophe bereits stattfindet. Ja. Für große Teile der Menschheit findet die Katastrophe bereits statt. Wie gerieten wir in diese Situation? Meine Antwort ist, weil wir uns falsche Vorstellungen über die materiellen Grenzen des Wachstums gemacht haben. Nur wenn wir uns darüber klarwerden, daß wir, 3,5 Milliarden Menschen, unsere Probleme der Gerechtigkeit und der Ungleichheit nicht durch Wachstum lösen können, wie man zur Zeit annimmt, sondern durch eine grundlegende Veränderung unserer sozialen Werte, können wir damit beginnen, die gegenwärtig herrschende Katastrophe zu beseitigen.

Ich sehe keine Möglichkeit für solche Veränderungen, solange sich Politiker und andere auf die viel einfachere Antwort zurückziehen können, wir könnten uns unserer Probleme entledigen, indem wir einfach wachsen. Nur wenn diese Möglichkeit ausgeschlossen wird, werden die Menschen erstmals zu der Einsicht gezwungen, daß es notwendig ist, ihr System sozialer Werte zu ändern. Ein anderer Aspekt des Buches ist es, daß es hoffentlich den Mythos zerstören hilft, 20 Prozent der Weltbevölkerung könnten weiterhin 80 Prozent der Rohstoffe verbrauchen. Unser aller Schicksal ist miteinander verknüpft. Und nur wenn wir das anerkennen, werden wir einen ausreichenden Ansporn haben, uns wirklich mit den Problemen, die uns betreffen, zu beschäftigen.

PUBLIKUM 2 (v. NUSSBAUM): Ich glaube, wir können uns ziemlich exakt auf das stützen, was hier als dankenswerte Kapitulationserklärung zur Verteidigung dieser Studie gesagt worden ist. Wir hören in letzter Zeit, daß Meadows sich von Forrester löst. So wie Meadows heute die Studie verteidigt hat, wird nicht ganz deutlich, was eigentlich der Grund für Randers, Meadows und anscheinend auch Behrens und Zahn ist, von dem Ansatz des Eine-Welt-Modells abzugehen, Fortentwicklungen zu begrüßen und daran mitzuarbeiten, an denen Forrester nicht mehr beteiligt ist.

Wie konnte der Club of Rome, wie konnte diese Gruppe von Wissenschaftlern bereit sein, mit dem Simulationsmodell des zwar vielleicht bedeutendsten Systemtheoretikers der USA weiterzuarbeiten, wenn alles, was gegen frühere Anwendungen (besonders »Urban Dynamics«) bereits vorgebracht worden ist, im nunmehrigen Weltmodell abermals keine Berücksichtigung fand? Es gab eine Kontroverse von fast acht, im engeren Sinn sechs Jahren, die in den Starzeitungen wie in den Fachorganen nicht nur der USA ausgetragen wurde.[8] Und keine der Kritiken, die dabei gegen Forresters »Systematik« vorgetragen wurden, ist in dem Computermodell der Studie berücksichtigt. Was sich da als »Industrial Dynamics«, als »World Dynamics« aufspielt, ist die Netzplantechnik von »Industrial Dynamics« im letzten, dümmsten Aufguß.

Die zweite Frage: Ich begrüße, daß besonders Herr Milling uns so eindeutig mitgeteilt hat, um was für einen Unsinn es sich bei dieser Studie handelt, insofern sie eine Zielsetzung auf ein Modell pfropft, von dem man von vornherein weiß, daß man hochgradig aggregieren muß, weil man sonst nichts Globales über die Welt aussagen kann. Kann es nun nicht sein, daß es Unsinn ist, mit einem Weltmodell zu arbeiten, das eine solche Technik aufzwingt, die von vornherein ziemlich unwahrscheinlich macht, daß ich überhaupt den realen Weltzustand einfange? Ich muß ganz abstrakte Behauptungen über

---

[8] Ein prägnanter Beleg dafür ist der Aufsatz zweier Planer, die selbst am MIT ausgebildet wurden: Bartow, Philip, und Thomas A. Reiner in: v. Nussbaum, Henrich, a.a.O. S. 103-119. Im Original erschien der Aufsatz 1968 in der US-Fachpresse.

diese Welt aufstellen, um sie überhaupt als Einheit zu erfassen. Ich bekomme ganz abstrakte Antworten und kann mit diesen abstrakten Antworten politisch gar nichts anfangen. Es ist ein höchst problematisches wissenschaftliches Vorgehen, eine wissenschaftliche Methode zu benutzen, von der mit größter Wahrscheinlichkeit vorauszusagen ist, daß sie gar nicht das leistet, was ich wissen will, nämlich, wie ich mich denn politisch in dieser von der Katastrophe bedrohten Welt verhalten soll. Das scheint mir die Schlüsselfrage, der Grundeinwand.

MEADOWS: Ich weiß nicht, was mit der Bemerkung, Meadows distanziere sich langsam von Forrester, gemeint war; heißt das in ideologischer oder geographischer Hinsicht? Ich habe meine Gruppe nach Dartmouth genommen. Das ist eine Universität im Nordosten, und wir fahren fort, uns den Problemen zu widmen, die in ›Die Grenzen des Wachstums‹ beschrieben sind.

Wir tun dies, indem wir uns jetzt auf einen kurzfristigen Aspekt konzentrieren. Wir hoffen, dies in einer Weise zu tun, die direkte politische Praxishilfen gibt. Es gibt keine politischen Richtlinien und Ratschläge in diesem Buch, wir sagen das. Wir beschreiben nur, wie die Welt aussehen muß, damit der Absturz vermieden werden kann. Nun haben wir uns besonders der Rohstoffe, der Energie und der landwirtschaftlichen Neuerungen angenommen und versuchen zu verstehen, wie sie gehandhabt werden müssen, um uns die Grundlage für eine Form der Gleichheit zu geben.

Man hat hier einigemal das Modell, die Technik der Systemdynamik, mit Simulations-Modellen im allgemeinen verwechselt. Computermodelle sind eine Art Sprache, die man gut oder schlecht benutzen kann. Die Tatsache, daß wir alle uns hier mittelbar oder unmittelbar der deutschen Sprache bedienen, macht uns nicht für die Sünden all jener verantwortlich, die ebenfalls deutsch sprechen.

Die Kritiken, die im Lauf der letzten acht Jahre in der Literatur ihren Niederschlag fanden, bezogen sich nicht auf das Modell, sondern auf die Technik. Es gab Reaktionen darauf. Wir halten beispielsweise jeden Sommer eine Konferenz mit unseren Kritikern ab. Sie kommen zu uns, erfahren, was wir tun, und schlagen Alternativen vor.

Nirgendwo in den ›Grenzen des Wachstums‹ haben wir je behauptet, damit ein endgültiges und perfektes Modell zu haben. Wir sagten, daß es uns die beste Grundlage schien, die es zur Zeit gibt; und wir haben es veröffentlicht, damit andere darüber hinausgehen können. Wenn also jemand Kritik übt, dann glaube ich, daß er verpflichtet ist, konkrete Alternativen vorzubringen. Da wir es mit realen Weltproblemen zu tun haben, da die Verantwortlichen für die heutige Politik ebenfalls auf der Basis irgendwelcher Modelle handeln, erweist uns niemand einen Dienst, indem er Kritik übt, ohne Wege vorzuschlagen, auf denen dieser Kritik besser begegnet werden kann.

MILLING: Die Behauptung, daß das Modell nur aufgrund seines hohen Aggregationsgrades eine Aussage hat, ist nicht richtig. Es ist sehr wohl möglich und auch wünschenswert, Modelle zu entwickeln, die einen niedrigen Aggregationsgrad haben. Jedoch in ›Die Grenzen des Wachstums‹ steht explizit: Das ist ein erster Schritt. Wir fühlen uns von den gewaltigen Problemen, die hinter dieser Studie stehen, als Gruppe überfordert; wir publizieren und hoffen auf Kritik und Verbesserung. Wir haben diesen hohen Aggregationsgrad gewählt, weil dadurch ein operationales Modell entwickelt werden konnte, das entgegen Ihrer Ansicht Aussagen ermöglicht.

Wenn Sie sagen, das Modell hat keinerlei Aussage, keinerlei Sinn, dann ist das nicht richtig. Sie beziehen sich immer auf abstrakte Fragen. Ist es etwa eine abstrakte Frage: »Kann materielles Wachstum ad infinitum weitergehen?« Oder: »Welche Verhaltensmuster können auftreten, wenn man an irgendwelche natürlichen Grenzen stößt?« Oder: »Welche Konsequenzen haben heutige Aktionen in der weiteren Zukunft?« Sind das nicht Fragen, die über den abstrakten Rahmen weit hinausgehen und sehr pragmatische Bedeutung haben?

Was das Fehlen politischer Entscheidungshilfen angeht: Ist es nicht eine Tatsache, daß sich im Lauf der letzten Jahre die politische Argumentation etwas verändert hat, daß man eine Nation nicht mehr nur nach ihrem realen oder nominellen Zuwachs am Bruttosozialprodukt einschätzt? Sind wir da nicht etwas weitergekommen – ohne direkte aktive Maßnahmen im politischen Bereich?

PUBLIKUM 2: Ein ganz konkretes Beispiel: Saint-Exupéry hat bewiesen, daß man aus einer Schlange, die einen Elefanten verschluckt hat, einen Hut machen kann. Wie hat er das geschafft? Durch Weglassen! Indem ich allmählich so viel weglasse, daß ich nur noch den Rahmen, die Kontur zeige, kann ich schließlich dahin kommen, daß auch ein Elefant ein Hut wird. Das ist es, was Sie uns vormachen. Saint-Exupéry führt es uns als einen herrlichen literarischen Spaß vor. Sie erzählen uns, daß Sie mit dieser Methode das besorgniserregendste Problem der Menschheit lösen wollen; und da sage ich nein!

MILLING: Wir haben in dem Weltmodell nach Obergrenzen gesucht und all das nicht berücksichtigt, was diese Obergrenzen nach unten drücken würde, wie zum Beispiel Verteilungsunterschiede, Seuchen, Kriege etc. Wenn ohne diese negativen Aspekte dem Wachstum Grenzen gesetzt sind, dann bestehen diese Grenzen erst recht in einer Welt mit allen ihren Unvollkommenheiten und Ungerechtigkeiten.

Das Weglassen von problemspezifisch unwichtigen Aspekten ist eine notwendige Voraussetzung, um nicht durch eine Vielzahl redundanter Variabler die Übersicht zu verlieren, sondern um das Modell operational zu gestalten.

PUBLIKUM 2: Die Problematik der oberen Grenzen des Wachstums stellt sich nun wirklich im kleinsten Teil der Welt. In Indien zum Beispiel stellt sie sich nicht. Es ist also unsinnig, in unsere Zukunftssorge auch Indien gleichwertig einzurechnen, da doch in absehbarer Zeit das Problem dort weiterhin bleiben wird, daß es kein Wachstum gibt.

Man kann es, glaube ich, sehr deutlich machen, daß die Behauptung, hier seien keine politischen Implikationen enthalten, nicht stimmt; denn das Interessante ist doch gerade: 20 Prozent der Menschheit verbrauchen 80 Prozent der Güter dieser Welt. Was folgt als hauptsächliche Konsequenz aus der Studie in allen Interpretationen? In den unterentwickelten Ländern muß die Bevölkerung begrenzt werden. Rein rechnerisch aber würde folgen: in den hochentwickelten Ländern, hier bei uns, muß nicht nur gestoppt werden, sondern das Wachstum aller Art müßte radikal reduziert werden. Also gerade da, wo das Problem der Wachstumsgrenze sich stellt, ist in der Studie die politische Folgerung eben nicht gezogen, und da, wo es sich nicht stellt, wird eine Begrenzungsstrategie vorgeschlagen.

AHLBORN: Es kommt mir so vor, als sei hier nicht erkannt worden, daß es zweierlei Wachstumsprobleme gibt, nämlich für die Industriegesellschaft industrielles Wachstum und für Indien das Bevölkerungswachstum. Beides sind Wachstumsprobleme, und ich glaube, daran beißt wohl keine Maus einen Faden ab, daß sieben Millionen Menschen, die in Indien jedes Jahr dazukommen, die Lebensverhältnisse von Jahr zu Jahr verschlechtern.

PUBLIKUM 1: Sie sagen, daß notwendigerweise Bevölkerungswachstum die Sache verändern müßte, beziehungsweise daß da die Grenzen festliegen. Gucken Sie sich an, was in der Volksrepublik China geschehen ist, da ist nicht nur das Hungerproblem gelöst worden, sondern da ist auch die Frage des Aufbaus der Industrie ...

AHLBORN: ... aber auch das Bevölkerungswachstum, nicht? ...

PUBLIKUM 1: ..., das heißt, die Versorgung der Bevölkerung, gelöst worden. Ich meine, das ist doch genau der Punkt. Was steht denn dahinter? Was gebremst werden muß, ist nicht das Bevölkerungswachstum, sondern das Prinzip, nach dem hier vorgegangen wird, das heißt das Profitprinzip: daß nach Indien Kapitalexport betrieben wird, der davon ausgeht, erstens billige Arbeitskräfte vorzufinden und zweitens genug Arbeitskräfte, damit man immer billige hat.

AHLBORN: Das heißt, die Frage, ob diese Studie nicht eindeutig die Probleme der industrialisierten Welt zu lösen vorgibt oder dies tun will und die Interessen der unterentwickelten Länder völlig unberücksichtigt bleiben.

MEADOWS: Wir haben in ›Die Grenzen des Wachstums‹ sehr klar gesagt, daß es zwei positive Wachstumsgrößen gibt. Die eine ist die der Bevölkerung, die andere die des Kapitals. Wenn man die eine Entwicklung stoppt, ohne auch die andere anzuhalten, hat man immer noch negative Konsequenzen. Wir machen in dem Buch deutlich, daß man beides stabilisieren muß. Wir haben angedeutet, daß dies sicher nicht heute geschehen kann; und sicher nicht, indem man weiterhin 80 Prozent der Welt in Armut läßt. Vielmehr sei es eine Verpflichtung der reichen Länder, so sagen wir, das Kapitalwachstum und damit auch den Rohstoffverbrauch zu stabilisieren und die Verpflichtung der armen Nationen andererseits, das Bevölkerungswachstum zu stabilisieren, so daß das Kapitalwachstum mehr dem Einkommen eines jeden einzelnen zugute kommt.

China, das Sie als Beispiel angeführt haben und von dem man eine Menge lernen kann, hat dies seit geraumer Zeit erkannt. Es hat auf der ganzen Welt kein so intensives und weitgehendes Programm einer freiwilligen Bevölkerungskontrolle gegeben wie in China. Mit seinem medizinischen System, unter Ausnutzung des Charismas seines Führers, mit finanziellen Anreizen und mit einer Neustrukturierung der Landwirtschaft hat man dort sehr hart daran gearbeitet, den Anreiz, große Familien zu haben, abzubauen. So hat man die Wachstumsrate der Bevölkerung wesentlich verringert. Das Beispiel China illustriert, so scheint mir, den Punkt, um den es hier geht, sehr deutlich: Die armen Länder müssen selbst ihr Bevölkerungswachstum stabilisieren, wenn sie jemals irgendeine Form eines annehmbaren Lebensstandards erreichen wollen.

Nun kommen Sie immer wieder auf diese Anschuldigung zurück, 20 Prozent verbrauchten 80 Prozent der Rohstoffe der Welt. Das stimmt. Was tun Sie dagegen? Mir scheint, daß ›Die Grenzen des Wachstums‹ einer der wirkungsvolleren Appelle ist, diesen Rohstoffverbrauch einzuschränken. Heute arbeitet mein Forschungsteam an dem Problem, wie die USA aufhören könnten, diese Rohstoffe zu verbrauchen, die aus den armen Teilen der Welt kommen, und dahin gelangen können, daß sie sich selbst genügen, so daß auch anderen ein kleiner Rest Öl, ein kleiner Streifen Zinn bleibt, mit dem sie ihre Wirtschaft entwickeln können. Sehen Sie, daß ›Die Grenzen des Wachstums‹ diesen unverhältnismäßigen Rohstoffverbrauch fortschreibt? Dann würde ich mich freuen, die Analyse, die Sie zu diesen Schlußfolgerungen geführt hat, kennenzulernen.

AHLBORN: Jetzt kommen wir zu den politischen Konsequenzen. Wie können wir es ändern, daß wir unseren Reichtum auf dem Rücken einer ausgebeuteten Mehrheit dieser Welt aufrechterhalten?

ZAHN: Das ist eine sehr schwierige Frage, sowohl hinsichtlich der verschiedenen Möglichkeiten, mehr aber noch hinsichtlich ihrer Durchsetzbarkeit. Sie läßt sich nicht generell, sondern jeweils situationsspezifisch beantworten. Man wird lediglich mit Bestimmtheit sagen können, daß die an Wohlstand armen Länder dieser Welt in der Mehrzahl nur mit Hilfe der reichen Länder die bestehende und sich in der Tendenz ausweitende Wohlstandslücke verkleinern werden können und daß eine erfolgreiche Entwicklung nur harmonisch erfolgen kann, also am Bestehenden ansetzen muß. Die Geschichte der Gegenwart zeigt, daß die zum Teil sehr ehrgeizigen Programme der Entwicklungshilfe relativ geringe Erfolge erbracht haben. Es besteht daher die berechtigte Vermutung, daß die Entwicklungsanstrengungen in der Vergangenheit unzureichend und falsch angesetzt waren. Das zwingt uns, die Situation neu zu überdenken.

Eine Beschäftigung mit den Implikationen der Grünen Revolution auf dem indischen Subkontinent läßt mich zu dieser Überzeugung kommen. Aus dieser Arbeit lassen sich eine Reihe von Schlußfolgerungen ziehen. Eine der wichtigsten Aufgaben besteht darin, das Bevölkerungswachstum einzudämmen; denn jede absolute Wohlstandsmehrung ist sinnlos, wenn sie postwendend wieder durch eine noch größere Bevölkerungsexpansion überkompensiert wird. Primäre Voraussetzung dafür ist, daß gleichzeitig eine Reihe von sozialen Maßnahmen ergriffen wird, etwa um die Altersversorgung zu verbessern. Auf diese Weise kann dem Kinderreichtum weitgehend sein Reiz genommen werden.

Wenn wir uns vergegenwärtigen, daß in der genannten Region noch über 70 Prozent der Bevölkerung von der Landwirtschaft, und zwar teilweise unter primitivsten Voraussetzungen lebt, dann muß klar werden, daß der Entwicklung des primären Sektors eine entscheidende Bedeutung zukommt. Durch entsprechende Anwendung von arbeitsintensiven Technologien können hier noch viele Arbeitsplätze geschaffen und damit die elendsvermehrende Landflucht in Grenzen gehalten werden. Über Produktivitätssteigerungen können hier Hunger beseitigt und gleichzeitig Kapital gebildet werden, das für die Entwicklung der landwirtschaftsnahen Industrie notwendig ist.

Die Forcierung der landwirtschaftlichen Entwicklung bedeutet nicht gleichzeitig eine Vernachlässigung der industriellen Entwicklung. Diese muß nur ihren gegenwärtigen fremdartigen Charakter verlieren und sich harmonisch in die Gesamtentwicklung einfügen. Eine überdimensionierte Industrialisierung, die kapitalintensiv ist und dementsprechend nur wenigen Privilegierten Arbeitsplätze bietet, kann das Elend nur verschlimmern, zumal dann, wenn die Gewinne nach Erwirtschaften sofort wieder in die Geberländer zurückfließen. Es geht vielmehr darum, eine möglichst arbeitsintensive, aber damit noch nicht notwendig unmoderne und unproduktive Industrie aufzubauen und die Gewinne wieder im Land zu investieren.

Eine weitere wichtige Aufgabe wird der Bekämpfung der Korruption zu gelten haben, unter der die meisten Länder der dritten Welt heute leiden.

PUBLIKUM 3: Hier wird immer abstrakt von Wachstum geredet. Wachstum als solches gibt es aber doch gar nicht. Wachstum außerhalb jeder Gesellschaftsformation ist nicht möglich. Wie soll innerhalb des kapitalistischen Systems eine Weiterentwicklung ohne Kapitalwachstum möglich sein? In der Studie sind all diese Fragen des Gesellschaftssystems, politische Fragen, verbannt in Subsysteme. Wenn man aber die relevanten Fragen für Wachstum, die relevanten Fragen für die ganzen negativen Entwicklungen, die in dem Buch aufgezeigt worden sind, in Subsysteme verbannt, dann ist das Ideologie. Und das war der Vorwurf, der eben auch schon gemacht werden sollte.

Ein Wort zur Grünen Revolution. Es ist in dem Buch genau aufgeführt worden, wozu diese Versuche, Grüne Revolution in Indien oder Südvietnam zu machen, geführt haben.

Sie haben dazu geführt, daß die Mechanisierung der Landwirtschaft, Umstellung auf Großproduktion oder Umstellung auf die Verwendung von Kunstdüngern nur in ziemlich großen Produktionseinheiten möglich waren. Das heißt: Das erste Ergebnis war die Zerschlagung der kleinen bäuerlichen Subsistenzwirtschaft und die Zusammenlegung zu großen kapitalisierten Industriebetrieben, landwirtschaftlich industriellen Betrieben.

Der zweite und damit wohl auch beabsichtigte Nebeneffekt war, daß diese Landwirtschaften abhängig sind von importierten Traktoren, Ersatzteilen, Rohstoffen und Düngemitteln; und daß das die gewünschte Absicht bei der Grünen Revolution war, das kann man auch nachweisen.

Weiterhin ist in der Studie auch ehrlicherweise aufgezeigt worden, daß diese Grüne Revolution in den Ländern, in denen sie versucht worden ist, dazu geführt hat, daß die Hungersnot sich vergrößerte; daß sich die Preise der Nahrungsmittel verteuert haben; daß sich die Zahl der Arbeitsplätze verringert hat; insgesamt haben die Versuche kapitalistischer Entwicklungshilfe also das Elend und die Not vergrößert, und dennoch steht in der Studie, die Grüne Revolution sei ein Erfolg gewesen.

Meadows macht Studien, in denen untersucht wird, wie weit die USA autark werden können. Die Sache ist für mich nur unter zweierlei Gesichtspunkten zu begreifen. Entweder sind diese Studien pure Planspielerei, nach dem Motto: Wie sieht es aus, wenn? Oder diese Studien sind bei den langfristig angelegten Forschungsprojekten am MIT, die in der Regel alle vom Pentagon finanziert wurden, ein Ausdruck der Notwendigkeit, die eintreten wird, wenn die USA nicht mehr in der Lage sein werden, die Länder der dritten Welt auszubeuten; wenn diese Länder sich gewehrt haben und das Beispiel des vietnamesischen Volkes aufgegriffen und die USA mit ihrer freundlichen Entwicklungshilfe nach Hause geschickt haben werden. Das heißt, diese Studien könnten ein Ausdruck der Erkenntnis sein, daß der Imperialismus wirklich zu Ende geht. Und das ist gut so.

MEADOWS: Ich bin nicht sicher, ob ich eine korrekte Übersetzung erhielt, aber mir scheint, daß, wenn meine Gruppe daran arbeitet, die Forderungen der Reichen nach den Rohstoffen der Armen herunterzuschrauben, dann ist dies ein Ausdruck des letzten ersterbenden Atems des Kapitalismus und seiner dummen Spiele. Wenn hingegen Sie dieselben Wünsche ausdrücken, dann ist das ein Kampf gegen den Imperialismus und ein Beleg Ihrer humanitären Motive.

Wenn diese beiden extremen Perspektiven derselben Absicht zugeschrieben werden können, dann beginne ich zu verstehen, warum Ihnen aus Ihrer Sicht so schwer begreiflich ist, was wir getan haben. Glauben Sie, daß dem Schicksal der Armen, um das wir alle uns Gedanken machen – vielleicht sind es selbstsüchtige, vielleicht auch nicht –, besser gedient ist, indem wir den Westen weiterhin seinen Verbrauch von Energie und Rohstoffen in einem Maß steigern lassen, daß er sich alle fünfzehn Jahre verdoppelt? Ich glaube nicht. Und aus diesem Grund und vielen anderen wollten wir diese Erkenntnis in einer Form herausbringen, die die Öffentlichkeit erreicht, und aus diesem Grund fahren wir mit unserer Arbeit fort.

Ich möchte Ihnen ein Dilemma schildern, für das ich selbst noch keine sinnvolle Lösung gefunden habe. Es kann sehr wohl sein, daß man nicht gleichzeitig 3,7 Milliarden Menschen auf der Erde und einen materiellen Lebensstandard haben kann, der Ihnen vorschwebt, ohne gleichzeitig dafür die soziale Gerechtigkeit, das heißt Gleichheit, zu opfern. Vielleicht sind diese drei Dinge nicht miteinander vereinbar. Man kann 3,7 Milliarden haben, von denen die meisten arm sind; man kann auch 3,7 Milliarden Menschen mit einem mehr oder weniger gleichen Einkommen, jedoch ohne persönliche Freiheit, wie wir sie im Westen verstehen, haben; dies entspricht wohl meiner Charakterisierung Chinas.

Wenn dem so ist, was tun Sie dann? Vor allem angesichts der Tatsache, daß wir uns bald mit 7 Milliarden Menschen und weniger Rohstoffen werden einrichten müssen, was tun Sie dann? Argumentieren Sie, wie ich Ihren Äußerungen entnehme, daß Bevölkerungswachstum kein Problem ist? Ich glaube nicht. Sie argumentieren, daß das Bevölkerungswachstum unbedingt stabilisiert werden muß, aber daß das keine ausreichende Voraussetzung ist, daß wir auch Änderungen in unserem sozialen Wertsystem vornehmen müssen. Ich war nicht in der Lage, einen effektiveren Weg zu finden, nach einer solchen Änderung des sozialen Wachstums zu rufen, als den: in ›Die Grenzen des Wachstums‹ die Resultate der Analysen, die wir vorgenommen haben, zu beschreiben.

AHLBORN: Es zeigt sich ein Problem bei dieser Skizze. Diese Studie ist doch wirklich der erste Versuch gewesen, so etwas zu machen, und ich finde in manchem, was auch heute gesagt worden ist, so etwas wie enttäuschte Liebe. Man verlangt von dieser Studie doch viel zu viel. Sie liefert eine Analyse, man ist mit der Analyse nicht zufrieden, und dann passiert etwas, was in der ganzen Kritik sehr deutlich zu beobachten ist; man redet nicht nur über die Studie, sondern man redet, was ich persönlich sehr verständlich finde, über das Problem, das einem am nächsten ist. Das ist aber doch für die Diskussion sehr abträglich.

PUBLIKUM 4: Das, was die Herren Milling, Meadows und Zahn bisher in der Diskussion gesagt haben, hat deutlich auf erschreckende Weise gezeigt, daß sie denken und fühlen wie Computer, daß sie nicht mehr in der Lage sind, kreativ zu denken. Ich bitte Sie, sich die Geschichte der Menschheit bis zum jetzigen Zeitpunkt zu vergegenwärtigen. Die Menschheit ist jedesmal an Grenzen gekommen, wo die natürlichen Ressourcen, die bestehenden Technologien, scheinbar erschöpft waren. Wir sind jedesmal an Grenzen gekommen, wo es notwendig war, neue revolutionäre Konzepte zu entwickeln.

Warum haben Sie sich zum Beispiel nicht mit der Entwicklung der Kernfusion beschäftigt, die Antwort auf die Fragen geben würde, die heute die Menschheit existentiell betreffen, die etwa die Frage der Umweltverschmutzung genauso lösen würde wie die Frage der Energie und auch die Frage des Bevölkerungswachstums. Dadurch würden soundsoviele neue Arbeitsplätze geschaffen werden, warum beschäftigen Sie sich nicht damit?

AHLBORN: Es ist Ihnen ja unbenommen, ein Gegner dieser Wachstumsstudie zu sein, aber ich würde Ihnen empfehlen, lesen Sie doch einmal, was ein so unverdächtiger Mann wie Meyer-Abich[9] zu diesem Problem geschrieben hat. Dann werden Sie erkennen, daß diese Probleme wahrscheinlich nicht ganz so einfach anthropologisch zu betrachten sind.

PUBLIKUM 5: Wenn ich nicht ganz falsch ausgebildet worden bin, dann sieht mir die Sache als Biologe so aus, daß die Erde durchaus in der Lage ist, mit der entsprechenden Technik, die allerdings erst noch geschaffen werden muß, ungefähr 50 Milliarden Menschen aufzunehmen. Diese Prognose ist vor Jahren einmal von dem amerikanischen Biologen Maddington gestellt worden.

Mittlerweile gibt es von den Vereinten Nationen ein großes Programm, das internationale biologische Programm, das die ökologischen Voraussetzungen der Biosphäre untersucht. Die Ergebnisse, die jetzt schon vorliegen, sind durchaus ermutigend. Das Problem liegt eben immer darin, daß man zur rechten Zeit die optimalen Techniken einführt. Aber in der MIT-Studie steht, in ihrem Modell gäbe es keinen Parameter für Technik. Was heißt das, wenn gerade die Technik, die heute so große Sprünge macht, ausgelassen wird, wenn gesagt wird, es gäbe keine technischen Lösungen? Warum haben Sie aus Ihrem Modell den technischen Fortschritt herausgelassen?

MEADOWS: Wir haben die Technologie nicht aus unserem Modell herausgelassen. Tatsache ist, daß die meisten Grafiken in ›Die Grenzen des Wachstums‹ die Wirkung verschiedener Technologien auf landwirtschaftlichem Gebiet, im Bereich der Energie, der Rohstoffe, der Umweltverschmutzung und der Geburtenkontrolle zeigen. Wir haben lediglich jene Technologien außer acht gelassen, die wir für unrealistisch hielten.

AHLBORN: Ich möchte abschließend bitten, daß uns die Mitglieder des Podiums sagen,

1. Sehen Sie eine Möglichkeit, daß die Gesellschaft, in der wir

[9] Meyer-Abich, Klaus Michael, *Die ökologische Grenze des herkömmlichen Wirtschaftswachstums*. In: v. Nussbaum, Henrich, a.a.O.

leben, diese Wachstumsprobleme überwinden oder lösen kann? Und sehen Sie eine Möglichkeit, daß unsere politischen Systeme, von denen man weiß, daß sie eigentlich nicht so sehr die Neigung haben, sich mit sehr weit weg liegenden Problemen zu beschäftigen, dieses leisten können?

2. Welche Qualitäten könnte diese Welt wohl haben? Ist es denkbar, daß wir die Anpassung an die Bedürfnisse eines geminderten Wachstums vollziehen können, ohne daß wir die Qualitäten verlieren, derentwegen wir dieses nachteilige System Demokratie aufrechterhalten?

MILLING: Ich glaube, es gibt Möglichkeiten, diese in der Studie vorgeschlagenen Wachstumsbeschränkungen durchzuführen. Schaffen es aber unsere politischen Systeme? Da bin ich skeptischer. Insbesondere durch die langen Verzögerungen, die diesen politischen Prozessen inhärent sind, und durch das Denken in Wahlzyklen erscheint es mir zumindest zweifelhaft, ob diese Möglichkeiten auch realisiert werden.

Welche Qualität wird diese Welt haben? Ich sehe in der Studie keinen Ansatzpunkt, warum etwa der Weg von einer demokratischen Gesellschaft, wie wir sie verstehen, in eine zentral-planwirtschaftliche Gesellschaft führen sollte. Die Probleme, die auf uns zukommen, werden sicher sehr schwierig sein, aber sie sind meiner Ansicht nach in einer demokratischen Gesellschaft zu lösen. Der Vorbehalt – Schwerfälligkeit der Entscheidungsprozesse und das Denken in kurzfristigen Zusammenhängen – gilt für zentrale Planwirtschaften sicher genauso wie für Demokratien.

MEADOWS: Wir haben uns in der Diskussion heute mit verschiedenen politischen Systemen auseinandergesetzt. Viele Menschen in der Welt sind der Ansicht, daß weder Kapitalismus noch Sozialismus – soweit in der Welt bereits Beispiele für diese Systeme existieren – diesem Problem begegnen können. Die Frage, welches der existierenden Systeme dies am besten vermag, ist irrelevant, da ganz andere Gesellschaftsformen, als in der modernen Welt anzutreffen, vonnöten sind. Meine Ansicht geht dahin, daß dezentralisierte, das heißt demokratische Systeme vermutlich besser in der Lage sind, sich in dieser Richtung hin zu verändern; sie könnten dies in einer viel geordneteren Weise als zentral-gesteuerte Systeme tun.

Ich sehe in der UdSSR zum Beispiel nirgendwo die Flexibilität, die vonnöten ist, um mit diesen Grenzen, die es selbst für die Sowjetunion gibt, fertig zu werden. Es ist eher so, daß die Tendenz, die Existenz dieser Grenzen zu leugnen, dort noch stärker als im Westen ist – wenn das möglich ist. Daher: Die gegenwärtigen politischen Systeme werden nicht adäquat sein; aber unsere Systeme ändern sich fortwährend. Es ist möglich, einige konstruktive Veränderungen zu sehen, und ich habe die große Hoffnung, daß durch eine Serie von kleinen und gut verteilten Krisen, eine Energiekrise, eine Wasserkrise, eine Nahrungsmittelkrise, eine Umweltkrise, eine Krise im Zusammenhang mit nuklearer Energie, daß sich dadurch das System langsam in eine Form hineinwinden wird, die ihre Grenzen anerkennt.

Was werden die Qualitäten dieser Welt sein? Wir können uns eine Vielfalt von Möglichkeiten vorstellen. Sie alle aber scheinen mit dem Prinzip der Ausgeglichenheit übereinzustimmen. Da wäre einmal:

Eine große Zahl von Menschen; alle mit niedrigem Lebensstandard; geringer persönlicher Freiheit und in höchstem Maß zentralisierten Regierungen; alle uniform; eine Gesellschaft, in der kulturelle Traditionen, Religionen und andere Ursachen der Ungleichheit abgeschafft sind.

Man kann sich aber auch eine Welt vorstellen, in der es nicht 3,5 Milliarden Menschen, sondern – in 200 Jahren – 500 Millionen Menschen gibt, die über einen realativ hohen Lebensstandard, ein sehr reiches und vielfältiges Spektrum an Kulturformen, Religionen und Sprachen verfügen und die in einem eher dezentralisierten System leben. Das tatsächliche Ergebnis wird irgendwo zwischen diesen Extremen liegen; und es wird unsere Aufgabe sein, das System ein wenig mehr auf die zweite Variante hinzubewegen. Wenn wir weiter diese Probleme ignorieren, ist meiner Ansicht nach die erste Variante die logische Antwort.

LESH: Auf die Frage, ob wir Menschen uns so organisieren können, daß wir dem Wachstum Einhalt gebieten können, ob wir eine Art ausgeglichener Existenz erreichen können, möchte ich optimistisch antworten: Ja, ich glaube, daß wir über diese Möglichkeiten verfügen.

Was die Frage betrifft, ob es in unserem gegenwärtigen System einen Hinweis darauf gibt, daß wir sie auch nutzen werden, bin ich pessimistisch. Ich sehe wenig Veranlassung, in der Richtung, die Dennis Meadows soeben beschrieben hat, optimistisch zu sein. Ich hoffe, daß er recht hat.

Es gibt eine Straße, die wir alle gut kennen, die des materiellen, wirtschaftlichen Wachstums, die immense Vorteile für die Welt gebracht hat. Dennoch gibt es unübersehbare und große Gefahren auf dieser Straße, wie diese Studie verdeutlicht. Es gibt eine andere Straße, die zu etwas hinführt, was wir nicht so gut verstehen, zu dessen Verständnis wir nur durch wenige Theorien unterstützt werden. Diese Straße heißt »Equilibrum« oder »stabiles Dasein«. Sie läuft all unseren Gewohnheiten zuwider, all unseren Institutionen, all unseren Organisationen der Industrie, all unseren politischen Denkmodellen, die alle fortwährendes Wachstum voraussetzen. Deshalb ist es ungeheuer schwer, dieser Straße zu folgen. Aber dieses Buch stellt zumindest die Frage: Ist diese Straße es wert, daß man sie untersucht und weiterverfolgt?

ZAHN: Die Studie hat versucht, zwei grundlegend verschiedene Szenarien aufzuzeigen: Erstens, ein wachsendes System, das sich permanent gegen irgendwelche Grenzen bewegt und das immer dann, wenn es auf diese Grenzen stößt, bemüht ist, sie mit den Mitteln des technischen Fortschritts in die Zukunft zu verlagern. Diese Alternative war – spätestens seit Beginn der industriellen Revolution – für die Entwicklungsgeschichte vor allem der Industrienationen charakteristisch. Aufgrund dieser historischen Entwicklung, die zeigt, daß es immer möglich war, bestehende Grenzen mit Hilfe neuer Ideen und Technologien zu überwinden, ist ein Optimismus entstanden, der uns glauben macht, daß es auch in der Zukunft so weitergehen müßte. Wir meinen, daß diese Denkweise sehr gefährlich sein kann, denn es darf keinesfalls als sicher gelten, daß auch in der Zukunft genügend neue Ideen hervorgebracht werden, um die dann entstehenden Probleme rechtzeitig zu lösen. Es scheint vielmehr der Fall zu sein, daß bei anhaltender Entwicklung das Wachstum der Probleme tendenziell schneller sein wird als das Wachstum der Problemlösungen. Die Ergebnisse unseres Modells bestätigen diese Vermutung. Isolierte Maßnahmen führen in der Regel nicht zur Lösung von komplexen Problemen, sondern verschieben sie bestenfalls in die Latenz, wo sie dann oft mit noch stärkerer Wirkung wieder aufbrechen und gleichzeitig noch weitere Probleme in Gestalt unerwünschter Nebenwirkungen mit entstehen lassen.

Zweitens, ein stabiles System, das innerhalb der bestehenden materiellen Grenzen ein Fließgleichgewicht anstrebt. Unser Wissen über ein derartiges Gleichgewichtssystem, in dem sich wohlgemerkt nur die materiellen Ströme in einem stationären Zustand befinden, ist zu gering, um fundierte Aussagen über seine Entstehung, seine Mechanismen und seine Qualität machen zu können. Wir meinen jedoch, daß es sich hier um eine Alternative für die Zukunft handelt, über die nachzudenken es sich lohnt. Diese Alternative ist keineswegs unrealistisch. Ihre Verwirklichung ist nicht einfach, steht sie doch so gar nicht mit den bestehenden Normen und Programmen in Einklang. Es ist deshalb notwendig, die Konsequenzen unseres

Handelns in ihrer ganzen Breite und Tiefe zu untersuchen und auf der Basis dieses Wissens unsere gegenwärtigen Zielvorstellungen neu zu überdenken und entsprechend den veränderten Umweltbedingungen anzupassen. Nur über eine Veränderung der herrschenden Wertordnungen wird es möglich sein, das wachsende System allmählich in einen mehr systemadäquaten Verhaltensmodus zu überführen. Der Zustand eines solchen Systems bedeutet keineswegs ein Abwenden vom Wirtschaftswachstum jeder Art, von Leistung und von Fortschritt, wohl aber eine Umstrukturierung des Wirtschaftswachstums in mehr umweltfreundliche Bahnen, eine Neuorientierung des Leistungsstrebens und des technischen Fortschritts.

Sind die derzeit herrschenden politischen Systeme in der Lage, mit diesen Problemen fertigzuwerden? Ich bin der Meinung, daß man sich die Dinge zu einfach macht, sofern man nur in den extremen Bereichen diskutiert, also jeweils die freie Marktwirtschaft gegen die zentrale Planwirtschaft in ihren reinsten Formen antreten läßt. Man vergißt dabei allzu leicht, daß die Realität jeweils irgendwo in der Mitte liegt und die brauchbaren Lösungen wohl auch nur dort zu suchen sind.

Ich bin grundsätzlich der Überzeugung, daß sich die auf uns zukommenden großen Probleme durchaus mit den Möglichkeiten der demokratischen Gesellschaftsordnung und der sozialen Marktwirtschaft angehen lassen. Nur wird man nicht umhinkommen, die Rahmenbedingungen, entsprechend den neuen Anforderungen, zu verändern. Dies wird jedoch bald geschehen müssen, wenn sich das System nicht selbst in Frage stellen soll.

AHLBORN: Ich bin kein Wissenschaftler, sondern Journalist, und so stellt sich die Frage für mich etwas anders. Die Frage lautet für mich nicht, ob wir mit einem begrenzten Wachstum auskommen können – wir werden es müssen, denn es gibt eine einfache Rechnung. Wenn wir überlegen, das Wachstum an materiellem Lebensstandard ginge mit 3 Prozent pro Jahr weiter, dann heißt dies, in 50 Jahren hätten wir einen 150fach höheren Lebensstandard, und ich bitte Sie zu überlegen, ob Sie sich so etwas vorstellen können.

Da zeigt sich wohl etwas, was wir langsam zu spüren beginnen: daß im Grund die Segnungen, die wir uns mit unserem Wachstum eingehandelt haben, langsam beginnen, ihren Januskopf zu zeigen. Wir werden also gar nicht anders können, als irgendwann einmal nicht mehr zu wachsen, und das sogar möglichst bald.

Die Frage, die sich für mich im Anschluß stellt, ist allerdings die, wie man dahin kommen kann, und ich glaube, da wird es etwas geben, was uns allen sehr viele Probleme bereiten wird. Eine so einschneidende Maßnahme, wie der Verzicht auf industrielles Wachstum und auf das Anwachsen eines materiellen Lebensstandards, wird einer Gesellschaft nur dann möglich sein, wenn sie zu vollkommen anderen Formen der Partizipation kommt, das heißt: Menschen müssen an den Geschicken dieser Gesellschaft wirklich teilhaben, teilhaben im wahrsten Sinn des Wortes. Wir müssen zu Zuständen kommen, in denen dies nicht mehr ein verbales Versprechen einer Möglichkeit ist, die in der Verfassung angelegt ist, sondern in denen es realisiert wird. Denn nur so ist es möglich, daß man sich verantwortlich fühlt, daß man das tun kann, was in der Zukunft nötig sein wird.

Dennis L. Meadows:
Kurskorrektur oder
Bis zur Kollision[1]

18 Monate waren seit der Veröffentlichung von ›Die Grenzen des Wachstums‹ vergangen, als gestern der Friedenspreis des Deutschen Buchhandels an den Club of Rome in der Frankfurter Paulskirche überreicht wurde. Bei dieser Gelegenheit wurde ich mir eines bestürzenden Widerspruchs bewußt: Einerseits können wir uns schmeicheln, daß dieses Buch sehr erfolgreich gewesen ist; in 25 Sprachen übersetzt, mit mehr als 2,5 Millionen bisher verkauften Exemplaren; auf ersten Plätzen auf den Bestsellerlisten und voraussichtlich auch in der ganzen Welt mit Aufmerksamkeit gelesen. Der Club of Rome, der diese Studie initiierte, erhielt daraufhin den Friedenspreis 1973; mindestens 20 Fernsehprogramme sind zu diesem Thema schon ausgestrahlt worden und ungefähr 50 Konferenzen haben sich in aller Welt mit dem Thema »Grenzen des Wachstums« auseinandergesetzt.

Dennoch: Wenn ich mir das Anliegen dieses Buches vor Augen halte, dann gibt es absolut keinen Grund zur Freude. Kein einziger Politiker auf der Welt, keine einzige politische Organisation, keine Partei, kein wichtiges Industrieunternehmen hat sich bisher anders als vor der Veröffentlichung von ›Die Grenzen des Wachstums‹ verhalten. Es ist, als ob nichts geschehen wäre; als ob wir diese Studie in unseren Schreibtischen versteckt hätten: alles blieb beim alten! Noch vor 18 Monaten glaubten wir, daß uns die Grüne Revolution eine Gnadenfrist – frei von Hungersnöten – von mindestens 15 bis 20 Jahren einräumen würde; heute müssen wir davon ausgehen, daß allein im kommenden Jahr 10 bis 30 Millionen Menschen in Hungersnöten umkommen werden.

Vor 18 Monaten haben wir das Ende einer Periode erreicht, die uns seit Ende des letzten Weltkrieges ständig fallende Preise für Bodenschätze beschert hatte. In den letzten 18 Monaten sind sie vielfach bis zu 70 Prozent angestiegen.

Noch vor 18 Monaten waren wir überzeugt, daß jahrhundertealte Seuchen, wie Malaria oder Cholera, endgültig besiegt worden seien.

---

[1] Schriftliche Fassung der Rede anläßlich der Veranstaltung »CONTROL DATA – 10 Jahre in Deutschland« am 15. Oktober 1973 in Frankfurt am Main. Übersetzt von Horst-E. Richter.

Heute erleben wir, daß diese Geißeln der Menschheit wieder zum Leben erwacht sind. Für diese Entwicklungen mögen auch wir Wissenschaftler verantwortlich sein, die wir eben in ›Die Grenzen des Wachstums‹ nicht die spezifischen Maßnahmen beschrieben haben, die unbedingt unternommen werden müssen, um uns vor den entsetzlichsten Konsequenzen zu schützen. Wir nahmen – vielleicht ein wenig zu naiv – an, daß es genüge, auf diese Probleme zu verweisen, damit andere daran gehen könnten, Gegenmaßnahmen zu entwickeln. Das aber – ein trauriger Befund – ist nicht geschehen!

Lassen Sie mich deshalb heute und hier deutlicher werden und kein Blatt mehr vor den Mund nehmen. Ich werde einige Beispiele aus der Bundesrepublik aufzeigen; werde auf kritische Punkte aufmerksam machen; werde versuchen, darzulegen, was in diesem Land getan werden kann, getan werden muß: von Politikern, Unternehmern, Wissenschaftlern – von allen, die unsere Studie ernst nehmen, für die das keine elektronischen Hirngespinste, sondern bedrohliche Fakten sind.

Kurz möchte ich aber nochmals unsere Ziele, unsere Ergebnisse – nach zweijähriger Forschung am MIT (Massachusetts Institute of Technology) zusammenfassen: Wir versuchten, das langfristige Bevölkerungs- und Materialwachstum zu bestimmen; wir versuchten, Gründe und Konsequenzen für die nächsten 50 bis 100 Jahre verbindlich festzulegen.

Wir wollten freilich nicht *die* Zukunft voraussagen. Es ist unmöglich, die Zukunft sozialer Systeme vorauszusagen. Hätte ich geglaubt, die Zukunft sei determiniert, es hätte wenig Sinn gehabt, irgendeine Warnung auszusprechen – unsere Studie zu publizieren.

Wir beachteten weder die sozialen Grenzen des Wachstums, noch die absoluten Grenzen wirtschaftlichen Wachstums. Sicher können und werden politische Entscheidungen – Veränderungen sozialer Maßstäbe – gewichtigen Einfluß auf unsere Fähigkeit ausüben, uns in einer Weise zu entwickeln, die wir in unserer Studie nicht spezifizieren konnten.

Wir setzten lediglich im Hinblick auf unsere materiellen Grenzen ein oberes Limit und kamen überein, unsere Probleme zwischen hier und dieser oberen Grenze darzustellen. Freilich, wenn die reichen Nationen weiterhin darauf bestehen, 80 Prozent der Weltenergie, der Rohstoffe, der Bodenschätze für sich in Beschlag zu nehmen, dann werden wir diese Grenzen wesentlich schneller erreichen; dann werden diese Grenzen wesentlich tiefer liegen. Ebenso wie wir das wirtschaftliche Wachstum außer Betracht ließen, versuchten wir auch nicht, die Grenzen von Erziehung, von Forschung, Kultur, von

Selbstvertrauen und Erfindergabe abzustecken, von Dingen, die den eigentlichen Zweck, den Beruf des Menschen auf dieser Erde ausmachen.

Als selbstverständlich setzten wir vier Faktoren voraus:

1. Wir gingen davon aus, daß Geburtenrate und Wirtschaftswachstum in einem ungleich schnelleren Maß zunehmen als zu irgendeinem Zeitpunkt in der Vergangenheit und daß die Gründe dafür tief in unserem sozio-ökonomischen System verwurzelt sind.

2. Wir gingen davon aus, daß es fixe Grenzen für ein materielles Wachstum gibt: endliche Mengen Land, endliche Mengen natürlicher Rohstoffe, endliche Mengen Wasser.

3. Wir gingen davon aus, daß es erhebliche zeitliche Verzögerungen gibt: zwischen einer Entscheidung und dem Augenblick, wo wir ihre Ausmaße und Konsequenzen entdecken; zwischen dem Erkennen dieser Konsequenzen und dem Augenblick, wo wir bestimmen können, ob sie für uns gut oder schlecht sind; und schließlich bevor wir wirksame technische und politische Gegenmaßnahmen ergreifen können.

4. Wir gingen davon aus, daß fast alle politischen Entscheidungen pragmatisch, das heißt aufgrund kurzfristiger Erwägungen und Vorteile getroffen werden; selbst dann, wenn vorauszusehen ist, daß ihre Konsequenzen noch die nächste und übernächste Generation betreffen werden.

Diese vier Faktoren liegen unserer Studie zugrunde. Wenn Sie glauben, daß wir damit akkurate Feststellungen über die reale Welt getroffen haben, dann werden Sie auch an unseren Schlüssen und Folgerungen interessiert sein. Wenn Sie aber daran zweifeln, dann ist unsere Studie für Sie höchstens als wissenschaftliche Übung von Belang.

Viele Menschen stimmen freilich mit uns überein, daß diese Faktoren für die meisten Länder zutreffen. Nach zweijähriger Analyse haben wir auf dieser Grundlage die Daten ermittelt, die uns die Trends von Bevölkerungswachstum, Energieverbrauch, Nahrungsmittelproduktion und Umweltzerstörung erhellten.

Wir gelangten daraufhin zu drei Schlußfolgerungen:

1. Die gegenwärtige Wachstumsrate wird ihre Grenzen noch zu Lebzeiten der heute Zwanzigjährigen erreichen, gleichgültig ob wir das einplanen oder nicht, ob wir uns darauf vorbereiten oder nicht.

2. Wegen der äußerst langen Verzögerungseffekte besteht keine

Chance mehr, das Wachstum aufzuhalten. Wir werden über die meisten Grenzen hinausschießen, falls wir auf unseren kurzfristigen und kurzsichtigen Wachstums-Ideologien bestehen.

3. Unter bestimmten Bedingungen können wir verhindern, daß diese Grenzen überschritten werden. Sachgemäße politische Entscheidungen, neue Technologien oder die rechtzeitigen Veränderungen sozialer Einstellungen könnten – wenn sie heute eingeleitet werden – das Unheil abwenden; könnten dafür sorgen, daß auch in Zukunft die menschlichen Grundbedürfnisse erfüllbar bleiben.

Es ist doch einsichtig: Jedes Jahr, das uns mehr Menschen, mehr Umweltzerstörung und weitere Ausbeutung der natürlichen Rohstoffe bringt, treibt uns der Katastrophe weiter entgegen. Je länger wir also zögern, diese Fahrt ins Chaos abzuwenden, desto geringer ist unsere Handlungsfreiheit, diesen Prozeß aufzuhalten.

Unsere Folgerungen sind heftig kritisiert worden. Teilweise hat man behauptet, daß uns der technologische Fortschritt schon weiterbringen würde; andere hielten das System von steigenden Preisen bei steigender Nachfrage für ein entscheidendes Regulativ.

Ich weise solche optimistischen Aussagen kategorisch zurück! Beide, das Preissystem wie die technologische Entwicklung, sind den oben erwähnten Faktoren untergeordnet. Unser heutiges Wirtschaftssystem ist kurzsichtig; unsere Technologie entwickelt sich auf der Basis kurzfristiger Bedürfnisse; unsere wirtschaftspolitischen Maßnahmen zünden viel zu spät. Unsere wichtigsten Schlüsse wären auch ohne Mitwirkung eines Computers schlüssig und verständlich gewesen. Ist es doch einsichtig, daß man ein System nicht stabil nennen kann, wenn es sich ständig und unkontrolliert ändert, wenn sich die Bremsmaßnahmen zu spät auswirken. Wenn jemand zum Beispiel im betrunkenen Zustand seinen Wagen auf zu hohe Touren bringt, kann er sein Fahrzeug im Ernstfall nicht schnell genug zum Halten bringen: Das System ist labil.

Wir sind in dieser Welt alle Fahrgäste, vergleichbar mit Passagieren auf einem Schiff, das zu schnell fährt, um noch rechtzeitig stoppen zu können; dessen Kapitäne sich nicht einigen können, wohin die Fahrt gehen soll, und die, halbblind, nur eine geringe Entfernung überblicken. Niemand würde vermuten, daß dieses Schiff einen sicheren Hafen erreichen würde. Aber hier erwarten einige, daß das globale sozio-ökonomische System letztlich doch noch ins Gleichgewicht kommen wird.

Für solche Hoffnungen bietet uns unsere Geschichte, die bisherige Entwicklung keinen Anlaß. Aber es gibt unseres Erachtens

Gründe zu hoffen, daß wir dieses System wenigstens ein wenig zu stabilisieren vermögen. Lassen Sie mich auf mein Schiffs-Beispiel zurückkommen. Was würden Sie als Passagiere auf diesem Schiff als unerläßliche Bedingung voraussetzen? Zumindest doch, daß die Geschwindigkeit gedrosselt wird, damit im Ernstfall mehr Zeit für entsprechende Gegenmaßnahmen zur Verfügung steht. Das ist auch die erste Empfehlung, die wir in ›Die Grenzen des Wachstums‹ aussprechen.

Weiterhin würden Sie doch sicher Ihre Kapitäne auffordern, sich endlich über das Ziel der Fahrt zu einigen. Als ersten Schritt könnte man jene Häfen als Ziele ausschließen, die von vornherein aus bestimmten Gründen nicht in Frage kommen. Auch dieser Vorschlag ist in ›Die Grenzen des Wachstums‹ enthalten. Wir machten nämlich deutlich, daß Visionen von einer übervölkerten Welt, in der doch jeder zwei Wagen fährt, ein Landhaus besitzt und zum Frühstück ein Steak ißt, in den Bereich unverantwortlicher Träume gehören.

Drittens würden Sie auch wohl darauf dringen, daß angesichts der Kurzsichtigkeit der Kapitäne schleunigst ein Radarsystem eingebaut wird, damit Hindernisse rechtzeitig erkannt und die Folgen bestimmter Kommandos für die Zukunft, für die weitere Fahrt, besser ermessen werden können. Es ist eben ein beträchtlicher Unterschied, ob man einen Eisberg bereits aus 30 Kilometer Entfernung oder erst 30 Meter voraus entdeckt. Mit ›Die Grenzen des Wachstums‹ wollten wir ein solches soziales Radarsystem mitliefern. Ein Radarsystem prophezeit zwar nicht die Zukunft und bestimmt auch nicht, wohin die Fahrt gehen soll; es verschafft nur Gewißheit, wo man in Zukunft landen wird, wenn der Kurs und die Geschwindigkeit des Augenblicks beibehalten werden.

Es ist also ziemlich einfach, diese drei allgemeinen Feststellungen zu treffen: das Tempo senken; die Ziele festlegen; eine weitsichtige Kontrolltechnik etablieren. Viel schwerer ist es, diese Pläne auch zu realisieren. In der heutigen Welt besteht leider nur wenig Anlaß – und bei den meisten auch keinerlei Motivation –, irgendwelche Sofortmaßnahmen einzuleiten, um genügend Vorsorge zu treffen. Die Selbstgefälligkeit, die sich in der Bundesrepublik und in den Vereinigten Staaten breitgemacht hat – um nur diese beiden Staaten zu nennen –, ist unfaßlich, ist beispiellos. Es ist absehbar, das wird nur von wenigen bestritten, daß innerhalb von 50 Jahren unsere Vorräte an Erdöl und Erdgas erschöpft sein werden. Drosselt oder beschränkt man deshalb den Verbrauch? Schont man die Bodenschätze? Wer, wie ich, erlebt hat, wie der Frankfurter Stadtwald in den letzten zehn Jahren abgeholzt wird, um immer neuen Raum für weitere Autobahnen zu schaffen, wird an der Vorsicht und Weitsicht unserer Entscheidungen zweifeln müssen.

Was heute zwingend nötig ist, ist die Fähigkeit der Nationen und ihrer Staatsmänner, die langfristigen Ziele zu definieren; statt alter Lösungen neue zu suchen; und nicht immer wieder alten Wein aus alten Schläuchen anzubieten.

Je größer die Ungleichheit in einer Gesellschaft, um so schwieriger wird es, solche Probleme aufzufangen. In der Bundesrepublik gibt es bereits heute zahllose Probleme durch die Gastarbeiter. Da ich gewöhnt bin, langfristige Perspektiven ins Auge zu fassen, frage ich mich, wie Sie in 10 oder 50 Jahren mit Ihren gesellschaftlichen Problemen fertig werden wollen, wenn Sie heute Ihre Gesellschaft durch Aufnahme eines signifikanten Bevölkerungsteils mit radikal verschiedenen Wertvorstellungen in kultureller, wirtschaftlicher und politischer Hinsicht so drastisch verfremden. Auch durch solche Maßnahmen wird es immer unwahrscheinlicher, daß wir unsere künftigen Probleme optimal lösen können.

Die Gründe dafür sind klar: Kein Politiker kann es sich heute erlauben, über den nächsten Wahltermin hinauszudenken; kein Industrieller wird heute auf etwas verzichten, wenn es ihm erst in den 80er Jahren Früchte einbringt. Fragen Sie sich doch einmal selber: Wie teilen Sie Ihre Zeit ein? Wie verbringen Sie Ihren Tag? Indem Sie sich mit Problemen beschäftigen, die für unsere Zukunft relevant sind, oder mit solchen, die Ihnen heute auf den Nägeln brennen? Wir verhalten uns alle sehr ähnlich. Auch ich verbringe den größten Teil meiner Zeit mit Problemen, die heute dringlich sind und die morgen gelöst werden wollen. Aber das sind in den meisten Fällen nicht die Grundprobleme, die uns ins Haus stehen.

Wir müssen also heute neue Institutionen schaffen, Geldmittel für Aktivitäten bereitstellen, die sich nicht mit Alltagsfragen herumschlagen, sondern sich mit langfristigen Problemen auseinandersetzen sollen.

Das scheint mir der beste und einzige Weg zu einem sozialen Radarsystem, das uns begreifen lehrt, wohin uns der gegenwärtige Trend führt und welches die Konsequenzen unserer gegenwärtigen Entscheidungen sein werden.

Der wahrscheinlich entmutigendste Aspekt an ›Die Grenzen des Wachstums‹ ist wahrscheinlich die Tatsache, daß wir oder unsere Kinder und Enkel plötzlich, von einem zum anderen Tag, gezwungen sein werden, mit einem wahren Sturzbach von Problemen fertig zu werden, und daß sich heute sämtliche Einrichtungen – politische, wirtschaftliche, soziale – außerstande sehen, die voraussichtlichen

Probleme jetzt schon anzupacken, die richtigen Prognosen zu stellen. Wir tappen wie Blinde durch die Gegend in der törichten Hoffnung, es würde schon noch mal alles gut gehen. So verbauen wir uns leichtsinnig die Wege, auf denen wir heute noch einiges erreichen könnten.

Als erstes sollten wir erneut eine Bestandsaufnahme wagen, sollten erneut die ethischen Prinzipien bedenken, die gegenwärtig die westlichen Gesellschaften bestimmen. Es ist unmoralisch, es ist eine Sünde, wenn wir, in den Vereinigten Staaten und in der Bundesrepublik, laut nach weiteren Rohstoffen rufen, wo wir doch bereits im Vergleich zu den armen Ländern im Überfluß schwelgen.

Wenn wir nicht alsbald einen ethischen Katalog aufstellen, mit klaren Angaben, was wir dürfen und was wir nicht dürfen, dann sehe ich nicht, wie irgendeine Auseinandersetzung mit dem gefährlichen Wachstum zu irgendeiner Lösung führen soll. Ich kann Ihnen nicht im einzelnen sagen, wie dieser »Dekalog 1973« aussehen wird, aber ich bin sicher, daß es Mittel und Wege gibt, eine solche zukunftsweisende Grundlage aufzubauen.

Ein weiterer Vorschlag könnte uns den Schritt dahin erleichtern: Jede einzelne Organisation in diesem Land, staatliche und private, trifft gegenwärtig Entscheidungen – beim Entwurf neuer Transportsysteme, beim Planen einer effektiven Energiepolitik, bei der Rationalisierung der Landwirtschaft –, deren Dimensionen weit in die Zukunft hineinreichen und die das Leben jener bestimmen werden, die diese Erde im Jahr 2000 bevölkern.

Ich frage die anwesenden Politiker und Manager, Gewerkschaftsführer und Wissenschaftler: Können Sie tatsächlich eine vernünftige Auswahl unter verschiedenen Alternativen treffen, wenn Sie so gut wie keine Ahnung haben, was und wie Deutschland im Jahr 2000 sein wird? In einigen Ländern haben sich bereits Kommissionen gebildet, die sich daran machen, möglichst objektiv unsere langfristigen Alternativen in Hinblick auf Bevölkerungswachstum, Materialverbrauch und politische Systeme zu bestimmen.

Ich schlage vor, daß sich auch in der Bundesrepublik ein Gremium aus Vertretern der Gewerkschaften, der Industrie und wissenschaftlicher Institutionen konstituiert, das keine Voraussagen, sondern zunächst einmal Bilder, Vorstellungen entwickelt, an denen man ermessen könnte, mit welchen Dimensionen dieses Land, diese Bundesrepublik, im Jahr 2000 zu rechnen hat. Aufgrund dieses vorläufigen Kalküls könnte man sich dann dem Kern der Probleme systematisch nähern und drei oder vier verschiedene Alternativen prägen, sie der deutschen Bevölkerung vorlegen und sie so darauf vorbereiten, künftig langfristiger zu denken und zu handeln.

Weiter möchte ich vorschlagen: Schaffen Sie ein System von Indikatoren, das kontinuierlich klarmacht, welche Fortschritte in diesem Land in Hinblick auf die obenerwähnten Zielprojektionen gemacht worden sind. Stellen Sie sich nur für einen Augenblick den enormen Zeitaufwand vor, der allein für das Sammeln und Verbreiten von statistischem Material aus dem Geldsektor dieses Landes aufgewandt wird. In Amerika haben wir den Dow Jones Index, der über Entwicklungen und Bewegungen in unserem Wirtschaftsleben Auskunft gibt. In der ›New York Times‹ werden diese Zahlen jeden Tag auf mehreren Seiten veröffentlicht. Man sollte in der Bundesrepublik einen sozialen Dow Jones Index einführen, der wöchentlich eine Übersicht über Verbrechens- und Scheidungsraten, über die Umweltzerstörung, über die Bäume, die in diesem Land gefällt werden, über die Zahl der Autounfälle, über den Grad der Schwefeldioxyd-Emissionen, über die Zahl sporttreibender Kinder in übersichtlicher Form berichtet. In diesen Statistiken sollten außerdem die langfristigen Entwicklungstrends dargestellt werden, damit die Bundesbürger ihre zukunftsweisenden Entscheidungen entsprechend abstimmen können.

Ein dritter Vorschlag: Bestimmen Sie auf nationaler Ebene eine Reihe von Unternehmen und Kommunen für bestimmte Experimente. Wenn wir tatsächlich im Jahr 2000 bei einem Gleichgewicht angelangt sein müssen, wäre es dann nicht angebracht, schon heute zwei oder drei kleinere Gemeinden auszuwählen und sie mit verschiedenen politischen Alternativen zu konfrontieren; sie mit ganz und gar neuen Methoden in Industrie und Landwirtschaft arbeiten zu lassen, in einer Weise also, die mit dem zukünftigen Gleichgewicht harmoniert? Die meisten dieser Experimente werden scheitern; viele werden eine nicht gerade wünschenswerte Lebensqualität bieten. Aber ist es nicht bedeutend besser, schon heute die Antworten auf solche Experimente zu bekommen, als später von einem Tag zum anderen gezwungen zu sein, für einen Ausgleich des Energie- und Materialbedarfs zu sorgen?

Ich kenne den Präsidenten eines führenden Unternehmens in den Vereinigten Staaten, der für seine Firma einen Wachstumsstopp verfügt hat. Zuvor hatte er Kosten und Gewinne berechnen lassen, die eine Weiterentwicklung neuer Produkte betragen würden; wie hoch der Aufwand zur Erschließung neuer Märkte sein würde. Nach dieser Kalkulation wurde beschlossen, es bei der gegenwärtigen Produktions- und Verkaufsrate zu belassen. Er ist bei dieser

Entscheidung geblieben. Heute hat er mehr Zeit zum Tennisspielen; seine Angestellten stehen unter geringerem Streß, und die Qualität seiner Produkte steigt immens.

Wäre es nicht interessant, ein paar Experimente solcher Art auch in der Bundesrepublik zu unternehmen, zu kontrollieren, ob eine Firma noch den Interessen ihrer Arbeitnehmer und der Gesellschaft dient, wenn sie um jeden Preis eine Verdopplung ihres Outputs alle fünf bis zehn Jahre anstrebt? Einige Firmen werden sicher bankrott gehen; aber wäre es nicht besser, solche Informationen heute schon zu gewinnen, als dann, wenn die Rohstoffkosten drastisch emporschnellen oder einige Märkte völlig zusammenbrechen?

Viele vertrauen darauf, daß unser System der freien Marktwirtschaft automatisch den Erhalt der notwendigen Energie und Rohstoffe sichert. Meiner Meinung nach wird man bis zur totalen Ausbeutung unserer Ressourcen fortschreiten, weil die Preise bei den langen Verzögerungszeiten unseres Wirtschaftssystems erst kurz vor dem endgültigen Zusammenbruch unserer Vorräte deutlich ansteigen werden.

Zu diesem Zeitpunkt ist dann freilich auch die Methode des Recycling oder Konservierens ohne Sinn, weil nichts vorhanden ist, was man wieder aufbereiten könnte. Warum gründen Sie also nicht eine Institution, die sich mit einem angemessenen Design von Produkten beschäftigt, damit die benutzten Materialien später erneut wieder verwendet werden können? Ich wage jetzt schon mit Bestimmtheit zu sagen, daß unsere Enkel und Urenkel unser heutiges Design der Automobile als Verbrechen bezeichnen werden. Hunderttausende Tonnen Aluminium, Kupfer und anderer Metalle werden Jahr um Jahr gefördert, in den Konsum-Kreislauf gebracht und nach verhältnismäßig kurzer Zeit unwiederbringlich zum alten Eisen geworfen. Ich bin sicher, wenn wir demnächst ein einheitliches Produkt-Design entwerfen, können viele dieser Materialien und Werkstoffe wieder aufbereitet werden, und durchaus auf angemessene Weise, ohne wichtige Industrien zu zerschlagen. Außerdem sollte Ihre Regierung jene Unternehmen, die bereit sind, wiederzuverarbeitende Produkte mit längerer Lebenszeit herzustellen, durch entsprechende Prämien begünstigen.

Wir müssen eine neue Philosophie der Entwicklung entwerfen. Die Beziehungen zwischen Reichen und Armen in dieser Welt basieren auf der stillschweigenden Annahme, daß weitere Industrialisierung möglich ist, daß wir schließlich an ein Ziel gelangen, an dem alle Wünsche befriedigt werden können. Diese Voraussetzungen sind falsch.

Soweit wir voraussehen können, wird auf diese Weise die Kluft zwischen arm und reich nicht überbrückt werden können. Deshalb müssen wir eine neue Philosophie entwickeln, einen Katalog neuer Zielsetzungen aufstellen, um die Belange der armen Länder konstruktiv zu vertreten, ohne jedoch irreale Wunschvorstellungen zu erwecken, die doch nicht befriedigt werden können und deshalb nur neue soziale und politische Spannungen auslösen. Ich weiß nicht, wie diese Vision des Fortschritts aussehen wird; ich weiß nur: Sie muß zustande kommen! Amerika und Europa können sich nicht länger hinter einer Mauer verschanzen und erwarten, daß Milliarden enttäuschter, armer Menschen stillhalten, wenn sie entdecken, daß sie nicht nur weit zurückbleiben, sondern auch noch von uns im Stich gelassen werden. Diese Völker werden bestimmt nicht vor unserer Mauer geduldig ausharren.

Das waren jetzt ein paar Empfehlungen. Sie erfordern in jedem Fall neue Forschungsprojekte, neue wissenschaftliche Einrichtungen, neue politische Zielsetzungen.

Lassen Sie mich abschließend von den Kosten dieses sehr bescheidenen Programms reden; ich kann das nicht umgehen. Denn die Politiker werden selbstverständlich auf die Kosten verweisen, wenn sie diese Vorschläge ablehnen.

Die Bundesrepublik gibt in diesem Jahr 26 Milliarden DM für ihre Verteidigung aus. Was heißt eigentlich Verteidigung? Was bietet sie? Wenn wir äußerst optimistisch sind: eine Gewähr, daß Sie ohne Gefahr von außen ihre nationalen Ziele und Vorstellungen realisieren können. Welche Summe ist Ihnen die Sicherung Ihrer nationalen Ziele wert? Eine Million DM, zwei Millionen DM? Schon diese Summe würde sämtliche Forschungsvorhaben, die gegenwärtig auf der ganzen Welt betrieben werden, ein erkleckliches Stück voranbringen. Das dänische Parlament behandelt derzeit einen Vorschlag, 1 Prozent seiner Verteidigungsausgaben für Friedensforschung auszugeben. Das scheint mir ein angemessener und zugleich bescheidener Vorschlag und könnte so auch vor dem Bundestag eingebracht werden.

Zwischen Deutschland und den Vereinigten Staaten haben immer schon enge Beziehungen bestanden. Aus meinen Geschichtsstunden erinnere ich mich, daß es zahlreiche Deutsche gegeben hat, die in den letzten hundert Jahren in der Musik, Philosophie, Mathematik und Naturwissenschaft ganz neue Wege beschritten, gleichsam Revolutionen ausgelöst haben. Diesem Land steht gegenwärtig eine Fülle technischen Könnens, wissenschaftlicher Institutionen und finanzieller Mittel zur Verfügung. Warum sollte nicht in diesem Land demnächst der Funke überspringen und aus diesem Land der revolutionierende Gedanke kommen, wie wir die Probleme des nächsten Jahrhunderts lösen können? Es wäre zu wünschen, daß dies als Ergebnis des Nachdenkens über ›Die Grenzen des Wachstums‹ zustandekommt.

Diskussion:
Konsequenzen oder Kapitulation?[1]

BÜTTNER: Dennis Meadows hat heute davon gesprochen, daß er und seine Mitarbeiter am MIT (Massachusetts Institute of Technology, Cambridge, USA) die Politik nicht voraussehen und definieren können, die in Zukunft eingeschlagen werden muß, um eine Katastrophe zu verhindern. Er hat sich gewehrt, diese künftige Politik näher zu umreißen. Als Wissenschaftler hat er sich freilich mit dieser Studie über ›Die Grenzen des Wachstums‹ auch in die politische Arena begeben; er wird es sich deshalb gefallen lassen müssen, in dieser Diskussion auch politisch Rede und Antwort zu stehen.

Es wird heute also nicht unsere Aufgabe sein, die wissenschaftlichen Aspekte der MIT-Studie zu behandeln. Unser Ziel ist es, uns über die künftigen politischen Entscheidungen, uns über die politischen Implikationen für die reichen Länder, vor allem für die Industrienationen der westlichen Hemisphäre, auseinanderzusetzen.

Ich möchte zuerst Sicco Mansholt bitten, sich dazu zu äußern. Wie Sie wissen, hat gerade er in letzter Zeit wiederholt zu diesem Thema dezidiert und engagiert Stellung genommen.

MANSHOLT: Die wichtigste Frage scheint mir: Wie können wir in dieser Gesellschaft ein Null-Wachstum herbeiführen? Es steht für mich außer Frage, daß dieses Null-Wachstum in unseren Industriegesellschaften, in Amerika, Westeuropa und Japan, erreicht werden muß. Das macht auch die MIT-Studie beklemmend deutlich. Sollte das nicht gelingen, dann wird die Kluft, dann werden die Spannungen zwischen den armen und den reichen Nationen immer größer. Wir müssen eine Gesellschaft anstreben, in der sich der Abstand zwischen Armen und Reichen mit der Zeit verringert. Es wäre eine Illusion, ja eine Lüge, zu behaupten, daß es ohne unser Wachstum auch kein Wachstum in der dritten Welt geben könne.

Eigentlich bin ich noch pessimistischer als Meadows. Während meiner politischen Laufbahn habe ich lernen müssen, wieviel Zeit politische Entscheidungen bedürfen, um reifen zu können. Nehmen Sie als Beispiel Europa: Trotz des Druckes und des Interesses so

---

[1] Protokoll einer Diskussion zwischen Hans Wolfgang Büttner, Günter Friedrichs, Hermann Höcherl, Sicco Mansholt, Karl Heinz Sohn und Dennis L. Meadows, die anläßlich der Jubiläumsveranstaltung von CONTROL DATA GmbH am 15. Oktober 1973 in Frankfurt am Main stattfand. Die englischsprachigen Beiträge sind von Horst E. Richter übersetzt.

vieler, die den Gemeinsamen Markt in Europa wollen, liegt ein politisch, wirtschaftlich und sozial geeintes Europa noch immer in weiter Ferne. 20 Jahre schon sind wir auf dem Weg zu dieser Union. Heute, 1973, existiert der Gemeinsame Markt noch immer nicht. Wir haben noch keine gemeinsame Wirtschaftspolitik, keine gemeinsame Agrarpolitik, keine Finanzpolitik – von Sozialpolitik gar nicht zu reden.

Wie aber sollen wir uns auf globaler Ebene zügig einigen, wenn wir nicht einmal unser Haus fristgerecht und angemessen bestellen können? Ich bin nicht nur pessimistisch, ob wir die Zeit für die notwendigen Maßnahmen finden werden. Ich bin auch besorgt, ob wir die Kräfte bändigen können, die auf permanentes Wachstum gedrillt sind. Unser gesamtes Gesellschaftssystem drängt auf Wachstum – nicht nur einzelne Firmen, die Großunternehmen, die multinationalen Giganten. Wir müssen darüber hinaus konstatieren, daß eigentlich sämtliche gesellschaftlichen Kräfte in Richtung Wachstum tendieren und daß es Gegenkräfte fast gar nicht gibt.

Diese Gegenkräfte aber können wir nur entwickeln, wenn es uns gelingt, Mentalität und Denkweisen der Menschen in unserer Gesellschaft grundlegend zu ändern. Wir müssen eine Gesellschaft anstreben, die bereit ist, einen Stillstand, ja auch ein materielles Absinken des Konsums ohne Murren hinzunehmen. Für den Konsumenten heißt das: weniger Autos, weniger Farbfernseher, weniger Wochenendhäuser. Es heißt: Bescheidung. Es bedeutet: einfacher zu leben.

Als Gegenkomponente könnte man ein Wachstum in ganz anderer Richtung einleiten; ein Wachstum in ethischer, geistiger, kultureller Hinsicht. Wir müssen anfangen, bereits in den Schulen, im gesamten Erziehungswesen, in allen Teilbereichen des gesellschaftlichen Lebens, deutlich zu machen, daß es wesentlichere Dinge im Leben gibt als bloßes Wachstumsstreben; als den Teufelskreis von wachsender Produktion und wachsendem Konsum.

Wir müssen also, und das ist mein erster Vorschlag, die Struktur unserer heutigen Gesellschaft verändern. Das ist eine eminent politische Frage geworden. Und sie drängt auf Entscheidung und Handeln. Weiter möchte ich hervorheben, daß es nach meiner Ansicht keine Lösung dieser Fragen geben wird, wenn wir nicht innerhalb der Gesellschaft eine größere Gleichheit anzielen; in der europäischen Gesellschaft, in der Gesellschaft der Industrieländer, zwischen den Industrieländern und den armen Nationen. Niemand wird bereit sein, etwas preiszugeben und zu teilen, wenn ihm nicht ständig eingebläut wird, daß es ohne Gleichheit – »egalité«, wie die

Franzosen 1789 riefen – einfach nicht weitergeht. Ich befürchte aber, daß das System der kapitalistischen Gesellschaft, das prinzipiell auf Wachstum und Profit ausgerichtet ist, diese Veränderungen nicht vollziehen kann. Vielleicht bieten andere politische Systeme bessere Alternativen. Nicht unbedingt sozialistische Systeme; denn auch der Staatssozialismus sowjetischer Prägung basiert auf Wachstum, hat primär Wachstum als Ziel. Vielleicht sollte man die Entwicklungen in China künftig sorgfältig studieren.

BÜTTNER: Null-Wachstum ist offenbar eine leicht aussprechbare, aber schwer vorstellbare Größe. Es wäre jetzt sicher zweckmäßig zu erfahren, wie die Politiker in der Bundesrepublik darüber denken.

HÖCHERL: Ich habe heute wohl den schwierigsten Part übernommen, weil es ein internationaler Sport geworden ist, den Politiker zu rupfen, wenn etwas schiefgeht. Wenn aber etwas gutgeht, finden sich genug Väter, die den Ruhm für sich beanspruchen.

Lassen Sie mich vorausschicken: Die Wissenschaft besitzt schon immer das Privileg der großen Visionen. Wir Politiker besitzen das Privileg und die Bürde der praktischen Verwirklichung. Und die echten Schwierigkeiten beginnen häufig erst hier. Es ist keine Leistung, große Worte zu machen oder große Pläne zu schmieden, Programme zu entwickeln und Forderungen zu stellen. Leider werden selten wirklich fruchtbare Gedanken mitgeliefert, wie politische und gesellschaftspolitische Utopien auch in die Tat umgesetzt werden können. Und gerade für solche Hilfen, die alle Politiker, unabhängig von der Farbe, brauchen, wären wir dankbar.

Die MIT-Studie hat zweifellos eine außerordentliche Bedeutung als aufrüttelndes Manifest, weil das Gewissen für diese großen Fragen wieder geschärft wird. Der Vorzug von den ›Grenzen des Wachstums‹ besteht darin, erstmals im großen Stil und mit den elektronischen Hilfsmitteln unserer Tage das Problem des Wachstums wissenschaftlich zu untersuchen. An dieser Studie stört mich am meisten, daß grundsätzlich globale Zahlen zugrunde gelegt wurden; daß der ganze Erdball mit einem globalen Zahlennetz überzogen worden ist, das in einzelnen Bereichen sicher seine Berechtigung hat. Aber haben wir nicht schon im engeren Bereich immer wieder unsere Schwierigkeiten mit globalen Zahlen gehabt? Weltumfassende Zahlen haben unverkennbar ihre Schwächen, und daraus praktische Folgerungen abzuleiten, ist außerordentlich problematisch.

Lassen Sie mich auf die beiden Hauptpunkte zu sprechen kommen, um die das ganze Programm herumgewoben wurde: auf die Bevölkerungsexplosion und den großen Komplex der industriellen Investitionen. Alle übrigen Größen leiten sich – laut Meadows – von diesen beiden Faktoren ab. Die nördliche Halbkugel ist von dem ersten Problem – der Bevölkerungslawine – kaum betroffen. Diese Probleme berühren am stärksten die Länder der südlichen Hemisphäre. Was nun die Frage der Investitionen, die Frage des wirtschaftlichen Wachstums betrifft: ich vertrete die Meinung, daß wir nur aus einem steten Wachstum die Kräfte und Möglichkeiten ableiten können, um ein gewisses äußeres Gleichgewicht zwischen der nördlichen und der südlichen Halbkugel herzustellen. Solche Bemühungen gibt es längst; sie reichen freilich bisher weder in der Anlage noch im Volumen aus. Das sind jedoch Entwicklungen, die man politisch bestärken und weiterverfolgen kann. Jetzt ein Null-Wachstum anzustreben, bedeutet den Tod dieses großen Entwicklungsprogramms.

Eine weitere Feststellung: Im Hinblick auf die Zukunft bin ich nicht pessimistisch. Als Politiker kann man sich das auch gar nicht erlauben. Das Leben geht weiter. Wir müssen unser Dasein auf verschiedenen Stufen und Ebenen sehen: im Alltag, dessen Probleme gelöst werden müssen, weil jeder davon abhängt; in der nahen Zukunft, mit der wir Politiker uns beschäftigen, weil wir auch nicht kurzfristiger denken als andere, soweit sie Modelle machen oder planen. Der Blick in die ferne Zukunft hingegen ist dem Menschen verschlossen, steht ihm nicht zu. Pessimismus ist uns deshalb gar nicht erlaubt.

Eines der dringendsten Probleme von heute und morgen ist die Frage der Umwelt und ihrer Sauberkeit. Die Bundesrepublik betreibt schon seit Jahren eine sehr intensive Umweltpolitik – eine vorbildliche und kostspielige Sache. Wenn sie zum Erfolg führen soll, dann doch nur, solange durch unser wirtschaftliches Wachstum auch die finanziellen Mittel für diese Aufgaben zur Verfügung stehen.

Daß wir als Fernziel die Begrenztheit der Welt und ihrer Ressourcen im Auge behalten müssen, versteht sich von selbst. Aber in diesem Bereich bedarf es augenscheinlich internationaler Lösungen. Von einzelnen Ländern sind nur nationale Beiträge zu erwarten. Wie schwierig es ist, internationale Zusammenarbeit zu erzielen, erkennen Sie an den Problemen der UNO oder der EG, auf die schon Sicco Mansholt hingewiesen hat. In Hinblick auf ein globales Gleichgewicht müssen wir leider mit längeren Fristen rechnen. Erst müßte unter den neun Ländern der Europäischen Gemeinschaft eine solide Balance hergestellt werden. Hier sollte keiner, kein Land vorprellen. Aber die Dinge sind im Gange.

Die Bevölkerungslawine, das habe ich bereits angedeutet, ist in der nördlichen Hemisphäre kein brennendes Problem; schon gar nicht in der Bundesrepublik, wo wir in jüngster Zeit eher eine rückläufige Tendenz verzeichnen. Daß die Geburtenkontrolle in anderen Teilen der Welt keine Erfolge erzielen konnte, hängt mit der Tatsache zusammen, daß die materiellen, sozialen und wirtschaftlichen Bedingungen in diesen Ländern eine wirksame Neuorientierung einfach nicht zulassen.

Als Politiker, der im praktischen Leben steht, der immer wieder erwägen muß, wie man bestimmte Ideale auch verwirklicht, würde ich vorschlagen: Diese angedeuteten Probleme sollten ebenfalls zunächst zwischen den maßgeblichen Industriestaaten, vorab in der Europäischen Gemeinschaft, behandelt werden. Im Verbund der Neun könnten wir neue Maßstäbe prägen, und wir könnten bisherige Maßnahmen der Entwicklungshilfe noch schärfer akzentuieren und schließlich die breitere Öffentlichkeit, vor allem die heranwachsenden Generationen, mit diesen drängenden Fragen konfrontieren.

Im Prinzip bejahe ich die Aussagen von ›Die Grenzen des Wachstums‹, vermag aber die futurologistischen Aspekte dieser Studie nicht einfach zu übersehen. Bestimmte Folgerungen und Aussagen kann ich demzufolge auch nicht als realistisch bezeichnen oder bitter ernst nehmen.

BÜTTNER: Erneut in den Mittelpunkt gestellt wurden mit diesem Beitrag zwei Punkte, die seit dem Erscheinen von ›Die Grenzen des Wachstums‹ immer wieder diskutiert worden sind:

1. Ihre futurologischen Aspekte werden angezweifelt; die Schwere der Probleme wird geleugnet.

2. Wachstum erscheint vielen unerläßlich, um die Entwicklungshilfe fortzuführen, um die Umweltprobleme lösen zu können.

Ich möchte jetzt den Vertreter der IG Metall, Herrn Günter Friedrichs, bitten, uns seine Meinung zum Thema Null-Wachstum vorzutragen. Für eine Arbeitnehmer-Organisation muß dieser Aspekt sicher herausfordernd wirken.

FRIEDRICHS: Zunächst möchte ich klarstellen, daß ich nicht mit allem übereinstimme, was in das Modell eingegangen ist und was es schließlich besagt. Nichtsdestoweniger war die Untersuchung verdienstvoll. Sie zwingt uns zur Diskussion.

Ein Aspekt ist in diesem Zusammenhang erstaunlich. Mit der Umweltkrise wurde plötzlich eine Frage aktuell, die schon seit langem existiert. Bisher war es für die meisten selbstverständlich, daß Arbeiter unter unmöglichen Umweltbedingungen arbeiten und leben mußten. Denken Sie nur an die Arbeiterviertel in unmittelbarer Nähe der Fabriken! Das wurde als normale Gegebenheit hingenommen! Zum allgemeinen Problem wurde diese Frage offenbar erst, als die wohlhabenden Schichten der Bevölkerung nicht mehr in der Lage waren, sich diesen Unannehmlichkeiten statusgerecht zu entziehen.

Heute war wieder die Rede vom Null-Wachstum. Es wurde erneut gefordert. Das ist für mich nicht akzeptierbar. Es war auch die Rede vom Konsumverzicht. Auch das ist für mich nicht akzeptierbar. Schon gar nicht für eine Arbeitnehmer-Familie mit einem Nettoverdienst des Mannes von 1200 DM, einer Frau, die nicht berufstätig ist, und zwei Kindern.

Dennis Meadows sagte, seit Veröffentlichung seiner Studie hätte sich wenig verändert. Ich möchte darauf verweisen, daß die Diskussion dieser Fragen in der Bundesrepublik schon früher einsetzte. Es war die IG Metall, die Anfang 1971 beschloß, eine internationale Tagung genau zu diesem Thema zu veranstalten. Dieser Kongreß hat im April 1972 stattgefunden. Die Ergebnisse sind bereits oder werden noch veröffentlicht.[2] Das Thema hieß »Qualität des Lebens«. Mit einer verbesserten Qualität des Lebens wird das rein quantitative Wachstumsstreben der Vergangenheit, das wir doch stets als Richtschnur unserer Entscheidungen benutzt haben, äußerst problematisch.

Ist es denn nicht zynisch, von Wachstum zu sprechen, wenn man weiß, daß die Verkehrsunfälle mit ihren 19000 Toten pro Jahr mit rund 15 Milliarden DM zum Wachstum der Bundesrepublik beitragen? Wird es nicht geradezu absurd, wenn man sich vorstellt, daß es Einbußen an wirtschaftlichem Wachstum gäbe, falls diese Zahl durch vernünftiges Fahren und Verhalten und durch eine bessere Verkehrspolitik reduziert würde?

Die Gewerkschaften fordern eine andere Art von Wachstum: das sogenannte qualitative Wachstum; ein Wachstum, das zwar auch quantitatives Wachstum bedeutet, das aber ganz anders zusammengesetzt ist.

Meadows' Studie führt zu dem Ergebnis, daß es trotz allen Wachstums nicht gelungen ist, die Unterschiede zwischen Armen und Reichen zu beseitigen. Die Kluft habe sich eher verbreitert. Und das gelte nicht nur für das Verhältnis zwischen Entwicklungs- und Industrieländern, es gelte auch für die Verhältnisse in den Industrieländern selber.

Genau dieser Widerspruch soll durch qualitatives Wachstum aufgehoben werden. Qualitatives Wachstum zielt auf eine Umvertei-

[2] Siehe G. Friedrichs (Hrsg.), *Aufgabe Zukunft: Qualität des Lebens*. Frankfurt am Main 1974.

lung von zusätzlichen öffentlichen Gütern und Dienstleistungen zugunsten des normalen Staatsbürgers. Darunter verstehen wir: bessere Verkehrsverhältnisse, bessere Schulen und Krankenhäuser, bessere Altersheime und Kindergärten, aber auch mehr Mittel für die Entwicklungsländer.

Es gibt noch immer eine Vielzahl von Bereichen – in der Umwelt, in der Regionalplanung, im Wohnungs-, Bildungs- oder Gesundheitswesen, um nur einige zu nennen –, wo der normale Mensch unter Bedingungen leben muß, die den technischen und wirtschaftlichen Möglichkeiten der Bundesrepublik nicht mehr angemessen sind.

Ich würde nicht sagen, daß sich die Verhältnisse schon gebessert hätten. Aber zumindest wird in diesem Land nicht nur sehr hartnäckig und intensiv diskutiert, sondern auch gehandelt. Der Qualität des Lebens ist soviel Bedeutung beigemessen worden, daß der Bundeskanzler sie in seine Regierungserklärung aufnahm.

Noch ein Hinweis: Dennis Meadows hat ein paar Vorschläge gemacht. Einer davon wurde zumindest teilweise verwirklicht. Die Bundesregierung hat bereits im Jahr 1970 auf Vorschlag der IG Metall eine regierungs-unabhängige Kommission eingesetzt mit dem Auftrag, die Auswirkungen des technischen und wirtschaftlichen Wandels einschließlich des Wachstums systematisch zu untersuchen und bis 1975 darüber einen Bericht dem Parlament und der Regierung vorzulegen. In dieser Kommission arbeiten – ganz im Sinn von Meadows – Wissenschaftler mit Vertretern der Gewerkschaften und der Arbeitgeberverbände zusammen.

SOHN: Einleitend möchte ich eine englische Untersuchung zitieren, in der man das Pro-Kopf-Einkommen in verschiedenen Industrieländern mit den Gegebenheiten verglichen hat, die soeben als Lebensqualität definiert worden sind. Mit ihrem Realeinkommen pro Kopf steht die Bundesrepublik danach an 5. Stelle; in Hinblick auf die Lebensqualität jedoch an 13. Stelle. Was also in der Vergangenheit für die Lebensqualität getan worden ist, kann nicht als sehr erfolgreich bezeichnet werden.

Ich glaube, daß man auch die Meadowssche Studie als Appell an die Einsicht verstehen muß; als Appell, daß Wachstum in einzelnen Regionen zwar unerläßlich ist, in anderen Regionen aber nicht weiter gesteigert werden sollte.

Es geht somit um die Konsequenzen der Forderung, eine weltweite Umverteilung zugunsten jener vorzunehmen, die bisher in ihrer wirtschaftlichen Entwicklung zurückgeblieben sind. Ich befürchte, daß ich mich in diesem Punkt nicht mit Günter Friedrichs im Einvernehmen befinde; denn er hat soeben deutlich unterstrichen, daß er weder das Wachstum einschränken, noch auf Konsum verzichten wolle.

Wenn man bei uns tatsächlich das Wachstum benutzen würde, um es zu übertragen in Form eines horizontalen oder, wenn man vom regionalen Nord-Süd-Gefälle ausgeht, sogar in Form eines vertikalen Ausgleichs, dann wäre weiteres Wachstum auch in der Bundesrepublik angemessen. Aber Wachstum nur zum Zweck eines weiter steigenden Konsums erscheint mir, auch international, problematisch; besonders in einem Land, das wie die Bundesrepublik über eines der höchsten Pro-Kopf-Einkommen in der Welt verfügt.

In dieser Hinsicht kann ich also nicht dem Standpunkt der IG Metall beipflichten. Gewiß, Gewerkschaften sind, wie das einmal Karl Marx ausdrückte, »Preisfechter der Arbeiterklasse«; aber man soll sich doch fragen, ob nicht die internationale Solidarität der Arbeitnehmer-Bewegungen gerade den reichen Ländern einen solchen Tribut abverlangen müßte. Wir sollten uns auch überlegen, ob in den armen Ländern – bei einem Pro-Kopf-Einkommen von häufig 300 DM pro Jahr – nur deswegen ein geringes Wachstum möglich ist, weil das Wachstum der reichen Länder im absoluten wie relativen Vergleich so ungleich höher ist. Die Konsequenz dessen, was Günter Friedrichs als unverzichtbar aus gewerkschaftlicher Sicht bezeichnet hat, läuft auf eine fortgesetzte, weltweite Ungerechtigkeit hinaus.

Ich meine, daß man in den Industrieländern auch künftig auf einem notwendigen Wachstum bestehen muß; aber nur mit dem Ziel, entsprechende Zuwachsraten in dem beschriebenen Sinn umzuverteilen. Anders jedenfalls wird man künftig Wachstum weder ethisch noch moralisch begründen können.

Hermann Höcherl hat unterstrichen, daß wir keinen unmittelbaren Einfluß auf die Bevölkerungsexplosion in der dritten Welt ausüben können. Das ist richtig, obwohl wir uns inzwischen bemühen, gemeinsam mit den Entwicklungsländern ebenso eine Art Bevölkerungstheorie wie praktische Hilfen zur Vermeidung hoher Geburtenraten zu entwickeln. Da in einzelnen Ländern die Geburtenraten noch immer nicht selten 3,5 Prozent ausmachen, können wir uns ausrechnen, wann sich die Bevölkerung dort verdoppelt, verdrei- oder vervierfacht haben wird.

Die Industrienationen können und müssen erhebliche Anstrengungen unternehmen, um diesen Nationen bei ihren Problemen zu helfen. Wir können nicht leugnen, daß wir uns noch immer gegenüber den Ländern der dritten Welt versündigen; sei es dadurch, daß wir sie leichtfertig als »Schuttabladeplätze« benutzen; daß wir also dort investieren, weil dieselben Maßnahmen bei uns an scharfen Umweltschutzgesetzen gescheitert sind, sei es auch, weil wir ihnen die falschen Technologien anbieten, und sei es auch, weil wir überhaupt zu wenig Kapital auf sie übertragen. Das Wachstumsinteresse der Staaten der dritten Welt geht vielfach soweit, daß sie mit allzu großzügigen Erleichterungen die Bedingungen für eine ähnlich ernste Zerstörung ihrer Ökologie liefern, wie sie leider bei uns längst registriert werden muß. Dieses Beispiel zeigt, daß wir es nicht einfach bei einer bloßen Übertragung unseres Industrialisierungs-Modells bewenden lassen können.

Ich bin äußerst dankbar, und ich sage dies als Nationalökonom, daß sich die Diskussion von der rein ökonomistischen Betrachtung, das heißt von der bloß quantitativen Seite einer Maximierung des Sozialprodukts, verschoben hat zugunsten der qualitativen Imperative.

Bereits in den 50er Jahren ist in der Bundesrepublik eine rege Diskussion über die sogenannte »Optimierung des Sozialprodukts« geführt worden; auch der Begriff der Lebensqualität ist nicht erst gestern, sondern bereits Anfang der 60er Jahre in den USA geprägt worden. Bis wir zu Konsequenzen, zu politischen Folgerungen gelangen, bedarf es offensichtlich einiger Jahrzehnte und drastischer Anstöße. Mit ›Die Grenzen des Wachstums‹ ist solch ein wichtiger Anstoß gegeben – ein Appell an die Vernunft.

MANSHOLT: Mit zwei Argumenten hat man heute wiederholt ein Wachstum in den Industrieländern verteidigt. Wachstum sei notwendig, um die Qualität des Lebens zu garantieren sowie den Fortgang der Entwicklungshilfe zu sichern. Diese Meinung kann ich absolut nicht teilen.

Unser Wachstum hat bisher nicht dazu gedient, den Entwicklungsländern zu helfen. Die jüngsten Untersuchungen der Weltbank haben noch einmal nachdrücklich unterstrichen, daß wir mit unserem Wachstum die ungeheure Kluft zwischen den reichen und den armen Ländern noch gefördert haben. Sie alle kennen die Zahl, daß sich heute 80 Prozent des Welthandels in den Händen von nur 20 Prozent der Weltbevölkerung befinden. Die bisherigen Indikatoren machen deutlich, daß sich dieser Trend noch verstärkt.

Es ist schlechthin unwahr, daß wir noch weiter wachsen müßten. Im Gegenteil: Wir müssen den Mut haben, einzusehen, daß wir selbst nach einem Wachstumsstopp noch die Verpflichtung haben, Hilfe für die Entwicklungsländer zu leisten.

Wir müssen auch einsehen, daß wir durch unseren Energie- und Materialverbrauch einen permanenten Anschlag auf die Natur und unsere Umwelt ausüben; eine Entwicklung, die bei ungehemmtem Fortgang unseres Wachstums, unseres Konsums und unserer Produktion sich noch verschlimmern wird. Können wir wirklich die Stirn haben und jetzt vor die Entwicklungsländer hintreten und fordern: »Ihr müßt eine bessere Bevölkerungspolitik betreiben! Ihr müßt eure Geburtenrate drastisch senken!« – und dabei selber gar nichts tun? Die Hände in den Schoß legen? Die Antwort, die wir umgehend bekommen, wird doch verständlicherweise lauten: »Ihr Reichen habt 20mal soviel Energieverbrauch wie wir und wollt nichts unternehmen; wir 20mal weniger Energieverbrauch und sollen auch noch unsere Bevölkerung dezimieren? Nein, das kommt nicht in Frage!«

Mithin: Auch wir hier in Europa, in der Bundesrepublik, in Frankreich, in Holland müssen angesichts der vorhandenen, begrenzten Materialmengen auch eine rückläufige demographische Entwicklung ins Auge fassen. Wir müssen eben eine Gesellschaft gestalten, die das ermöglicht.

FRIEDRICHS: Ich würde gern von Dennis Meadows wissen, ob er tatsächlich für ein Null-Wachstum eintritt. Meines Erachtens hat er das in ›Die Grenzen des Wachstums‹ gar nicht gesagt; unter seinem Begriff des »Globalen Gleichgewichts« (global equilibrium) verstehe ich nicht dasselbe.

Vorhin habe ich festgestellt: Die Gewerkschaften können sich auf Konsumverzicht nicht einlassen. Schließlich bedeutet Konsumverzicht »weniger als bisher«. Wir haben dagegen eine qualitativ andere Struktur des Wachstums vorgeschlagen, die aus zusätzlichen öffentlichen Dienstleistungen zugunsten der Gesamtbevölkerung besteht; und zwar besonders in jenen Bereichen, in denen die Mehrzahl der Menschen augenfällig unterversorgt ist. Das würde nicht weniger private Konsumgüter, aber sicherlich eine geringere Wachstumsrate des privaten Konsums bedeuten. Eine größere Wachstumsrate an öffentlichen Dienstleistungen müßte den privaten Konsumbedarf dämpfen. Damit erreicht man automatisch jenen Nebeneffekt, den Dennis Meadows anzielt: Man verbraucht weniger Rohstoffe und trägt somit dazu bei, daß die Umweltverschmutzung geringer, wenn nicht sogar beseitigt wird. Insofern gibt es tatsächlich bei unterschiedlichen Ausgangspunkten eine Konvergenz zwischen den zwei verschiedenen Konzeptionen »Grenzen des Wachstums« und »Qualität des Lebens«.

HÖCHERL: Wachstum wird in der MIT-Studie als Bezugsgröße zum Energieverbrauch verwendet: eine sicher sehr problematische Formel. In Wirklichkeit ist doch Wachstum ein äußerst strittiger Begriff. Worum geht es denn im Kern? Es geht darum, daß wir in dieser Bundesrepublik künftig stärker als bisher bestimmte Gemeinschaftsaufgaben verwirklichen müssen und eine Verbesserung der Lebensqualität herbeizuführen haben. Allerdings darf man nicht alles von der öffentlichen Hand erwarten und fordern. Es kommt primär darauf an, daß man in unserer Wirtschaftsordnung der Privatinitiative einen anderen Trend gibt. Dafür gibt es Steuerungselemente, die praktisch bereits eingesetzt werden und die man, wenn nötig, noch verstärken kann. Es ist irrig zu glauben, daß man nur über zentrale Planung eine stärkere Effizienz erreichen kann.

Wir wollen im Konsumbereich eine Umstellung zugunsten öffentlicher Dienstleistungen. Solche Maßnahmen kosten Geld. Daran führt kein Weg vorbei.

Was nun Sicco Mansholt zur Entwicklungshilfe und zum Verhältnis zur dritten Welt sagt: Es ist grundsätzlich eine ethische Frage, ob diejenigen, die sich das leisten können, bereit sind, anderen, ärmeren mehr als bisher zu übertragen. Es genügt allerdings nicht, einfach weiterzuleiten, wie bisher; zu viel ist in der Vergangenheit bereits ohne die geringste Wirkung in dieser Richtung unternommen worden. Es kommt künftig auch darauf an, daß die andere Seite, die Vertreter der dritten Welt, sich auf diesen Übertragungsprozeß einstellt und entsprechend mitwirkt. Wenn hier wegen mangelnden Wachstums keine Überschüsse zustandekommen, dann gibt es auch keinen Kuchen, den wir aufteilen könnten. Ob wir die ethische Kraft besitzen, solche Hilfen zu leisten, ist nicht erst eine Frage von heute. Sie ist von allen Religionen längst vordefiniert. Aber der Mensch ist offensichtlich nicht stark genug, soviel Eigenverzicht zu leisten. Hier besteht also primär ein ethisches Problem, das nicht vom Staat gelöst, sondern bestenfalls angestoßen und leicht gesteuert werden kann.

SOHN: Ich möchte nochmals präzisieren: Wachstum ist dann völlig legitim, wenn es zur Umverteilung im qualitativen Sinn benutzt wird und wenn es zu einer Übertragung von Ressourcen von den Industrienationen in die Entwicklungsländer beiträgt.

Wenn diese Voraussetzung stimmt, dann freilich sollten wir kontrolliertes Wachstum nicht als etwas Negatives betrachten, sondern es politisch wie verteilungspolitisch als relativ unproblematisch ansehen.

Aber was soll das eigentlich im Klartext heißen, Herr Friedrichs, daß zwar im privaten Konsumgüterverbrauch eine gewisse Mäßigung eintreten soll, daß gleichzeitig aber ein stärkeres Wachstum – etwa bei der Nutzung öffentlicher Dienstleistungen – erfolgen müßte? Ist das nicht kreislauftheoretisch dasselbe? Schließlich müßten wir diesen Prozeß im ökonomischen Kreislauf irgendwo einfangen; er müßte letztlich – so oder so – finanziert werden. Und das können wir nur, indem wir Schulden machen; oder indem wir die Leistungen aus vorher getätigten Investitionen abziehen; oder auch höhere Steuern verordnen. Letzten Endes aber sind wir wieder bei dem Punkt, von dem wir ausgingen: Das Realeinkommen würde stagnieren, wenn nicht gar reduziert werden.

Ich schlage deshalb vor, daß wir uns eindeutig fragen, ob wir den deutschen Mitbürgern – und das heißt auch: den Mitgliedern der IG Metall – einen noch höheren Lebensstandard zusprechen wollen oder ob wir bereit sind, auf eine Steigerung des Lebensstandards zugunsten derer zu verzichten, die einen sehr viel niedrigeren Lebensstandard haben. Das heißt: Entweder – Oder. Alternativen dazu – etwa im Sinn des Sowohl als Auch – gibt es nicht.

FRIEDRICHS: Herr Höcherl hat darauf hingewiesen, daß man bei der Steigerung von Lebensqualität doch mehr von der Privatinitiative erwarten solle. In den von mir genannten Bereichen wie Bildung, Kindergärten, Verkehr und dergleichen kann ich mir das nur schlecht vorstellen. Dafür ist der Staat schon immer zuständig gewesen.

Nun noch zu Karl Heinz Sohn: Zwischen Nord und Süd gibt es natürlich ein Verteilungsproblem. Die Gewerkschaften sind die letzten, die diese Zustände nicht bedauerten und nicht bereit wären, dort solidarisch zu empfinden und zu handeln.

Aber innerhalb dieses Landes gibt es ebenfalls ein Verteilungsproblem: nämlich zwischen sehr wohlhabenden Bevölkerungsschichten und relativ wenig verdienenden Einkommensschichten. Und man kann selbstverständlich nicht von uns verlangen, daß wir diese Verteilung als gottgegeben und ewig hinnehmen werden. Das wollen und müssen wir ändern.

Das zweite ist die Umverteilung selber: Natürlich weiß ich, daß es mehr Geld kostet, wenn man qualitatives Wachstum anstrebt. Man kann einen Kuchen auch nicht zweimal essen. Und man kann sich auch nur in begrenztem Rahmen verschulden. Man kann aber sehr wohl einen Teil des Wachstums zur Finanzierung heranziehen.

Es ist selbstverständlich, wenn qualitatives Wachstum einen geringeren Zuwachs an privaten Konsumgütern und gleichzeitig einen verstärkten Zuwachs an öffentlichen Dienstleistungen bedeutet, daß dies eine Umverteilung innerhalb unseres wirtschaftlichen Kreislaufes bewirkt. Das hat auch Konsequenzen für die Mitglieder einer Gewerkschaft, die dann darüber entscheiden müssen, was ihnen lieber ist. Aber zunächst – und das wäre eine unerläßliche Voraussetzung einer Politik des qualitativen Wachstums – muß jener Aspekt der Verteilung gelöst werden, der mit dem Steuersystem zusammenhängt.

Dazu wäre eine Steuerreform dringend erforderlich, die die ungerechtfertigte Begünstigung der Bezieher hoher Einkommen beseitigt.

MEADOWS: Während der heutigen Diskussion habe ich nicht einen einzigen konstruktiven Vorschlag gehört – statt dessen mit Erstaunen vernommen, daß sich die Strategien dieser oder jener Organisationen, ihre Forderungen und Maßnahmen, schon längst in schönster Übereinstimmung mit den neuen Gegebenheiten befinden.

Der Begriff Wachstum ist heute sehr unterschiedlich verstanden und benutzt worden. Ich habe am Beginn ausdrücklich darauf hingewiesen, daß ich ausschließlich vom »demographischen Wachstum« spreche; von steigenden Geburtsraten und steigendem materiellen Wachstum, also jenen Bereichen, in denen unsere Energie verbraucht, unsere Rohstofflager erschöpft und unsere Atmosphäre vergiftet werden.

Ein politisches Programm ist meines Erachtens noch längst nicht legitimiert, indem man etwa qualitatives Wachstum, vorrangig das Wachstum von Dienstleistungen, durch die öffentliche Hand fordert oder befürwortet. Unsere Ziele, unsere Programme – auch solche, die heute abend dargelegt worden sind – werden uns über die Grenzen materiellen Wachstums hinausschießen lassen.

Immer wieder ist hier betont worden, daß man das Wachstum nicht einfach stoppen kann. Ich möchte nochmals unterstreichen: Das Wachstum, wie ich es definiert habe, wird so oder so aufhören. Es wird in der Bundesrepublik, in den Vereinigten Staaten, in der ganzen westlichen Welt seine Grenzen erreichen. Und es ist sehr wahrscheinlich, daß wir den Stillstand erreichen, lange bevor wir die Kluft zwischen Reichen und Armen geschlossen, bevor wir unsere Umwelt gesäubert und bevor wir diese bedauernswerte Familie mit Haushaltsvorstand, Frau, zwei Kindern und 1200 DM Nettoeinkommen angemessen versorgt haben. Gerade für diese Familie empfinde ich sehr viel Verständnis und Sympathie; aber ich mußte mich bei diesem Beispiel auch an die 600 Millionen Inder erinnern, die nur ein durchschnittliches Jahreseinkommen von 200 Mark haben.

Diejenigen, die für munteres Wachstum plädieren, weil angeblich nur auf diese Weise die finanziellen Mittel zur Umweltbereinigung aufgebracht werden können, müssen erst noch den Nachweis antreten, daß nicht mit weiterem Wachstum mehr verschmutzt wird, als je gesäubert werden könnte. Dieses Argument: Wir müssen weiter wachsen, damit wir die Nachteile unseres Wachstums besser bekämpfen können, erinnert mich an Menschen, die bei ihrer Bank Geld leihen, um dort ihre Schulden zu bezahlen; die ein Loch aufreißen, um ein anderes zu stopfen.

Wenn unser Interesse für die Armen nicht bloßes Lippenbekenntnis bleiben soll, dann müßten wir doch überzeugendere Mittel, wirkungsvollere Methoden zustande bringen als nur ein Wachstum in der bisherigen Form. Irgend jemand heute abend hat gemeint, daß die vorliegenden Daten nicht ausreichen, um brauchbare Vorschläge für die Zukunft zu machen. Aber vorzuschlagen, einfach weiterzumachen, bis wir endlich klare Vorstellungen haben, was möglich oder unmöglich ist, erinnert mich an jene Kapitäne, die deshalb »Volle Kraft voraus!« kommandieren, weil sie nicht wissen, wohin die Fahrt gehen soll.

Wieder war jene forsche Meinung vertreten, daß uns der Bevölkerungszuwachs im Norden nichts angeht. Und doch verbraucht jeder weitere Bürger der Bundesrepublik 20mal mehr Energie und Rohstoffe, verursacht 20mal mehr Umweltverschmutzung als beispielsweise jeder weitere Einwohner in Indien. Wir können einfach nicht ignorieren, daß Bevölkerungswachstum in Europa oder Nordamerika im globalen Sinn ungleich bedenklicher, problematischer ist als Bevölkerungswachstum in den armen Ländern. Es hieß: Wir wollen noch ein bißchen wachsen, um die Wohltaten dieses Wachstums den armen und weniger industrialisierten Ländern zur Verfügung zu stellen. Ist es nicht sehr egozentrisch von uns zu glauben, daß ausgerechnet unsere bisherige Entwicklung ein Vorbild für die armen Länder sein kann? Die Industrialisierung könnte in diesen Völkern die letzten Kräfte verkümmern lassen, die dort eingesetzt werden könnten, um mit den Problemen zurechtzukommen. Mit zunehmender Industrialisierung wird auch die traditionelle Gesellschaftsstruktur, die Achtung vor Kultur und religiösen Bindungen langsam und sicher zerstört.

Schließlich hat man gesagt, daß wir den Übergang zu einem Gleichgewicht nicht bewerkstelligen; vom Egoismus war da die Rede, der dem entgegensteht. In der Tat: Nichts in unserer Geschichte läßt eine Hoffnung auf plötzliche moralische Stärke und Vernunft zu. Einen maßvollen, geordneten Übergang zum Gleichgewicht wird es in den westlichen Ländern also wahrscheinlich nicht geben.

Bestenfalls haben wir in den kommenden 50 Jahren eine Periode vor uns, in der wir, wenn es glimpflich abgeht, nur eine Reihe kleinerer Katastrophen erleben und durchstehen müssen: zuerst eine Energiekrise, dann erhebliche Probleme mit der Wasserversorgung. Dann werden wir feststellen, daß die Chemikalien, die wir in den letzten Dekaden in die Luft verpufften, gefährliche Krebserreger geworden sind.

Wenn es gutgeht, werden also diese Krisen in den USA, in Japan und in Europa nur langsam heranschleichen.

Aber lassen Sie uns dann wenigstens jetzt schon im Westen eine Reihe von Institutionen einrichten, die systematisch Forschung zur Bekämpfung solcher Krisen betreiben; die für den Ernstfall eine Reihe Alternativen formulieren und auch die Vorteile und Kosten solcher Maßnahmen einigermaßen objektiv feststellen.

Lassen Sie uns vorbereitet sein: der Westen – darunter verstehe ich Europa, die Vereinigten Staaten, möglicherweise auch Teile des Ostblocks und Japan – hat eine bessere Zukunft als die eben beschriebene verdient.

Karl Rihaczek:
Advent 2000

Vor rund 2000 Jahren ging mit Christenverfolgungen das Reich der römischen Kaiser an, aber auch das Tausendjährige Reich, von dem Johannes in seiner Geheimen Offenbarung schreibt. 1000 Jahre danach erwartete die Christenheit, Johannes vertrauend, des Reiches Ende und einen neuen Advent. Die Welt ging in sich in Hoffnung und Angst, und selbst der Kaiser wurde ein Heiliger. Weitere 1000 Jahre später gibt es den Kaiser nicht mehr; wie steht es mit Hoffnung und Angst?

Wir reden wieder von Weltkatastrophen, und wieder dient ein volles Jahrtausend als quasi-magischer Anhaltspunkt. Steht der neue Advent bevor? Enttäuschungen über das Ausbleiben des Reiches David beim ersten Advent; 1000 Jahre später mehr Sündenangst als Freude über die Ankunft des Herrn und seines himmlischen Reiches; heute statt Sündenangst wucherndes Unbehagen, statt Geheimer Offenbarung Apokalypse, empfunden als Verfall und Ende dieser schönen Welt; nicht Advent sondern Götter- und Weltendämmerung, Schluß mit Walhall, Ende der halkyonischen Tage.

Die Welt soll am Menschen ersticken, der wie jede biologische Art, die gute Ausbreitungsbedingungen vorfindet, sich so lange exponentiell vermehrt, bis die Bedingungen sich radikal verschlechtern, bis die Ressourcen aufgebraucht sind und die Katastrophe naturgesetzlich folgt.

Ein Heuschreckenschwarm, der sich groß frißt, bis nichts mehr zu fressen da ist, und verendet.

Soll die Menschheit wirklich an sich selbst zugrunde gehen? Soll es ihr wie den Sauriern ergehen? Sie hatten zu wenig Hirn, um zu überleben, hat der Mensch davon zu viel?[1]

Oder wird der Mensch mit seinem Pfund nur schlecht gewuchert haben? Was soll das Gerede über die Grenzen des Wachstums? Wird es die Welt ändern, oder ist es wirklich nur Gerede, ein »schamloses Stück Unsinn«?

Immerhin, das Unbehagen über die geplante Verschwendung, über die angespeicherten Vernichtungsmittel, über die Bevölkerungsexplosion, über den wachsenden Abstand zwischen arm und reich, über die Umweltverschmutzung, über den wachsenden Hunger auf der Welt, über den Schwund persönlicher Freiheiten, dieses

[1] Scherzhafte Äußerung von Nicholas Kaldor.

Unbehagen hat sich zu einer neuen apokalyptischen Stimmung verdichtet und zu einem kybernetischen Modell der Welt kristallisiert, das mit Zahlen, Funktionen und ausgedruckten Computerergebnissen greifbar und angreifbar ist, das gelobt, kritisiert, verbessert und beschimpft werden kann. Unsere Zeit hat es zuwege gebracht, den Weltuntergang in ein Kalkül zu fassen.

Im kybernetischen Modell werden die wichtigen Einflüsse auf die materiell-gegenständliche Entwicklung der Welt und ihre Wechselwirkungen abgebildet. Man führt dem Modell Ausgangs- und Randdaten zu, läßt es mit simulierter, stark geraffter Zeit laufen und sieht nach, was herauskommt, wie sich Bevölkerung, Nahrungsmittel, Rohstoffe, Umweltverschmutzung, Sozialprodukt und Kapital im Lauf der Zeit ändern. Man stellt zunächst fest, daß diese Quantitäten nicht beliebig wachsen, daß sie an Grenzen stoßen – was auch ohne Modell einleuchtet, denn die Welt ist endlich.

Man sieht auch, wie sich die Quantitäten entwickeln, nicht immer monoton steigend oder fallend. Es treten Spitzen und Rückfälle auf. Die Weltbevölkerung steigt auf elfstellige Beträge, bricht zusammen und stabilisiert sich auf einem Niveau, das unter dem jetzigen liegt. Die Umweltverschmutzung steigt an und hält sich auf hohem Niveau. Die neue Welt erscheint in einem verschmutzten, entvölkerten, rohstofflosen Zustand; nicht zu denken, daß ihre Menschen Industrie wie wir treiben könnten.

Man kann nun mit dem Modell spielen, Randbedingungen ändern, neue Einflüsse einführen, andere schwächen oder stärken und sehen, was dann herauskommt. Es ist wie bei gewissen Gummipuppen: Drückt man eine Beule ein, erscheint sie an anderer Stelle, legt man einen weiteren Finger darauf, tritt sie wieder anderswo auf. Zum Schluß hält man das Ding mit allen seinen Fingern fest, aber es ist kaum mehr zu erkennen.

Es ist schwierig, dieses kybernetische Modell zu einem monotonen Verhalten zu bringen, es sei denn mit der trivialen optimistischen Annahme, daß sich für jedes Problem sofort eine Lösung finde. Rechnet man mit Verzögerungen, kommt es bereits zu Überschwingen und gefährlichen Abweichungen vom Kurs wie bei einem gesteuerten Auto, dessen Lenkung verzögert anspricht.

Lösungsmöglichkeiten allein genügen nicht, Lösungen sind notwendig und müssen rechtzeitig da sein. Aber weder das eine noch das andere ist a priori sichergestellt. Das haben die Kybernetiker gut herausgearbeitet: Die Zeitspanne zwischen dem Auftreten eines Problems und dem Einsetzen der ersten Gegenmaßnahmen ist eine sehr kritische Größe. Die Vermehrung der Menschheit erfolgt nur im Idealfall monoton steigend. Durch das tote Spiel der Verzögerungen können die Bevölkerungszahlen über die von der Welt tragbaren Werte hinausschießen, auch wenn schon die Gegenmaßnahmen greifen. Am Plafond angekommen, werden sie nicht nur hart gebremst, sondern in ein Tal zurückgeworfen, das wir uns nur als Tal der bittersten Trübsal vorstellen können.

Rechtzeitig handeln!...

Es ist zwar immer noch unerschöpflich viel Kernenergie vorhanden; wer stellt aber sicher, daß die Kernfusion rechtzeitig die Lücken füllt, wer, daß die frei werdende Wärme nicht verheerende Folgen für die Ökologie haben wird? Wer kann Quecksilber rechtzeitig ersetzen, bevor die Erzlager plötzlich leer sind? Wer kann denn sicherstellen, daß die Menschen versuchen, rechtzeitig ihr Bestes zu tun? Wer bringt zuwege, die Menschen auf diese Gefahr auch nur aufmerksam zu machen?

Unsere Erfahrungen orientieren sich an fünf Jahrtausenden: Nie hat die Welt mehr Menschen ernährt als heute, nie hat sein Genius den Menschen im Stich gelassen. Warum soll er es gerade jetzt? Weil das Jahr 2000 bevorsteht? Ist die Welt schon jemals untergegangen? Hat nicht die Geschichte Malthus widerlegt, der 1798 eine fatale Entwicklung von Bevölkerung und wirtschaftlicher Potenz voraussagte? Sie ist bis heute nicht eingetreten. Im Gegenteil, die Entwicklung hat seine Prognose ganz entschieden widerlegt. Kann man also die Neo-Malthusianer ernst nehmen? Ist es überhaupt zu verantworten, pessimistischen Visionen Raum zu geben, Ideen, die das wirtschaftliche Wachstum behindern, wo es doch gebraucht wird, allein schon um den vielen armen Nationen zu helfen?

Die Zornigen unter uns weisen gerade auf diese armen Nationen hin. Wachstumsgrenzen? Seit eh und je fette und magere Jahre, wie sie gerade fallen, immer am Rande von Hunger und Krankheit, uralten Wachstumsgrenzen, kein industrielles Wachstum, keine Umweltverschmutzung, kein Raubbau an Rohstoffen, es sei denn durch die wachstumsgierigen reichen Nationen, deren heimische Rohstoffe zur Neige gehen. Ein neuer müder Trick des Kapitalismus, seine Probleme auf die Rücken der Armen zu packen?

Sachlich ausgewertet hört es sich so an:

Die kybernetischen Weltmodelle berücksichtigen nicht die technologische Entwicklung und den sprunghaften menschlichen Genius. Sie arbeiten mit unbewiesenen Anfangs- und Randwerten. Sie sind zu hoch aggregiert; denn in Wirklichkeit gibt es keinen Einheitsrohstoff und erst recht keine Einheitsmenschheit.

Die Modellbauer akzeptieren dies mit einigen Berichtigungen. Sie haben ihre Erfahrungen mit elektronischen Schaltungen, mit technischen und biologischen Regelkreisen, mit Computermodellen unterschiedlicher Art gesammelt, diese Erfahrungen in systematischer Weise abstrahiert, mathematisch abgesichert und mit statistischen Methoden auch auf die Kybernetik der Weltentwicklung projiziert. Erfahrung, die monolithisch kühl dasteht – aber widerlich oder irrelevant für denjenigen ist, der sie nicht nachvollziehen kann.

Sie haben die sachlichen Elemente aus der Kritik herausgefiltert und sind dabei, die Modelle zu verbessern. Sie werden der sachlichen Kritik besser begegnen können. Wird das aber die anderen überzeugen, werden diese ihre Standpunkte aufgeben?

Es gehen zwei Jungen über eine dürre Waldwiese. Der eine findet plötzlich einen Spaß: Er zündet ein Grasbüschel an und noch eines, eines nach dem anderen. Der andere tritt erschreckt die Feuer aus. Am Waldesrand betrachtet die beiden in Ruhe ein Greis. Der sagt sich: Es wird keinen Waldbrand geben; denn einer der Jungen sorgt ja dafür, und wenn es gefährlich brennen sollte, wird der andere mithelfen. Kein Grund, die Feuerwehr zu rufen. Der eine Junge ist verzweifelt, denn das Feuer breitet sich immer wieder aus; er hat Not, den anderen einzuholen. Dieser aber ist ungemein vergnügt: So ein schönes Feuer und so ein lächerlich stampfender Freund, den man mit einigen Zündhölzern so leicht beherrschen kann!

Daß er mit dem Freund verbrennen könnte, fällt ihm nicht ein.

Abgesehen von dem Naiven, wer der beiden anderen hat recht? Sind recht und recht vergleichbar? Der Greis am Waldrand wünscht recht zu behalten. Will dies der Junge auch, etwa darin, daß er den Wald bald brennen sehe?

Offensichtlich nicht, denn gerade das will er ja verhindern. Also hilft er dem Greis, recht zu behalten.

Dieser wertet es allerdings nicht als Hilfe. Für ihn gehört der Junge zum beobachteten Vorgang. Stünde dieser mit seiner Angst neben ihm, würde er ihm nur auf die Nerven fallen.

Beide haben für den Fall, daß sie nicht eingreifen, unterschiedliche Prognosen gestellt. Der eine greift ein, der andere nicht. Nach der gebannten Gefahr stellt sich die Prognose des Greises als richtig heraus, aber ohne die verhinderte andere wäre sie wahrscheinlich fatal falsch gewesen.

Wird die Technologie das Feuer löschen? Die nationalökonomischen Schulen sagen ja; denn sie habe ja bislang die Feuer zu löschen verstanden. Die Technologen, die die Technik der Weltmodelle verstehen, sind darüber beunruhigt. Sie sehen das Feuer brennen, und sie wissen, daß es nicht mit technologischen Mitteln, zumindest nicht mit solchen allein, einzudämmen ist. Im Gegenteil: Technologischer Fortschritt hat erst das Feuer aufkommen lassen; er ist es, der das Wachstum ermöglicht; mit ihm und dem Wachstum werden die Ressourcen aufgebraucht, wird die Welt verödet. Das Feuer, das hier frißt, ist die Technologie selbst. Mit jeder technologischen Verbesserung, die Sorgen beseitigt, die Wohlergehen und Wachstum erleichtert, wird das Feuer geschürt. Soll es aber gelöscht werden, das Feuer, das alle wärmt?

Das muß man begreifen: Es kann nicht mehr darum gehen, einem Problemdruck nachzugeben und weiteres Wachstum zu ermöglichen oder es zu stoppen. Das wäre zu undifferenziert. Es kann nur darum gehen, es zu steuern, damit es nicht hart auf die ihm gesetzten unverschiebbaren Barrieren prallt. Sie liegen da, man weiß nicht genau wo, aber sie liegen unvermeidbar da.

Eine neue Vision des Advents[2]:

Ein Schiff im Nebel mit ungewissem Kurs und meilenlangem Bremsweg; man spürt die Kühle des Eisbergs, weiß nicht genau, wo er liegt. Was soll man machen?

Kommando: Volldampf voraus!

Und »der Tag des Herrn wird kommen wie ein Dieb in der Nacht« (Thessalonicher 5,2).

»Seid fruchtbar und mehret euch und füllt die Erde und machet sie euch untertan...« (1.Mose 1,28). Ist dies der Schlüssel zur Selbsterfüllung der biblischen Visionen? Prophezeit Johannes, was im Samen der Genesis bereits angelegt ist, so daß, wer immer dem Worte folgt, die apokalyptischen Prognosen verifizieren hilft? Wenn dies die Quelle ist, sollte man sie nicht verstopfen, damit die Donau nicht weiter unten die Walachei überschwemme?

Naturrechtliche Ethik, Selbsterhaltungstrieb, Arterhaltungstrieb, was immer es sei: Der Mensch wünscht sich Wohlergehen, langes Leben, Kinder, die ihm das Alter leichter machen. Kindern und Kindeskindern wünscht er das gleiche. Er freut sich, wenn ein reiches Warenangebot den freien Wettbewerb fördert und dieser ein reiches Angebot. Die Kosten beziehen sich ausschließlich auf geleistete und wohl verdient abgegoltene Arbeit. Die Natur erhält für ihren Teil, etwa die Rohstoffe, nichts.

Der Mensch hält dies alles für gut. Soll es jetzt böse sein? Oder soll es gar gut sein, wenn ein Kartell Waren verknappt, Preise hochtreibt, aber dafür die Rohstoffreserven schont? Nicht gut, nicht böse, zu undifferenziert! Nicht links, nicht rechts, nicht immer geradeaus. Schluß mit den alten Grundsätzlichkeiten und groben ethischen

[2] Frei nach Dennis L. Meadows.

Richtwerten. Links oder rechts, wie es die Kybernetik verlangt; es gilt auf der Straße zu bleiben und den Menschen ein Maximum an Wohlergehen zu sichern. Am Naturrecht braucht sich nichts zu ändern; nur »Wohlergehen« muß umdefiniert werden. Dies leisten aber nicht kybernetische Modelle, auch nicht die Kybernetiker. Unabhängig davon, ob sie eine Rettung für schwierig oder leicht halten, die Botschaft, die sie haben, verspricht Unheil. Die Dinge reifen zu lassen, voll gesicherte Erkenntnisse abzuwarten, könnte fatal werden, weil Verzögerungen das Überschwingen im System fördern. Wenn man sie zu gründlich sucht, könnte es sein, daß sich die Probleme rascher verlagern als man sie orten kann.

Was sollen wir tun? Die Boten auslachen, sie nach ihrer Legitimation fragen, nach ihrem Auftraggeber, ihren Motiven nachgehen, ihr Auftreten kritisieren, sie zur allgemeinen Abschreckung köpfen? Was bislang getan wurde, ist, daß man sie mit Sorge, mit Mißtrauen oder Spott zurückschickte, sich die Sache besser zu besehen.

Wenn sich ihre ersten Aussagen bestätigen, sollen wir die einzelnen Gefahren feststellen, die Technologen Lösungen für das finden lassen, was sie angerichtet haben, Deckel auf die Gifttöpfe legen, zu einem Gleichgewicht kommen, etwa wie dem der Atomrüstung? Ein Deckel mag ein Teilproblem lösen. Ein neuer Auspufftopf mag den relativen Giftgehalt der Abgase verringern. Wenn er aber dafür den Benzinverbrauch erhöht, und sei es auch nur, indem er Gewissen beschwichtigt, kann der absolute Betrag der Gifte trotz des technologischen Fortschritts ansteigen. Ein gefährliches Produkt durch ein neuentwickeltes zu neutralisieren, führt zu einer neuen Industrie, zu neuem industriellen Wachstum und zu dessen Gefahren.

Es sind eben diese technologischen Einzellösungen, die das Gefährliche am Feuer der Technologie ausmachen. Dieses Feuer läßt sich nur der Erkenntnis folgend eindämmen, daß man nicht nach Einzellösungen suchen darf. Jeder Lösungsansatz – das ist eine wichtige Erkenntnis der Kybernetiker – muß komplex und differenziert sein, muß allen relevanten Aspekten der Weltsituation Rechnung tragen wie etwa Bevölkerung, Nahrungsmittel, Rohstoffe und Umweltverschmutzung.

Ein isoliertes Wohlverhalten an einer Stelle, eine davon bestimmte intuitive Entscheidung, an einer Stelle ein unbedachter Schritt voran, können das ganze System zum Flattern bringen.

Ist dies schwierig zu verstehen? Wir werden es lernen müssen, lernen der Intuition zu mißtrauen, nicht die Modelle ablehnen oder sie an den Pranger stellen, sondern sie verbessern, die Krücken in ihnen durch besser gesicherte Informationen ersetzen, die notwendigen Vereinfachungen der Wirklichkeit wohl bedenken – aber keine Zeit verlieren. Die Modelle werden nicht ihre Schuldigkeit getan haben, wenn der letzte unter uns alarmiert ist.

Man wird sie zunehmend mehr brauchen. Wir werden sie brauchen, um intuitionsfremde Entscheidungen zu fällen. Sie werden als ein verfeinertes Meßsystem dienen, als ein exakter Kompaß, auf den man sich wird verlassen müssen.

Es bleibt noch, das Ziel zu bestimmen. Ohne ein Ziel kann man keine komplexen Lösungen ansetzen; sie zerfallen ansonsten in Einzellösungen, die sich nach dem lokalen Wohlverhalten richten und damit geneigt sind, dem Ganzen zu schaden. Wo soll das Ziel sein? Das Reich der Offenbarung ist für uns nicht zu orten. Soll das irdische Paradies einer selbsterlösten Menschheit das Ziel sein? Was immer man sich darunter vorstellt, es ist nicht das schlechteste; man wird nachprüfen können, ob und wo es sich verifizieren läßt. Viele Vorstellungen werden sich als unerfüllbar erweisen. Man wird Bescheidenheit und Maß entwickeln müssen, um zufrieden sein zu können. Man wird sich darüber klar werden müssen, daß es menschliche Arbeitskraft wohl so lange ausreichend geben wird wie den Menschen selbst, daß aber das kostenlose Angebot der Natur uns so abgezählt kostenlos zukommt wie unsere Lebenstage – einschließlich des letzten.

Derart überprüfte Visionen einer neuen Welt werden sich einstellen müssen, nicht die von einer ausgebrannten Erde [3], nicht die vom Wohlstandsparadies, nicht die vom menschlichen Heuschreckenschwarm, der die Welt kahl frißt und in der selbst erzeugten Wüstenei verendet.

Man wird differenzieren, praktischere Visionen über ein erlebenswertes Jahr 2000 haben müssen. Bei unpraktischen Vorstellungen wird kein Verweilen sein: Nicht der derzeitige materielle Lebensstandard der USA für alle, nicht daß das vergleichsweise unfruchtbare Meer die Menschheit ernähren könnte, nicht daß wir mit der benötigten Energie die Atmosphäre oder die Gewässer beliebig erwärmen dürften, nicht die Hoffnung auf die Raumfahrt als Lösung für Rohstoff- oder gar Bevölkerungsprobleme.

Dieses Thema regt nicht zu kühler Betrachtung an. Diejenigen, die sich darum bemühen, polarisiert es. Die anderen spricht es nicht an. Für sie gibt es wichtigere Probleme, die schneller gelöst werden müssen, oder Probleme, die leichter zu lösen sind. Sollte man nicht

---

[3] Mit den vorhandenen Waffen soll sich derzeit innerhalb kurzem das 70fache der Menschheit vernichten lassen.

das Schlimme, das es heute und hier gibt, zunächst aus der Welt schaffen, bevor man an das Schlimme herangeht, das heute noch nicht drückt?

Man wartet und verliert die Zeit, wie man sie für das Schlimme von heute bereits verloren hat. Ein törichtes Warten; es führt nicht zur Reife des Guten. Man wartet, und je länger man wartet, um so eher wird Advent sein und um so bitterer.

Advent 2000: Menschen, die Zeichen sehen; Menschen, die Zeichen nicht sehen; Menschen, die Zeichen für andere gesetzt sehen; Menschen, die lachen; Menschen, die beten, daß die Zeichen falsch sein mögen; Menschen, die diesen Punkt für sich abhaken; ärgerliche Menschen; Menschen, die recht haben wollen; Menschen, die erst glauben, wenn sie den Eisberg mit Händen fassen; Menschen, die es besser wissen wollen; Menschen, die reden; Menschen, die widerreden; Menschen, die aneinander vorbeireden; Menschen, die in Ruhe gelassen werden wollen; Menschen, die sündigen wider den Geist.

Kurzbiographie der Autoren

AHLBORN, Hans: Redakteur der Abteilung Wissenschaft, WDR/Westdeutsches Fernsehen in Köln, 3. Programm.

BÜTTNER, Dr. Hans Wolfgang: Mitglied der Geschäftsführung des RKW in Frankfurt. 1940: Studium der Betriebswirtschaft in Berlin.

FRIEDRICHS, Dr. Günter: Leiter der Abteilung »Automation und Kernenergie« bei der Industriegewerkschaft Metall. 1949: Studium Volkswirtschaft und Soziologie, Universität Frankfurt; 1952: Diplom-Volkswirt; 1957: Promotion.

HÖCHERL, Hermann: Mitglied des Bundestages; stellvertretender Vorsitzender der CSU-Fraktion. Von 1961 bis 1965 Bundesminister des Innern; 1965/69 Bundesminister für Ernährung, Landwirtschaft und Forsten.

LESH, Donald R.: Vizepräsident der Potomac Associates Inc., Washington, die die amerikanische Lizenz für ›Die Grenzen des Wachstums‹ erworben hatten. Zuvor mehrere Jahre im auswärtigen Dienst der Vereinigten Staaten.

MANSHOLT, Dr. Sicco: Gegenwärtig Sonderberater der niederländischen Regierung für Umwelt- und Landwirtschaftsfragen. 1945/49 Landwirtschaftsminister; 1949/72 Vizepräsident der Europäischen Kommission; bis 5.1.1973 Präsident der Europäischen Kommission.

MEADOWS, Dennis L.: B.A., Ph. D., Associate Professor of Business and Engineering, Thayer School of Engineering, Dartmouth College, Hanover, N.H. 1963-1970 verschiedene Forschungsarbeiten in Wissenschaft und Industrie. 1969 Assistenz-Professor an der AP Sloan School des MIT. 1970-1972 Leiter eines Forschungsprojektes des Club of Rome über die Zukunft der Menschheit. Seit 1972 Mitglied des Woodrow Wilson International Center and Associate Professor in Dartmouth. Beschäftigt sich zur Zeit mit der Erstellung von Simulationsmodellen der langfristigen Zusammenhänge komplexer sozio-ökonomischer Prozesse, den Ursachen und Konsequenzen des Wachstums von Bevölkerung und Materialverbrauch für Politik und Volkswirtschaft.

MILLING, Dr. Peter: Wissenschaftlicher Assistent am Industrieseminar der Universität Mannheim. Studium: Betriebswirtschaftslehre Universität Mannheim und Massachusetts Institute of Technology, Cambridge, USA.

NUSSBAUM, Henrich von: Soziökonom, Historiker und wissenschaftlicher Publizist (u. a. Entwicklungspolitik, sozialer Wandel, Medienanalysen); vormals Associated Expert am Sozialforschungsinstitut der Vereinigten Nationen (UNRISD), Genf, sowie Consultant der Internationalen Arbeiterorganisation (ILO) für die Ausarbeitung von Sozialbilanzen auf Makro- und Mikroebene mittels sozialer Indikatoren. Längere mehrfache Forschungsaufenthalte in Nordafrika, Nahost, Indien. Studien über sozialen Wandel, seine Messung (soziale Indikatoren) sowie die Rückwirkungen im politischen und ökonomischen Bereich; zahlreiche Veröffentlichungen über Bevölkerungspolitik und Familienplanung.

RICHTER, Dr. Horst-Erich: Programmdirektor des Frankfurter Amerikahauses; 1960-1966 politischer Redakteur der ›Nürnberger Nachrichten‹ sowie Mitarbeiter mehrerer deutscher Tageszeitungen. Studium: Germanistik, Zeitungswissenschaft, Philosophie in Wien und München.

RIHACZEK, Dr. Karl: Prokurist der Firma CONTROL DATA in Frankfurt; Studium: Anglistik und Elektrotechnik in München und Portland.

SENGHAAS, Prof. Dr. Dieter: Professor für Politikwissenschaft an der Universität Frankfurt/Main, zur Zeit Forschungsgruppenleiter an der Hessischen Stiftung für Friedens- und Konfliktforschung; Studium: Politikwissenschaft, Soziologie, Geschichte und Philosophie in Tübingen, Amhearst (USA), Frankfurt/Main und Ann Arbor (USA). Verschiedene Forschungsaufenthalte in den USA, u. a. Harvard University, Cambridge.

SOHN, Prof. Dr. Karl Heinz: Staatssekretär im Bundesministerium für wirtschaftliche Zusammenarbeit. 1956-1966 Vorsitzender des DGB-Bezirks Düsseldorf, 1966-1969 Direktor der Friedrich Krupp AG Essen.

ZAHN, Dr. Erich: Wissenschaftlicher Assistent am Industrieseminar der Universität Mannheim. Studium: Betriebswirtschaftslehre Universität Mannheim und Massachusetts Institute of Technologie, Cambridge, USA. Assistant Professor am MIT.

Mesarović/E. Pestel
**Menschheit
am Wendepunkt**
184 Seiten, DM 22,–

Dem 2. Bericht an den Club of Rome liegt ein neues Weltmodell der beiden Verfasser zugrunde.

Tödliche Folgen

"Eigentlich sollte dieser Bericht zur Weltlage den Mitgliedern aller Regierungen als Pflichtlektüre auf den Schreibtisch gelegt werden, enthält er doch die erste überzeugende Zukunftsanalyse, die zugleich Entscheidungshilfen dafür anbietet, wie die auf uns zukommenden Krisen vielleicht doch noch gemeistert werden können.

Das klingt optimistischer, als es gemeint ist. Denn auch Mesarović und Pestel kommen bei ihren Hochrechnungen bis ins Jahr 2025 zu vernichtenden Resultaten, was Bevölkerungsdruck, Rohstoff-, Energie- und Nahrungsmangel in weiten Teilen der Erde angeht ...

Schlußfolgerungen der Autoren: Nur weltweite gemeinsame Anstrengung kann noch helfen, wobei den Industrienationen gewaltige materielle Lasten zufallen. Zögern kann tödlich sein. Wird der Wohlstands-Westen das rasch genug begreifen?"
(WESTDEUTSCHE ALLGEMEINE)

Erhältlich im Buchhandel

Deutsche Verlags-Anstalt
dva